新时代司法职业教育“双高”建设精品教材

U0957505

警务技战术教学与训练

（活页式）

卢庆朝　董　利　彭彩君◎主编

華中科技大學出版社
http://press.hust.edu.cn
中国·武汉

图书在版编目（CIP）数据

警务技战术教学与训练/卢庆朝，董利，彭彩君主编．—武汉：华中科技大学出版社，2023.8
（2025.7重印）
ISBN 978-7-5680-9661-4

Ⅰ.① 警… Ⅱ.① 卢… ② 董… ③ 彭… Ⅲ.① 警察-训练-教学法-研究-中国
Ⅳ.① D631.15

中国国家版本馆 CIP 数据核字（2023）第 142008 号

警务技战术教学与训练 卢庆朝 董 利 彭彩君 主编
Jingwu Jizhanshu Jiaoxue yu Xunlian

策划编辑：张馨芳
责任编辑：苏克超
封面设计：孙雅丽
版式设计：赵慧萍
责任校对：张汇娟
责任监印：周治超
出版发行：华中科技大学出版社（中国·武汉） 电话：（027）81321913
武汉市东湖新技术开发区华工科技园 邮编：430223
录 排：华中科技大学出版社美编室
印 刷：武汉市洪林印务有限公司
开 本：787mm×1092mm 1/16
印 张：21 插页：2
字 数：450 千字
版 次：2025 年 7 月第 1 版第 3 次印刷
定 价：78.00 元

编写人员

主　编: 卢庆朝　董　利　彭彩君

副主编: 孟学涛　马建校　王振国　谢　楚　徐　敢

编　委: 胡昌胜　李王帆　李忠桥　刘叶青　刘　泽

鲁仕忠　石伟岩　尹成明

作者简介

卢庆朝，男，浙江温州人，现为武汉警官职业学院警体部主任。发表专业学术论文20余篇；参编教材多本，主编教材《体育健康与警体训练教程》。

董利，男，中共党员，现为武汉警官职业学院副教授、警体部副主任，兼任警体教研室主任。注重体育教学和训练的研究，先后发表各类期刊论文20余篇，主编或参编教材7种。曾被聘为武汉警官职业学院第四届学术委员会委员，荣获校级教学成果奖三等奖，主持和参与完成了多项校级课题研究，多次被学校评为“优秀共产党员”“优秀教师”“先进工作者”“优秀教育工作者”。

彭彩君，女，湖北武汉人，中共党员，现为武汉警官职业学院警务战训教研室主任。授课经验丰富，主要承担“健美操与形体”“擒敌拳”“体育基础”等课程的教学工作；先后发表体育教育、警察体育相关领域的学术论文20余篇；多次获得“优秀教师”“优秀共产党员”“十佳教师”“先进工作者”等荣誉称号。

新时代司法职业教育“双高”建设精品教材

JINGWU JIZHANSHU JIAOXUE YU XUNLIAN

警务技战术教学与训练

（活页式）

卢庆朝　董利　彭彩君◎主编

华中科技大学出版社
http://press.hust.edu.cn

前言

随着警察从业人员要求不断提高，高等院校需加大对警务人才的培养，加强警校学生警务技战术能力。本教材根据司法警官高等职业教育人才培养目标，以及适应司法警官高等职业教育对培养应用型人才的需要和当前警务发展对高等教育提出的新要求编写而成。本教材对警察警务技战术基础知识进行归纳和总结，为警校警体教师提供科学完整的辅助教学材料，为能够更好地上好警察体育课提供保障，让学生全面掌握基础的警务技战术，努力培养警务技战术基础知识扎实、能力全面的警校学生。

本教材由武汉警官职业学院警体部警务战训教研室组织编写。本教材对技战术的讲解细致，能够处理好不同水平、不同性别、不同理解能力所导致的问题。本教材主要从警务技术和警务战术两个方面出发，分为六章，包括警务概述、警察队列指挥训练、警察体能、警察防卫与控制技术、警戒具与武器使用、警务战术等。本教材的编写人员一直从事一线警体教学工作，根据他们的长期教学经验和教学实践，结合学院实际，走访调研了同类相关院校警体教学情况，编写了此教材。本教材针对性强、内容丰富、结构合理、图文并茂，注重信息化，方便教学，可以为警察类院校或高职院校的师生提供教学指导和参考。在结构和内容上具有一定的特色与创新，主要体现在以下方面。

（1）时代性。本教材根据新时代司法警务人才培养需要，依据相关领域最新的标准，吸收了当下国内外最新学术理论成果编写而成，适用于当前国内司法警务发展模式，结合社会和行业实际发展，具有较强的时代性。

（2）实用性。本教材在编写过程中充分考虑实用性原则，坚持理论与实际相结合，根据当前司法干警日常工作的实际情况，强调满足学以致用和职业技能要求，结合实际工作案例，在学习中实践，在实践中学习，让本教材的内容真正能够运用到实际工作中。

（3）系统性。本教材充分考虑学科知识结构，从警校学生的队列队形、体能训练、枪支与警戒具使用、警察防卫与控制、擒敌与缉捕、防暴与防恐、警务战术等方面撰写，注重知识结构的相互递进，符合警校学生警务技能知识结构，思路明确，重点突出，逻辑严密，有利于学生系统地学习和掌握相关知识点。

（4）综合性。本教材致力于培养现代化综合性司法警务人员，所涉及的知识结构较广，从最基本的警察队列队形到司法警务战术，覆盖面广，内容充实，学生可以通过本教材学习更多的警务技战术知识，对培养高素质综合性司法警务学生具有重要意义。

作　者

2023 年 6 月

目　录

第一章

警务概述

第一节　警务基础技能的定义

人民警察警务基础技能隶属警察战术学科，起源于军事战略战术，以战术为根本，以人民警察追捕犯罪嫌疑人或逃犯时所采用的围、追、堵、截等实战经验为基础，以罪犯实施犯罪行为以及在押罪犯逃脱服刑场所为起点，研究人民警察警务基础技能的规律、方法和特点，探讨缉捕行动的基本规律，研究在各种情形下的缉捕行动具体方法和战术实践活动，并在实践中不断扩展、不断完善。

众所周知，犯罪分子实施犯罪行为后，为逃避法律的制裁往往选择脱逃，或经人民法院审判定罪量刑后，在看押场所服刑的罪犯可能逃跑、越狱，人民警察须以最短的时间、最快的速度将犯罪嫌疑人或逃犯缉捕，警务基础技能应运而生。

警务基础技能是指导人民警察缉捕各种犯罪嫌疑人或逃犯，进行战斗实施的一种科学的方法，为查找和追捕犯罪嫌疑人或逃犯所采用的各种清查、盘查和缉捕行动提供指导，是一种应战能力，也是一种强力而有效的综合作战行动方法。警务基础技能一直是人民警察与各种犯罪嫌疑人或逃犯做斗争的强有力的手段和措施。作为一名警察，只有正确掌握警务基础技能的概念，真正理解它的含义，掌握好基本知识和实际操作技术，并在追捕犯罪嫌疑人或逃犯的缉捕战术中加以实施、扩展，通过各种战术方式方法的变化、实战现场各种地形地貌的利用、各种各样警用装备器材的配合而采取各种强硬手段及措施，才能有效地缉捕（歼灭）犯罪嫌疑人或逃犯。警务基础技能也是目前打击犯罪嫌疑人或逃犯的一种高效率的战斗形式，对于提高缉捕（歼灭）犯罪嫌疑人或逃犯能力，保障国家和人民的财产不受损失或少受损失，有效地维护人民警察的自身安全，都有一定的作用。警务基础技能实施的具体内容是围追、堵截、清查、盘查和抓捕行动。

第二节　警务基础技能研究的目的、对象和任务

一、警务基础技能研究的目的

警务基础技能研究的目的是及时组织、制定抓捕战术，有力地控制、打击以及高效率地追捕各类犯罪嫌疑人或逃犯，尽可能地避免失误，减少损失，最大限度地提高抓捕行动的成功率。

二、警务基础技能研究的对象

（1）研究警务基础技能行动的规律、方法与特点。包括针对犯罪嫌疑人或逃犯的不同特点所采取的不同类型的追捕战术、犯罪嫌疑人或逃犯逃跑可能的路线及所在位置的基本特点、建立追捕行动的组织机构、所采纳的追捕实施方案、抓捕行动时警员及各项警用物质器材的保障等，有关人民警察警务基础技能行动的基本理论和实际操作技术。

（2）研究人民警察在追捕犯罪嫌疑人或逃犯行动中实施的追查与捕歼战术，在不同情况下的围追堵截等战术的应用，警察单兵动作与战斗小组的整体战术动作的应用。包括对犯罪嫌疑人或逃犯的围追堵截战术中所采用的盘查和搜身、清查与搜索战术，利用地形地物展开不同类型的战术行动，制定缉捕行动，形成战术方案等。

（3）研究提高综合战斗能力的素质、技术、方法和途径。包括战术、战斗技能、个人与集体的互防意识、警用器材设备技术、组织指挥能力、协同作战等技术。

（4）研究犯罪嫌疑人或逃犯的心理特征，可能的暴力抗拒追捕的形式、方法，以及追捕各种类型犯罪嫌疑人或逃犯的新观念、新战术。

三、警务基础技能的任务

警务基础技能的任务是充分认识警务基础技能和依法查缉的客观规律，并在实际操作中加以运用，从而指导人民警察在各种不同情况条件下有效地缉捕各种类型的犯罪嫌疑人或逃犯，科学地进行追捕行动，提高执法业务素质和能力，有效地保障自身安全，以达到最快、最佳地追捕犯罪嫌疑人或逃犯的目的。

警务基础技能的具体任务如下。

（1）通过研究缉捕战术的行动原则和谋略思想，丰富警务基础技能作战对策，提高发现和追捕犯罪嫌疑人或逃犯的成功率，尽可能地减少损失。警务基础技能行动，是一种追查与抓捕相结合的战术行为，具有较大的危险性。犯罪嫌疑人或逃犯为了逃避追捕，会想尽各种方法逃避或抗击抓捕，完全可能使用暴力抗拒。因此，在犯罪嫌疑人或逃犯逃跑时，根据平时对犯罪嫌疑人或逃犯所掌握的具体情况，相应地采取科学、全面、迅速的追缉方案，就能够及时、准确地判定犯罪嫌疑人或逃犯逃走的大概方位，就可以为抓捕的战术行动展开提供实施的可能条件。在已确认犯罪嫌疑人或逃犯所在位置的情况下，战术行动方案设计及战斗实施必须符合快速抓捕犯罪嫌疑人或逃犯的目的，必须具有突击性、迅速性、针对性，必须按照现场的实际情况，在最短的有效时间内结束战斗。只有了解警务基础技能的一般规律，掌握利用这些规律设计出的诸多追缉战术方案，并有意识地加以灵活运用，才能极大地提高战术行动的成功率，减少自我伤害和国家财产损失。

（2）通过研究战术方案制定、组织指挥和协同的原则，为缉捕犯罪嫌疑人或逃犯的行动提供理论和实际依据。随着社会和科学技术的不断发展，新型的警用装备、先进的通讯指挥器材和实用的战斗武器已成了快速反应能力的必备条件。因此，鉴于警务基础技能的特殊性，必须按科学程序来予以制定、组织和掌握。这就需要具有严明的纪律、精湛的警务基础技能、高度的组织协同能力、强有力的控制系统能力以及灵活的反应能力。

（3）通过研究人民警察的职业特征，提高人民警察缉捕战斗力。人民警察作为追捕犯罪嫌疑人或逃犯的主力军，必须具有高度的组织纪律性，必须具备良好的体能素质及较高的战斗技能，必须具有协同作战的强烈意识。同时应剖析自身的特点，分析、掌握犯罪嫌疑人或逃犯的动机和特征，不断地提高追踪和缉捕犯罪嫌疑人或逃犯的各项能力，确保和提高缉捕行动的效率。

（4）丰富和发展警务基础技能的理论和技术。警务基础技能在人民警察中早就形成一套独特的体系，在人民警察历次缉捕犯罪嫌疑人或逃犯的任务中，积累了大量的经验。但是从抓捕战术来看，还缺乏理论指导，基层中的警务基础技能与战术理论体系还没有完全建立起来。对缉捕过程中犯罪嫌疑人或逃犯的具体情况分析、各种追逃战术的制定、警察之间的协同意识、武器装备配置等领域还未做深入的研究，在实战中迫切需要警务基础技能的理论指导。因此，要努力完善警务基础技能的理论体系，在实践中不断积累作战经验，推动人民警察警务基础技能理论的研究，提高缉捕犯罪嫌疑人或逃犯的技能、技术和手段。

第三节　警务基础技能法律法规的适用

《中华人民共和国人民警察法》《中华人民共和国人民警察使用警械和武器条例》《中华人民共和国监狱法》规定了人民警察使用武器的条件以及使用武器的权力。以上三部法律是人民警察依法使用武器、警械的依据。

一、使用武器的法律依据

武器是人民警察履行职责中使用的最高形式的强制性手段，具有直接的杀伤性，可以致使人员伤残或死亡。因此，武器必须适用于危害特别严重的暴力侵害活动。

《中华人民共和国人民警察使用警械和武器条例》第九条规定，人民警察判明有下列暴力犯罪行为的紧急情形之一，经警告无效的，可以使用武器。

（1）放火、决水、爆炸等严重危害公共安全的。放火、决水、爆炸等都是用特定的危险方法危害公共安全，侵犯不特定的多数人的生命、健康和重大财物安全的严重犯罪行为。人民警察遇到这些情况有权使用武器及时加以制止。

（2）劫持航空器、船舰、火车、机动车或驾驶车、船等机动交通工具，故意危害公共安全的。所谓“劫持”，是指使用暴力胁迫或者其他危险方法对交通工具进行控制的严重暴力犯罪行为。“驾驶”则是指驾驶机动交通工具故意撞击行人及其他交通工具或者建筑物等。使用武器制止这些暴力犯罪行为，必须是在能够有效保护公共安全的前提下。在使用武器虽然能够制止犯罪行为，但可能造成严重危害后果时，不得使用武器。如飞机在飞行中，遇有犯罪分子劫机，为了飞机和乘客的安全，一般不得使用武器。

（3）抢夺、抢劫枪支弹药、爆炸、剧毒等危险物品，严重危害公共安全的。枪支弹药、爆炸、剧毒等危险物品具有很大的破坏性和杀伤力，一旦为犯罪分子持有或者使用，将会对公民的生命安全和社会公共安全造成极大的危害。因此，遇有犯罪嫌疑人抢夺、抢劫这些物品时，人民警察有权使用武器予以制止。

（4）使用枪支、爆炸、剧毒等危险物品实施犯罪或者以使用枪支、爆炸、剧毒等危险物品相威胁实施犯罪的。所谓“使用”，是指犯罪嫌疑人已经或正在使用；“以使用……相威胁”，是指犯罪嫌疑人当场持有枪支、爆炸、剧毒等危险物品，尚未使用，但是当场可以使用并威胁要当场使用而实施犯罪行为。使用枪支等危险物品犯罪危害性极大，人民警察可以使用武器制止此类暴力犯罪。

（5）破坏军事、通讯、交通、能源、防险等重要设施，足以对公共安全造成严重、紧迫危险的。军事、通讯、能源、防险设施，是国家重要的设施，一旦被破坏，其损失无法估量。因此《中华人民共和国人民警察使用警械和武器条例》规定，对破坏上述设施的行为，只要足以对公共安全造成严重、紧迫危险，就可使用武器予以制止。

（6）实施凶杀、劫持人质等暴力行为，危及公众生命安全的。凶杀、劫持人质是非法剥夺他人生命，严重危及人身安全的行为。因此只要犯罪嫌疑人实施该行为，人民警察就可以使用武器予以制止。对劫持人质的犯罪行为使用武器，必须保证人质的安全。如果使用武器有可能伤及人质，则不应使用武器，而应采用其他方法伺机制服犯罪嫌疑人。

（7）国家规定的警卫、守卫、警戒的对象和目标受到暴力袭击、破坏或者有受到暴力袭击、破坏的紧迫危险的。警卫、守卫、警戒的对象和目标包括重要的党和国家领导人、外宾及重要的场所和设施，一旦受到袭击、破坏，便会造成极坏的政治影响和严重后果。因此，对警卫、守卫、警戒的对象、目标遭到暴力袭击、破坏或者遇有暴力袭击、破坏的紧迫危险时，可以使用武器制止。

（8）结伙抢劫或者持械抢劫公私财物的。“结伙抢劫”，是指二人以上共同实施抢劫公私财物的行为；“持械抢劫”，是指持枪、刀、棍、棒或者其他可以用于杀伤他人的器械进行抢劫。这两种抢劫行为的社会危害性比其他抢劫行为的社会危害性大，人民警察可以使用武器予以制止。

（9）聚众械斗、暴乱等严重破坏社会治安秩序，用其他方法不能制止的。“聚众械斗”，是指在首要分子的组织、指挥、策划或者煽动下，纠集多人持械（含使用武器）相互进行殴斗；“聚众暴乱”，是指纠集多人使用暴力破坏社会治安秩序或制造混乱危害国家安全和公共安全的行为。这两种行为都是群体性的破坏社会治安秩序的行为，参与的人多，成分复杂，因此在使用武器时，要注意分清首要分子和胁从分子，主要打击首要分子，并且是在其他方法不能制止时才能使用。

（10）以暴力方法抗拒或者阻碍人民警察依法履行职责或者暴力袭击人民警察，危及人民警察生命安全的。“以暴力方法抗拒或者阻碍人民警察依法履行职责”，是指人民警察履行职责过程中，对人民警察履行职责负有相对义务的人或以外的其他人，使用暴力反抗、阻挡或者妨碍人民警察履行职责，使人民警察职责事项不能完成的行为。“暴力袭击人民警察”，是指使用暴力对人民警察的人身实施打击和伤害的行为。这些行为只要具有剥夺人民警察生命的紧迫危险，人民警察就可以使用武器进行自卫。

（11）在押人犯、罪犯聚众骚乱、暴乱、行凶或者脱逃的。在押人犯，是指被依法逮捕、拘留并处于被羁押状态的人；在押罪犯是指被判处拘役以上刑罚并在监狱服刑的人。在押人犯、罪犯聚众骚乱，是指纠集多人制造监狱或者其他监管场所的混乱，煽动抗拒监管、改造等群体性破坏监管秩序的行为。在押人犯、罪犯聚众暴乱，是指人犯、罪犯纠集多人使用暴力抗拒监管，抢夺武器、劫持人质，杀害监管人员或者人犯、罪犯等严重破坏秩序的行为。行凶是指纠集多人对其他人犯、罪犯或监管人员进行伤害或者杀害的行为。脱逃是指处于被羁押或者其他监管状态的人犯、罪犯逃离监狱、看守所或者其他监管场所的行为，这些行为危害性极大，必须及时坚决制止。

（12）劫夺在押人犯、罪犯的。劫夺在押人犯、罪犯，是指犯罪嫌疑人公然使用暴力劫持或抢夺在押人犯、罪犯并使之脱离羁押或者监管的行为。这种行为公然与国家政权相对抗，具有极大的社会危险性，可以使用武器予以制止。

（13）实施放火、决水、爆炸、凶杀、抢劫或者其他严重暴力犯罪行为后拒捕、逃跑的。

（14）犯罪嫌疑人携带枪支、爆炸、剧毒等危险物品逃跑的。

（15）法律、行政法规规定可以使用武器的其他情形。在先行拘留中若发生暴力抗拒、逃窜或袭击查缉人员的情况，必要时可以使用武器。

二、使用警械的法律依据

（一）《中华人民共和国人民警察使用警械和武器条例》第七条规定

人民警察遇有下列情形之一，经警告无效的，可以使用警棍、催泪弹、高压水枪、特种防暴枪等驱逐性、制服性警械。

（1）结伙斗殴、殴打他人、寻衅滋事、侮辱妇女或者进行其他流氓活动的。这里所说的“结伙斗殴”，是指成帮结伙地进行打架斗殴的行为。“殴打他人”，是指以暴力直接损伤他人身体的行为。“寻衅滋事”，是指在公共场所无事生非、无理取闹，从而引发与他人的冲突或纠纷的行为。“侮辱妇女”，是指以下流无耻的动作、语言调戏、侮辱、捉弄、猥亵、摧残妇女的行为。“其他流氓活动”，是指违反社会公共道德、破坏社会公共秩序、伤风败俗的行为。

（2）聚众扰乱车站、码头、民用航空站、运动场等公共场所秩序的。即指纠集多人，以哄闹、纠缠、辱骂、强行闯入等方式对公共场所进行干扰和破坏的行为。

（3）非法举行集会、游行、示威的。即指违反《中华人民共和国集会游行示威法》《中华人民共和国集会游行示威法实施条例》等有关法律法规的规定举行集会、游行、示威活动。

（4）强行冲越人民警察为履行职责设置的警戒线的。即指不听劝阻，用强制甚至暴力的方式越过人民警察为执行勤务需要而设置的界线的行为。

（5）以暴力方法抗拒或阻碍人民警察依法履行职责的。即指在人民警察履行职责时以暴力方法进行反抗、拒不服从或进行阻挠和干涉的行为。

（6）袭击人民警察的。即指对人民警察进行攻击，包括对人身的暴力攻击和对乘坐的交通工具、居住或办公的房屋等进行暴力攻击的行为。

（7）危害公共安全、社会秩序和公民人身安全的其他行为，需要当场制止的。这是除上述六种情形以外的危害公共安全、社会秩序和公民人身安全，需要当场制止的行为。具体包括：扰乱机关、团体、企业、事业单位的工作秩序，致使工作、生产、营业、医疗、教学、科研活动不能正常运行的行为；扰乱公共汽车、电车、火车、船只、飞机等公共交通运输秩序的行为；在公共场所捏造或歪曲事实，故意散布谣言或者谎报险情，制造混乱的行为；非法限制他人人身自由或以其他方法威胁他人人身安全和危害公共安全、社会秩序等行为。

（8）法律、行政法规规定可以使用警械的其他情形。这是指除《中华人民共和国人民警察使用警械和武器条例》以外的法律法规规定可以使用警械的情况。例如，《中华人民共和国刑事诉讼法》第一百三十二条规定：为了确定被害人、犯罪嫌疑人的某些特征、伤害情况或者生理状态，可以对人身进行检查。犯罪嫌疑人如果拒绝检查，侦查人员认为必要的时候，可以强制检查。强制检查时可以使用警戒具。第一百三十六条规定：为了收集犯罪证据、查获犯罪人，侦查人员可以对犯罪嫌疑人以及可能隐藏罪犯或者犯罪证据的人的身体、物品、住处和其他有关地方进行搜查。搜查时，可以使用警戒具。第一百五十五条规定：应当逮捕的犯罪嫌疑人如果在逃，公安机关可以发布通缉令，采取有效措施，追捕归案。当缉捕到犯罪嫌疑人时，应使用警戒具。再如，《中华人民共和国人民警察法》第十一条规定：为制止严重违法犯罪活动的需要，公安机关的人民警察依照国家有关规定可以使用警械。《中华人民共和国集会游行示威法实施条例》第二十三条规定：对在限定时间内拒不离去的，人民警察现场负责人有权依照国家有关规定，命令使用警械或者采用其他警用手段强行驱散。这些都是其他法律法规定的情况。

（二）《中华人民共和国刑事诉讼法》第八十二条规定

公安机关对于现行犯或者重大嫌疑分子，如果有下列情形之一的，可以先行拘留：

（1）正在预备犯罪、实行犯罪或者在犯罪后即时被发觉的；

（2）被害人或者在场亲眼看见的人指认他犯罪的；

（3）在身边或者住处发现有犯罪证据的；

（4）犯罪后企图自杀、逃跑或者在逃的；

（5）有毁灭、伪造证据或者串供可能的；

（6）不讲真实姓名、住址，身份不明的；

（7）有流窜作案、多次作案、结伙作案重大嫌疑的。

凡有上述七种情形之一，并在拘留中抗拒或逃窜的，都可以使用警戒具加以约束。这就为警察进行查缉活动，采取先行拘留的强制措施，提供了法律保障。

（三）《中华人民共和国监狱法》第四十五条规定

监狱遇有下列情形之一的，可以使用戒具：

（1）罪犯有脱逃行为的；

（2）罪犯有使用暴力行为的；

（3）罪犯正在押解途中的；

（4）罪犯有其他危险行为需要采取防范措施的。

（四）《中华人民共和国看守所条例》第十七条规定

对已被判处死刑、尚未执行的犯人，必须加戴械具。对有事实表明可能行凶、暴动、脱逃、自杀的人犯，经看守所所长批准，可以使用械具。

三、使用武器、警械的条件和注意事项

（一）使用武器、警械的条件

为了保障人民警察依法履行职责，正确使用警械和武器，及时有效地制止违法犯罪行为，维护公共安全和社会秩序，保护公民的人身安全和合法财产，保护公共财产，根据《中华人民共和国人民警察法》和其他有关法律的规定，1996 年 1 月 16 日颁布施行了《中华人民共和国人民警察使用警械和武器条例》。该条例规定：人民警察制止违法犯罪行为，可以采取强制手段；根据需要，可以依照本条例的规定使用警械；使用警械不能制止，或者不使用武器制止，可能发生严重危害后果的，可以依照本条例的规定使用武器。人民警察使用警械和武器，应当以制止违法犯罪行为，尽量减少人员伤亡、财产损失为原则。人民警察依法使用警械和武器的行为，受法律保护。人民警察不得违反本条例的规定使用警械和武器。人民警察使用警械和武器前，应当命令在场无关人员躲避，在场无关人员应当服从人民警察的命令，避免受到伤害或者其他损失。

《中华人民共和国监狱法》中规定，武器、警械是人民警察履行职责中使用的最高形式的强制性手段，具有直接的杀伤性，可以致使人员伤残甚至死亡。因此，使用武器、警械必须具有下列条件之一。

(1) 在押罪犯聚众骚乱。即指罪犯纠集多人制造监狱或者其他监管场所的混乱，煽动抗拒监管、改造等群体性破坏监管秩序的行为。

(2) 在押罪犯聚众暴乱。即指罪犯纠集多人使用暴力抗拒监管，抢夺武器、劫持人质，杀害监管人员或者其他罪犯等严重破坏秩序的行为。

(3) 在押罪犯行凶。即指罪犯纠集多人对其他罪犯或监管人员进行伤害或者杀害的行为。

(4) 在押罪犯脱逃。即指处于被羁押或者其他监管状态的罪犯逃离监狱、看守所或者其他监管场所的行为且这些行为危害性极大，必须及时坚决制止。

(5) 其他情形。包括罪犯正在押解途中的或有其他危险行为需要采取防范措施的。

（二）使用武器、警械的注意事项

(1) 人民警察在使用武器前，一般要对犯罪嫌疑人或逃犯进行警告，包括口头警告、鸣枪警告等，警告无效后才可使用武器。例如，向犯罪嫌疑人或逃犯发出“站住”“放下武器”“我要开枪了”等口头警告。但是，遇到特别紧迫的情况，来不及警告或者发出警告后可能导致更为严重的危害后果的，可直接使用武器。例如，犯罪嫌疑人或逃犯正在点燃爆炸物，如不立即开枪制止会引起爆炸，炸毁建筑物并

致建筑物内人员伤亡的，可以直接开枪射击犯罪嫌疑人或逃犯。再如，犯罪嫌疑人或逃犯已开枪拒捕，袭击警察的，可直接开枪射击犯罪嫌疑人或逃犯。

（2）人民警察使用武器后，应向所属机关书面报告使用情况，如果造成犯罪嫌疑人或逃犯或无辜人员伤亡的，应及时抢救，保护现场，并立即向所属上级机关报告。上级机关接到报告后，应及时通知当地人民检察院。这对事后应诉、处理、保护人民警察合法权益是必不可缺的程序要求。

四、使用警用武器、警械的基本原则

（一）合法原则

人民警察使用武器要以《中华人民共和国人民警察法》和《中华人民共和国人民警察使用警械和武器条例》为依据。每一位人民警察都要认真学习和领会其精神及意义。在执法过程中做到知法懂法，正确运用法律，履行自己的职责，切实完成好人民警察肩负的使命。

（二）准确原则

人民警察在执行任务过程中，应充分了解、准确判断犯罪嫌疑人的性质、作案手段及后果影响，及时准确地制定出相应措施，正确运用法律，保证国家和人民群众生命财产不受侵害。

（三）及时原则

在判明犯罪嫌疑人的性质，决定使用武器以后，人民警察就不能再犹豫，要果断、及时地拿起武器，不给犯罪嫌疑人丝毫喘息的机会，争取在最短的时间，以最快的速度、最好的效果制服犯罪嫌疑人。

（四）适度原则

人民警察在使用武器保护国家和人民群众生命财产，与犯罪分子做斗争时，最难把握的就是“度”。按照《中华人民共和国人民警察使用警械和武器条例》第十一条的规定，犯罪分子停止实施犯罪，服从人民警察命令，或者犯罪分子失去继续实施犯罪能力时，应当立即停止使用武器。这就要求每一名人民警察认真领会和理解《中华人民共和国人民警察使用警械和武器条例》中的规定，严格按照《中华人民共和国人民警察使用警械和武器条例》使用武器。对曾经发生过的案例要认真总结成功的经验，吸取失败的教训，使人民警察执法过程更加完善、更加合理。

《中华人民共和国人民警察使用警械和武器条例》第九条规定："……人民警察依照前款规定使用武器，来不及警告或者警告后可能导致更为严重危害后果的，可以直接使用武器。"

五、违法使用警械、武器的法律责任

人民警察违法使用警械、武器，造成不应有的人员伤亡、财产损失，构成犯罪的，依法追究刑事责任；尚不构成犯罪的，依法给予行政处分；对受到伤亡或者财产损失的人员，由该人民警察所属机关依照《中华人民共和国国家赔偿法》的有关规定给予赔偿。

人民警察依法使用警械、武器，造成无辜人员伤亡或者财产损失的，由该人民警察所属机关参照《中华人民共和国国家赔偿法》的有关规定给予补偿。

第二章

警察队列指挥训练

示范视频详解

通过队列训练，不仅可以感受和体验现代军人整齐划一和严格正规的队列生活，更能培养良好的身姿，纠正和克服诸如挺腹、含胸、歪头、斜肩等毛病，以培养严整的仪容，养成穿戴整洁的良好习惯，建立良好的时间观念、组织纪律观念、集体观念和讲求规范及雷厉风行的工作作风，更好地促进警务化管理和建设。

队列训练能够塑造警校学生特有的气质，树立威武的人民警察形象。警校学生进行队列训练是由普通老百姓向合格警校学生转变的必由途径。严格的队列训练，可以使人做到“站如松，坐如钟”，队列训练能够塑造警校学生良好的气质。

队列训练能够增强警校学生的服从意识，增强组织纪律观念。人民警察是一支执行特殊任务的武装集团，必须具有高度的统一性和严格的纪律性。而队列训练正是提高统一性和纪律性的有效途径之一。只有经过严格的队列训练，才能培养出坚决执行命令、令行禁止、雷厉风行的作风。

队列训练能够培养警校学生团队意识，能够培养学生严格的组织性、纪律性和集体主义精神，队列训练的大强度，队列动作的高标准，队列生活的严要求，能够培养不畏艰苦、不怕牺牲的精神，形成威武坚定、英勇顽强的警校学生气质。

队列训练作为警校学生训练的一门必修课，是军事化训练的重要内容，是培训警校学生集体活动的重要组织形式，也是综合素质的一种具体体现。强化队列训练是增强警校学生体质，促进身心和谐发展的有效途径，是贯彻执行警务化管理制度的重要措施，是落实“从严治警，从严治队”的关键。

武汉警官职业学院进行队列训练是根据国家的教育方针、学生的年龄特征与身心特点以及队列训练的职能，在日常训练的基础上，总结以往的经验，并结合警察职业特点而制定的。它是按照《中国人民解放军队列条令（试行）》的要求进行的制式训练，是警校基础训练的必训科目，是警务技能、实战技术训练的基础，是强化警务化管理的前提。通过队列训练，可以端正姿态，保持严整的警容，严守规范的纪律，养成良好的作风，培养迅速的动作，养成令行禁止和整齐划一的习惯。要培养思想过硬、作风正派、知识丰富、技能突出的警务人才，就必须加强警务化管理，提高队列训练质量。强化队列训练一直是警务化管理中的重要课题之一，是警校学生适应未来政法工作新形势、新发展的客观需要。

第一节　单个警察徒手队列动作

目的：学会和掌握单个警察徒手队列的动作要领和组织练习的方法培养良好的警察姿态，为其他训练打下良好的基础。

内容：

1. 立正、跨立、稍息

2. 停止间转法
3. 行进与立定
4. 步法变换
5. 行进间转法
6. 敬礼、礼毕和单个警察敬礼
7. 坐下、蹲下、起立
8. 脱帽、夹帽、戴帽
9. 宣誓
10. 整理着装

一、立正、跨立、稍息

目的：学会立正、跨立、稍息的动作要领。
内容：立正，跨立，稍息。
方法：理论提示，讲解示范，体会练习。

（一）讲解示范

1. 立正

立正是警察的基本姿势，是队列动作的基础。警察在宣誓、接受命令、进见首长和向首长报告、回答首长问话、升降国旗、迎送军旗、奏唱国歌和军歌等严肃庄重的时机和场合，均应当立正。

口令：立正。

要领：两脚跟靠拢并齐，两脚尖向外分开约 60 度；两腿挺直；小腹微收，自然挺胸；上体正直，微向前倾；两肩要平，稍向后张；两臂下垂自然伸直，手指并拢自然微曲，拇指尖贴于食指第二节，中指贴于裤缝；头要正，颈要直，口要闭，下颌微收，两眼向前平视。参加阅兵时，下颌上仰约 15 度。

相关动作见图 2-1 至图 2-5。

2. 跨立

跨立即跨步站立，主要用于训练、执勤和舰艇上分区列队等场合，可以与立正互换。

口令：跨立。

要领：左脚向左跨出约一脚之长，两腿挺直，上体保持立正姿势，身体重心落于两脚之间；两手后背，左手握右手腕，拇指根部与外腰带下沿或者内腰带上沿同高；右手手指并拢自然弯曲，拇指贴于食指第二节，手心向后。携枪时不背手。

相关动作见图 2-6 至图 2-8。

图 2-1

图 2-2

图 2-3

图 2-4

图 2-5

图 2-6

图 2-7

图 2-8

3. 稍息

口令：稍息。

要领：左脚顺脚尖方向伸出约全脚的三分之二，两腿自然伸直，上体保持立正姿势，身体重心大部分落于右脚；携枪（筒）时，携带的方法不变，其余动作同徒手；稍息过久，可以自行换脚，动作应当迅速。

相关动作见图 2-9。

图 2-9

（二）动作要求

立正时，要精神振作，姿态端正，表情自然，着装整齐。动作要领可归纳为三挺、三收、二平、一睁、一顶、一正、八股劲。

三挺：挺腿、挺胸、挺颈。

三收：收臀部、收小腹、收下颌。

二平：两肩要平、两眼向前平视。

一睁：眼大有神，面部自然。

一顶：头部向上顶。

一正：两脚内侧中心点、衣扣线、鼻尖、帽徽在同一垂直线上。

八股劲：脚向下的蹬劲、两膝向后的绷劲、两腿向内的夹劲、小腹的收劲、胸脯向前上的挺劲、脖颈向后的挺劲、两肩向后的张劲、头向上的顶劲。

跨立时，保持上体正直，两手自然后背，两腿伸直；姿态端庄。动作要领可归纳为两快、两准、一稳、一协调。

两块：左脚向左跨出的速度要快，两手后背的速度要快。

两准：左脚向左跨出一脚之长的距离要准，左手握右手腕的位置要准。

一稳：左脚向左跨出和两手后背的同时，上体要保持正直稳固。

一协调：左脚向左跨出和两手后背的动作要协调一致。

稍息时，出脚迅速，方向正，距离准，左腿不弯曲，上体不变形。做到移（移重心）、提（提脚跟）、伸（伸出约全脚掌的三分之二）。动作要领可归纳为两快、两准、一稳。

两快：出脚快、收脚快。

两准：左脚伸出的方向正、距离准，脚收回的位置准。

一稳：出脚和收脚时身体要稳。

（三）动作要点

1. 立正

（1）练好立正姿势的三个协调：一是两膝盖向后压的力量与两腿内合的力量相协调；二是收小腹、收臀部与自然挺胸相协调；三是收下颌与挺脖颈相协调。

（2）掌握正确的呼吸方式。

（3）选择正确的身体重心支撑点。

（4）掌握好正确的手形。

2. 跨立

（1）左脚跨出后，两脚要在一条平行线上。

（2）左脚向左跨的同时，左腿挺直，身体重心向左移。

（3）左手握于右手腕的位置要准确。

（4）左脚跨到位，同时两手后背到位动作要协调。

3. 稍息

稍息后，身体不能下坐，上体不放松。

（四）易犯毛病及纠正方法

1. 立正

（1）立正时两脚跟未靠拢并齐，两脚尖分开的角度不准，方向不正。

纠正方法：在地上画一条横线，两脚跟站在横线上，靠拢并齐；两脚尖向身体的中心线两侧各分开 30 度，也可以用角度尺纠正，反复练习。

（2）两腿未夹紧、挺直。

纠正方法：强调裆部夹紧，两腿并拢，向后压膝。

（3）挺腹、含胸、腰不直。

纠正方法：收腹、提腰，两肩稍向后张。

（4）两肩高低不平，或一前一后。

纠正方法：两肩自然放松、下垂，向后张力要均等或采用辅助器材进行纠正。

（5）颈未挺直，歪头，仰下颌。

纠正方法：头正直向上顶，颈部轻贴后衣领，并注意微收下颌。

2. 跨立

（1）左脚向左跨的方向不正。

纠正方法：左脚左跨时，要用脚腕力量平行左跨，或采用辅助方法进行纠正。

（2）左脚左跨时，脚掌距地面过高。

纠正方法：左脚左跨时，脚掌稍离地面约1厘米，脚尖不要向上翘，左胯上提不要过高。

（3）左脚左跨时，腿弯曲。

纠正方法：跨脚时，左腿膝盖后挺，腿部肌肉绷紧，迅速左跨。

（4）左脚左跨时，上体不稳。

纠正方法：左脚左跨时，腰杆挺直，挺胸挺颈，头向上顶。

（5）左脚左跨时，身体重心未向左移。

纠正方法：左脚向左跨的同时，身体重心向左移，左脚跨到位，身体重心同时移到位。

（6）左手握右手腕的位置不准确。

纠正方法：左手握右手腕时，左手中指和拇指握于右手腕两侧，其余三指与中指并拢，反复练习。

（7）跨立时，上体不能保持正直姿势。

纠正方法：跨立时，要收腹、挺胸、挺颈、收下颌、腰杆挺直。

（8）跨立后，两肩不平。

纠正方法：跨立时，两手后背，两肩稍向后张，两臂自然弯曲向后，使两肩平。

3. 稍息

（1）稍息时，出脚方向不正，距离不准。

纠正方法：顺脚尖方向画一直线，在距全脚三分之二处画一标记，左脚顺线反复练习。

（2）左脚伸出的速度慢。

纠正方法：左脚伸出时，注意腿挺直，脚跟上提不要过高，脚腕用力，绷脚面使脚迅速平行伸出。

（3）弯腿弓膝盖。

纠正方法：强调两腿自然伸直，膝盖向后压。

（4）收脚时，身体晃动、耸肩。

纠正方法：右腿挺直，左脚跟稍提起，用脚腕和两腿的合力将左脚迅速收回，上体不动。

（5）身体重心右移过大，身体倾斜。

纠正方法：稍息时，身体重心稍向右移，体重大部分落于右脚，上体不右斜。

（五）组织练习

（1）手形定位练习。

主要检查手形是否正确。

口令：手形定位练习，一、二。

要领：听到“一”的口令，两手前伸，掌心相对，拇指根部约与最下方衣扣同高；听到“二”的口令，放回原处，中指贴于裤缝。

（2）练习后背的手形以及放的位置。

（3）练习跨步的距离。

（4）练习跨步、背手的协调一致。

（5）稍息出脚定位练习。

立正站好后，沿左脚内（外）侧的延伸方向划一直线，在左脚尖前的全脚三分之二距离上画一横线，而后反复练习出脚、收脚。

（6）立正、稍息互换练习。

按立正、稍息的动作要领反复练习。

（7）持久练习。

按立正姿势站好后，进行耐力和定型训练，时间由短到长，养成正确的姿势。

二、停止间转法

目的：学会停止间转法的动作要领

内容：向右（左）转，向后转，半面向右（左）转。

（一）讲解示范

停止间转法是停止间变换方向的方法，分为向右（左）转和向后转。需要时，也可以半面向右（左）转

1. 向右（左）

口令：向右（左）——转。

半面向右（左）——转。

要领：向右（左）转，以右（左）脚跟为轴，右（左）脚跟和左（右）脚掌前部同时用力，使身体协调一致向右（左）转 90 度，身体重心落在右（左）脚，左（右）脚取捷径迅速靠拢右（左）脚，成立正姿势。转动和靠脚时，两腿挺直，上体保持立正姿势。

半面向右（左）转，按照向右（左）转的要领转 45 度。

相关动作见图 2-10、图 2-11。

图 2-10

图 2-11

2. 向后转

口令：向后——转。

要领：听到“向后——转”的口令后，按照向右转的要领向后转体 180 度。

相关动作见图 2-12。

图 2-12

（二）动作要求

应注意两臂不外张，裆部要夹紧；身体和脚一致转动；靠脚时，要取捷径，不得外扫和踩脚；警姿不变，转体和靠脚节奏明显。动作可归纳为两快、两准、一稳、一直。

两快：转体快、靠脚快。

两准：转体方向准，靠脚位置准。

一稳：转过后的身体要稳。

一直：保持正直的上体。

（三）动作要点

（1）要自始至终保持良好的警姿。

（2）掌握好用力部位。

（3）掌握好重心转移。

（四）易犯毛病及纠正方法

（1）转体时身体不稳。

纠正方法：两腿挺直，裆部夹紧，自然挺胸，同时以脚跟为轴，体重落于为轴的支撑脚上，上体保持正直。

（2）两脚和上转的方向一致，转的方向不准。

纠正方法：转动时腰部挺直，身体和两脚同时用力转向新方向。转正后，支撑脚的前脚掌迅速着地。

（3）转体时，两臂外张。

纠正方法：转体时，两臂自然贴于身体。

（4）靠脚时，踩脚或外扫。

纠正方法：靠脚时，两腿挺直，取捷径迅速靠拢。

（5）靠脚后，两脚跟不齐。

纠正方法：在新的方向，画脚跟线，然后反复体会练习。

（五）组织练习

1. 分解动作练习

主要体会转的方向和角度是否准确，如何使身体稳、转得快及靠脚快、准、齐、稳的要领。

口令：分解动作，向右（左、后）——转，二。

要领：听到动令转向新的方向不靠脚；听到“二”的口令，后脚取捷径向内向下用力靠拢前脚，成立正姿势。

2. 连贯动作练习

按停止间转法的动作要领反复练习。

三、行进与立定

目的：使受训者学会行进与立定的动作要领

内容：齐步行进与立定，正步行进与立定，跑步行进与立定，便步，踏步，移步，礼步。

（一）齐步行进与立定

1. 讲解示范

齐步是行进的常用步法。

口令：齐步——走，立——定。

要领：左脚向正前方迈出约 75 厘米，按照先脚跟后脚掌的顺序着地，同时身体重心前移，右脚照此法动作；上体正直，微向前倾；手指轻轻握拢，拇指贴于食指第二节；两臂前后自然摆动，向前摆臂时，肘部弯曲，小臂自然向里合，手心向内稍向下，拇指根部对正衣扣线（着海军藏青色春秋常服、冬常服时，拇指根部对正双排扣中间位置），并高于春秋常服或者冬常服最下方衣扣约 5 厘米（着夏常服、水兵服时，高于内腰带扣中央约 5 厘米；着作训服时，与外腰带扣中央同高），离身体约 30 厘米；向后摆臂时，手臂自然伸直，手腕前侧距裤缝线约 30 厘米。行进速度每分钟 116～122 步。当听到“立——定”口令后，左脚再向前大半步着地（脚尖向外约 30 度），两腿挺直，右脚取捷径迅速靠拢左脚，成立正姿势。

相关动作见图 2-13、图 2-14。

图 2-13

图 2-14

2. 动作要求

脚向正前方迈出，不走“八字”步，两眼向前平视，步幅、步速要准确，具有勇往直前的气势。做到：走直线，身体稳，臂腿协调，动作准。动作要领可归纳为：两准、两稳、一协调。

两准：步幅、步速准，摆臂前后定位准。

两稳：摆臂定位要稳，上体要稳。

一协调：腿、臂动作要协调自如。

3. 动作要点

（1）要保持良好的警姿。

（2）掌握摆臂的着力点。

（3）臂腿动作要协调一致。

（4）两脚内侧应走直线。

4. 易犯毛病及纠正方法

（1）全脚掌着地。

纠正方法：按先脚跟、后脚掌的顺序着地，上体正直，微向前倾。按此要领反复练习。

（2）体重没有随脚着地的同时前移。

纠正方法：上体稍向前倾，使体重及时前移。

（3）步幅不准。

纠正方法：画75厘米步幅线，反复练习。

（4）步速不准。

纠正方法：采取计时训练，反复练习。

（5）上体松，左右晃，警姿不正。

纠正方法：上体要正直，自然挺胸，腰杆当家。

（6）手腕弯曲。

纠正方法：摆臂时手腕放松，自然伸直。

（7）腿臂不协调。

纠正方法：由慢到快体会练习，迈脚同时摆臂，脚着地时臂到位。

（8）立定时，身体后仰。

纠正方法：身体稍向前倾，左脚向前大半步时，体重及时前移，重心落于左脚，而后右脚靠拢左脚。

（9）靠脚弯腿。

纠正方法：脚腕用力，压膝盖，两腿挺直，右脚迅速靠拢左脚。

（10）立定时，跺脚和外扫。

纠正方法：两腿挺直，取捷径靠脚。

（11）靠脚后角度不准。

纠正方法：左脚向前大半步，左脚尖向左分开30度，右脚靠拢左脚时，右脚尖向右分开30度。

（12）靠脚放臂不一致。

纠正方法：靠脚的同时放臂。

5. 组织练习

1）齐步摆臂练习

主要解决摆臂路线，前后定位的准确性。

口令：齐步摆臂练习，一、二、停。

要领：当听到“齐步摆臂练习，一”的口令，按摆臂要领将手臂摆出（不迈脚），右臂在前，左臂在后；听到“二”的口令，两臂交换，而后按口令反复交替进行。听到“停”的口令，两臂放下成立正姿势。

2）立定练习

主要体会和检查臂、腿结合是否协调。

口令：立定练习，×步一靠，齐步——走、二。

要领：听到“×步一靠，齐步——走”的口令向前行进规定的步数。此时，左脚在前，不靠脚；听到“二”的口令，靠脚放臂成立正姿势。

3）步幅、步速练习

按 75 厘米画步幅线，用秒表计算，练习步幅、步速的准确性。

4）连贯动作练习

按齐步走的动作要领反复练习。

（二）正步行进与立定

1. 讲解示范

正步是一种礼节性步伐，主要用于分列式和其他礼节性场合。标准高，难度大，是队列训练的重点和难点。

口令：正步——走，立——定。

要领：左脚向正前方踢出约 75 厘米，腿要绷直，脚尖下压，脚掌与地面平行，离地面约 25 厘米，适当用力使全脚掌着地，同时身体重心前移，右脚照此法动作；上体正直，微向前倾；手指轻轻握拢，拇指伸直贴于食指第二节；向前摆臂时，肘部弯曲，小臂略成水平，手心向内稍向下，手腕下沿摆到高于春秋常服或者冬常服最下方衣扣约 15 厘米处（着夏常服、水兵服时，高于内腰带扣中央约 15 厘米处；着作训服时，高于外腰带扣中央约 10 厘米处），离身体约 10 厘米；向后摆臂时左手心向右、右手心向左，手腕前侧距裤缝线约 30 厘米。行进速度每分钟 110～116 步。当听到“立——定”口令后，左脚再向前大半步着地（脚尖向外约 30 度），两腿挺直，右脚取捷径迅速靠拢左脚，成立正姿势。

相关动作见图 2-15 至图 2-18。

图 2-15

图 2-16

图 2-17

图 2-18

2. 动作要求

行进时，要警姿端正，神色从容，动作自然大方，力感、节奏感要强。要领可归纳为四快、四准、两直、两稳、一协调。

四快：踢腿快、摆臂快、脚着地快、跟体快。

四准：脚踢出高度准，摆臂路线和位置准，步幅准，步速准。

两直：腿要绷直，上体正直。

两稳：踢腿摆臂定位后要稳，脚着地身体重心前移时，身体要稳。

一协调：腿、臂动作要协调。

3. 动作要点

（1）行进时要挺胸、挺颈，头要正直上顶，身体上拔，腰杆当家。

（2）踢腿与身体重心前移要协调。

（3）跟进、踢腿与压脚尖动作要协调。

（4）腿部运动与摆臂的用力大小要协调一致。

4. 易犯毛病及纠正方法

（1）踢腿摆臂不定位。

纠正方法：强调在控制下多加练习，以形成定位。

（2）弓、弹、掏腿。

纠正方法：踢腿时，裆部放松；支撑腿挺直，踢出的腿绷直，膝盖下压，以脚腕带动小腿、小腿带动大腿的顺序，迅速用力向前踢出。

（3）臂腿不协调，脚擦地。

纠正方法：强调踢腿摆臂，脚着地臂不动。前脚着地身体重心前移时，后脚掌稍离地面向前踢出。

（4）摆臂时划弧。

纠正方法：两臂按照摆臂要领，围绕身体前后，自下而上端臂。

（5）摆臂时耸肩。

纠正方法：摆臂进肩关节适当放松，使肩关节转动自如，手腕适当用力，以小臂带动大臂运动。

（6）步幅、步速不准。

纠正方法：采取用画步幅线和计时的方法，反复练习。

5. 组织练习

1）原地摆臂练习

主要是解决摆臂的速度和定位性。

口令：正步原地摆臂练习，一、二、停。

要领：听到“正步原地摆臂练习，一”的口令后，按正步摆臂要领向前摆出右臂，向后摆出左臂，听到“二”的口令后，两臂交换；而后根据口令反复交替练习。听到“停”的口令（一般右臂在前时下达“停”的口令），放臂恢复立正姿势。

2）原地抱腹踢腿练习

主要练习踢腿的速度以及上体的稳定程度。

口令：原地抱腹踢腿——抱腹，一、二；换腿，一、二、停。

要领：听到“原地抱腹踢腿——抱腹”的口令后，两手腹前交叉（左手抓右手），将小腹向上托起，挺胸。左胯提起，使左脚离地位于右脚跟约全脚的后三分之一处，蹬脚跟、跷脚尖，体重落于右脚。听到“一”的口令，按正步踢腿要领向前踢出。听到“换腿”的口令（一般腿收回时下“换腿”的口令），左脚着地后，右脚提起，而后同左脚动作一样。听到“停”的口令后，两手放下同时靠脚成立正姿势。

3）原地摆臂踢腿练习

主要解决臂、腿的协调性。

口令：原地踢腿摆臂练习，正步——走、二；换腿，一、二、停。

要领：听到“原地踢腿摆臂练习，正步——走”的口令后，踢出左腿按正步摆臂要领摆臂，右臂在前，左臂在后。听到“换腿”的口令，左脚原地落下，起右脚同时换臂，而后，按口令交替练习。听到“停”的口令，恢复立正姿势。

4）一步两动练习

主要解决身体正直前移问题以及臂、腿的协调性。

口令：一步两动，正步——走，二、一、停。

要领：听到“一步两动，正步——走”的口令后，按要领踢出腿不着地，同时摆臂，听到“二”的口令身体前移，左脚于75厘米处正直落地，臂不动。同时右脚跟至左脚跟约全脚的后三分之一处（蹬脚跟、翘脚尖）。听到“一”的口令，踢出右脚，同时摆臂，而后照此法反复练习。听到“停”的口令（一般下于右脚着地时），左脚向前半步着地，脚尖外摆30度，右脚取捷径靠拢左脚同时放臂，成立正姿势。

5）一步一动练习

主要解决落地臂不动（踢脚同时摆臂），使臂腿更紧密结合，步伐有节奏感。

口令；一步一动，正步——走，二、一、停。

要领：听到“一步一动，正步——走”的口令，左脚按正步要领踢出不着地。听到“二”的口令，左脚迅速着地，右脚跟至左脚跟约全脚的后三分之一处稍停，再向前踢出。听到“一”的口令，左脚按右脚的动作要领实施。而后按“二”“一”的口令交替进行，听到“停”的口令，右脚靠拢左脚的同时将臂放下，成立正姿势。

6）快慢步练习

主要解决踢腿、摆臂、落地、跟体的协调性。

口令：快慢步，正步——走，二、停。

要领：听到“快慢步，正步——走”的口令后，踢出左脚的同时摆臂，于正前方约75厘米处用力着地，右脚跟至左脚跟约全脚的后三分之一处，臂不动。听到“二”的口令，右脚照此法动作，而后交替练习。听到“停”的口令后，左脚向前半步着地，脚尖外摆30度，右脚取捷径靠拢左脚同时放臂，成立正姿势。

7）断续正步练习

主要解决步幅、步速以及初学者体力跟不上而引起的动作变形问题。

口令：断续正步，正步——走，×步前进，停。

要领：听到“断续正步，正步——走，×步前进”的口令后，按正步要领前进×步，前脚不着地。听到“停”的口令，左脚向前半步着地，脚尖外摆30度，右脚取捷径靠拢左脚同时放臂，成立正姿势。

8）连贯动作练习

按正步的动作要领反复练习。

（三）跑步行进与立定

1. 讲解示范

口令：跑步——走，立定。

跑步主要用于快速行进。

要领：听到预令，两手迅速握拳（四指蜷握，拇指贴于食指第一关节和中指第二节），提到腰际，约与腰带同高，拳心向内，肘部稍向里合。听到动令，上体微向前倾，两腿微弯，同时左脚利用右脚掌的蹬力跃出约85厘米，前脚掌先着地，身体重心前移，右脚照此法动作；两臂前后自然摆动，向前摆臂时，大臂略垂直，肘部贴于腰际，小臂略平，稍向里合，两拳内侧各距衣扣线约5厘米（着海军藏青色春秋常服、冬常服时，两拳内侧各距双排扣中间位置约5厘米）；向后摆臂时，拳贴于腰际。行进速度每分钟170～180步。

听到“立——定”口令，继续跑2步，然后左脚向前大半步（两拳收于腰际，停止摆动）着地，右脚取捷径靠拢左脚，同时将手放下，成立正姿势。

相关动作见图2-19、图2-20。

图 2-19

图 2-20

2. 动作要求

行进时，上体端正，两眼注视前方，利用前脚掌的弹力前进；摆臂时，肘部不得外张，两拳不要上下摆动或围绕腹部摆动；立定时，不得垫步或左右跨步。动作要领可归纳为一快、一跃、一平、一合、两不露。

一快：两手迅速握拳提到腰际要快。

一跃：后脚利用前脚掌的蹬力（跃出）前进。

一平：摆臂时，小臂略平。

一合：肘部稍向里合。

两不露：向前摆时，不露肘；向后摆时，不露手。

3. 动作要点

（1）两腿微弯，不下坐。

（2）掌握摆臂的要领。

（3）要注意掌握跑步立定时臂、腿的协调方法。

4. 易犯毛病及纠正方法

（1）第一步跃不出去。

纠正方法：强调听到口令应先前倾上体，两腿微曲，使身体重心前移，同时左脚利用右脚掌的弹力跃出。

（2）摆臂时，两拳上下打鼓或绕腹部摆动。

纠正方法：向前摆臂时，大臂略直，肘部贴于腰际，小臂略平，稍向里合，两拳内侧各距衣扣线约 5 厘米；向后摆臂时，拳贴于腰际，肘部稍向里合。

（3）行进时全脚掌着地，形成身体上蹿下跳。

纠正方法：强调上体正直前倾，使重心前移，克服前移过慢。

（4）立定时，垫步或跨步。

纠正方法：强调按照要领反复练习。

5. 组织练习

1）跑步摆臂练习

主要解决摆臂路线和定位准确问题。

口令：跑步、一、二、停。

要领：听到“跑步”的预令，两手迅速握拳提到腰际。听到“一”的口令按跑步要领摆臂，右手在前，左手在后。听到“二”的口令，两臂交换，而后按口令反复练习。听到“停”的口令，左拳收回，再将两手放下，成立正姿势。

2）一步跃出练习

主要掌握第一步跃出的要领。

口令：一步跃出练习，跑步——走，二。

要领：听到“一步跃出练习，跑步——走”的口令，两手迅速握拳提到腰际，两腿微弯，左脚利用右脚掌的弹力向前跃出约 85 厘米，前脚掌先着地，右腿向后稍弯曲。听到“二”的口令，右脚靠拢左脚的同时，将手放下，成立正姿势。而后按口令反复练习。

3）立定练习

主要解决立定时的腿、臂协调问题。

口令：立定练习，×步一靠，跑步——走，二。

要领：听到“立定练习，×步一靠，跑步——走”的口令，按要领向前跑规定的步数，此时左脚在前，不靠脚。听到“二”的口令，右脚靠拢左脚放臂成立正姿势。

4）步幅、步速练习（略）

5）连贯动作练习

按跑步立定的动作要领反复练习。

（四）便步

1. 讲解示范

便步用于行军、操练后恢复体力及其他场合。

口令：便步——走。

要领：用适当步速、步幅行进，两臂自然摆动，上体保持良好姿态。

2. 动作要求

便步走时，要具有良好的警姿和队列纪律，保持步法稳健、精神振作和相应的队形。

3. 易犯毛病及纠正方法

便步行进中主要注意纠正警察姿态和警容风纪等问题。

（五）踏步

1. 讲解示范

踏步用于调整步伐和整齐。

停止间口令：踏步——走。

行进间口令：前进，踏步。

要领：听到“踏步——走”的口令，两脚在原地上下起落（抬起时，脚尖自然下垂，离地面约 15 厘米；落下时，前脚掌先着地），上体保持正直，两臂按照齐步或者跑步摆臂的要领摆动。行进间踏步时，听到“前进”的口令，继续踏两步，再按齐步或跑步行进。齐步换踏步，听到口令即换踏步；跑步换踏步，听到口令，继续跑 2 步，然后换踏步。听到“立定”的口令后，齐步时，左脚继续踏一步，右脚靠拢左脚成立正姿势；跑步时，继续踏两步，左脚踏 1 步，右脚靠拢左脚成立正姿势。

相关动作见图 2-21、图 2-22。

图 2-21

图 2-22

2. 动作要求

踏步时，上体保持正直，挺胸抬头，身体不左右晃动，两脚不得前后移动；立定时，不得向左或向前跨步。

3. 易犯毛病及纠正方法

（1）脚尖不能下垂，脚尖离地面的高度不定。

纠正方法：踏步时两肩放松，大腿带动小腿上下起落，落地时应做到按脚掌、脚跟的顺序着地。立定时，最后一步不得跨步，应原地下落，右脚靠拢左脚。

(2) 两膝外张。

纠正方法：脚抬起时，两膝注意稍向里合，注意正直上、下起落。

(3) 立定移位。

纠正方法：注意两脚上下起落，在原地立定。

（六）移步（5步以内）

1. 讲解示范

移步用于调整队列位置。

1）右（左）跨步

口令：右（左）跨×步——走。

要领：上体保持正直，每跨1步并脚一次，其步幅约与肩同宽，跨到指定步数停止。

2）向前或后退

口令：向前×步——走。

后退×步——走。

要领：向前移步时，应当按照单数步要领进行（双数步变为单数步）。向前1步时，用正步，不摆臂；向前3步、5步时，按照齐步走的要领进行。向后退步时，从左脚开始，每退1步靠脚一次，不摆臂，退到指定步数停止。

2. 动作要求

移步时，要注意警姿端正，动作准确，节奏分明。

3. 易犯毛病及纠正方法

(1) 左（右）跨步时上体摆动。

纠正方法：移步时，注意腰杆挺直，上体保持正直姿势。

(2) 移步动作没节奏。

纠正方法：注意按动静分明、节奏明显的要求进行纠正。

（七）礼步

1. 讲解示范

礼步主要用于纪念仪式中礼兵的行进。

口令：礼步——走。

要领：左脚向正前方缓慢抬起，腿要绷直，脚尖上翘，与腿约成 90 度，脚后跟离地面约 30 厘米，按照脚跟、脚掌顺序缓慢着地，步幅约 55 厘米，右脚照此法动作；上体正直，两臂下垂自然伸直、轻贴身体（抬祭奠物除外）；手指并拢自然微曲，拇指尖贴于食指第二节，中指贴于裤缝。行进速度每分钟 24～30 步。

2. 动作要求

礼步时，要注意警姿端正，动作准确，节奏分明。

3. 易犯毛病及纠正方法

（1）礼步时上体晃动。
纠正方法：礼步时，注意腰杆挺直，上体保持正直姿势。
（2）礼步腿形及着地顺序问题。
纠正方法：注意按动静分明、节奏明显的要求进行纠正。

四、步法变换

目的：学会步法变换的动作要领
内容：齐步、正步互换，齐步、跑步互换，齐步、踏步互换，跑步、踏步互换。

（一）讲解示范

步法变换，均从左脚开始。

1. 齐步、正步互换

1）齐步换正步
口令：齐步——走，正步——走。
要领：在齐步行进的基础上，听到“正步——走”的口令后（动令落于左脚）右脚继续走 1 步，即换正步行进（第一步一定要稳，步速变换要明显）。

2）正步换齐步
口令：正步——走，齐步——走。
要领：在正步行进的基础上，听到“齐步——走”的口令后（动令落于左脚）右脚继续走 1 步，即换齐步行进。

2. 齐步、跑步互换

1）齐步换跑步
口令：齐步——走，跑步——走。

要领：在齐步行进的基础上，听到“跑步——走”的口令后，两手迅速握拳，提到腰际，两臂前后自然摆动，听到动令（落于右脚），左脚即按跑步行进。

2）跑步换齐步

口令：跑步——走，齐步——走。

要领：在跑步行进的基础上，听到“齐步——走”的口令（动令落于右脚），继续跑 2 步，然后换齐步行进（换臂要明显）。

3. 齐步、踏步互换

1）齐步换踏步

口令：齐步——走，踏步。

要领：在齐步行进的基础上，听到“踏步”的口令（动令落于右脚），即换踏步。

2）踏步换齐步

口令：踏步——走，前进。

要领：听到“前进”的口令，继续踏两步（动令落于右脚），再按齐步行进。

4. 跑步、踏步互换

1）跑步换踏步

口令：跑步——走，踏步。

要领：在跑步行进的基础上，听到“踏步”的口令（动令落于右脚），即换踏步。

2）踏步换跑步

口令：踏步——走，前进。

要领：听到“前进”的口令，继续踏两步（动令落于右脚），再按跑步行进。

（二）动作要求

步法变换时要明显，时机要准确，动作要规范。

（三）动作要点

（1）齐步换正步时，左脚即换正步踢出的高度和摆臂的位置要准确。

（2）正步换齐步时，左脚即换齐步要及时，摆臂要自然。

（3）齐步换跑步时，听到预令，两手应迅速握拳提到腰际，两臂自然摆动，听到动令，即换跑步。

（四）易犯毛病及纠正方法

（1）步法变换时，动作不明显。

纠正方法：听到口令后，即从左脚开始变换，按新步法行进。变换时，要充分显示出齐步为迈出、正步为踢出、跑步为跃出的不同特点。

（2）步法变换时，不能保持原步速。

纠正方法：变换时，第一步的步幅要保持好，同时注意踢、迈、跃步要稳健。

（3）齐步换跑步时，握拳上提慢，摆臂不自然。

纠正方法：齐步行进中，听到预令，两手迅速握拳提到腰际，两臂随脚的运动自然摆动；听到动令，即按跑步要领行进。

（五）组织练习

1. 分解练习

口令：分解动作，×步换×步，×步——走，二。

要领：在行进中，听到“×步——走”的口令，变换第一步后停住，听到“二”的口令后再按变换的步法行进。

2. 连贯练习

按齐步与正步互换、齐步与跑步互换的动作要领反复练习。

五、行进间转法

目的：学会行进间转法的动作要领

内容：齐步、跑步向右（左）转走，齐步、跑步向后转走。

（一）讲解示范

1. 齐步、跑步向右（左）转走

口令：向右（左）转——走

要领：左（右）脚向前半步（跑步时，继续跑 2 步，再向前半步），脚尖向右（左）约 45 度，身体向右（左）转 90 度时，左（右）脚不转动，同时出右（左）脚按照原步法向新方向行进。

半面向右（左）转走，按照向右（左）转走的要领转 45 度。

2. 齐步、跑步向后转走

口令：向后转——走。

要领：左脚向右脚前迈出约半步（跑步时，继续跑 2 步，再向前半步），脚尖向右约 45 度，以两脚的前脚掌为轴，向后转 180 度，出左脚按照原步法向新方向行进。

（二）动作要求

转动时，保持行进时的节奏，两臂自然摆动，不得外张；两腿自然挺直，上体保持正直。注意出脚、转体、摆臂动作要协调一致。

（三）动作要点

（1）掌握身体重心。齐步向左转走时，右脚向前半步，身体重心大部分落于右脚；跑步向左转走时，身体重心落于两脚掌上。

（2）向前半步及方向准确。在向前半步时，不要过大，右脚尖到左腿根约 15 厘米，脚尖向左 45 度。左脚向新方向跃出时，方向要准确。

（3）腿、臂协调。转向新方向时，臂应随腿的运动摆动。向右（左）转走时，在出脚的同时臂随之摆动，使出脚、转体、摆臂协调一致。

（四）易犯毛病及纠正方法

（1）转时前脚掌随身体转动。

纠正方法：强调向前半步时，脚尖向右（左）45 度要准确，注意在转体的同时出脚。向新方向前进时，用上体力量转向新方向，两脚掌不得移动。

（2）转时两臂外张，上体不稳。

纠正方法：两手轻贴身体自然摆动；注意腰杆挺直，挺胸、挺颈。

（3）转时转体摆臂不协调。

纠正方法：强调随身体转向新方向的同时，两臂自然摆动，并与上体同时到位。

（五）组织练习

1. 分解动作练习

齐步、跑步向右（左）转可分两动练习。

口令：分解动作，向右（左）转——走、二。

要领：听到动令，按齐步、跑步转法要领左（右）脚向右（左）内扣 45 度，上体正直，面和身体向原方向，听到“二”的口令，转向新的方向行进。

齐步、跑步向后转走可分为三动练习。

口令：分解动作，向后转——走、二、三。

要领：听到动令，左脚向前半步（跑步时继续向前跑两步，再向前半步），脚尖向右约 45 度。听到“二”的口令，转向新方向，听到“三”的口令，出左脚向新方向行进。

2. 连贯动作练习

按齐步、跑步行进间转法的动作要领反复练习。

六、敬礼、礼毕和单个警察敬礼

目的：学会敬礼的动作要领

内容：敬礼、礼毕，单个警察敬礼。

（一）敬礼、礼毕

1. 讲解示范

为表示同志之间团结、友爱，体现部属与首长、下级与上级的相互尊重，必须有礼节。

敬礼分为举手礼、注目礼和举枪礼。

1）举手礼

口令：敬礼。

要领：听到“敬礼”的口令，上体正直，右手取捷径迅速抬起，五指并拢自然伸直，中指微接帽檐右角前约 2 厘米处（戴卷檐帽、无檐帽或者不戴警帽时微接太阳穴，约与眉同高），手心向下，微向外张（约 20 度），手腕不得弯曲，右大臂略平，与两肩略成一线，同时注视受礼者。

相关动作见图 2-23。

2）注目礼

要领：面向受礼者成立正姿势，同时注视受礼者，并目迎目送（右、左转头角度不超过 45 度）。

相关动作见图 2-24。

图 2-23

图 2-24

3）举枪礼

举枪礼用于阅兵式或者执行仪仗任务。

口令：向右看——敬礼。

要领：右手将枪提到胸前，枪身垂直并对正衣扣线，枪面向后，离身体约10厘米，枪口与眼同高，大臂轻贴右肋；同时左手接握表尺上方，小臂略平，大臂轻贴左肋；同时转头向右注视受礼者，并目迎目送，右、左转头角度不超过45度。

4）礼毕

口令：礼毕。

要领：行举手礼者，将手放下；行注目礼者，将头转正；行举枪礼者，将头转正，右手将枪放下，使托前踵轻轻着地，同时左手放下，成持枪立正姿势。

2. 动作要求

行举手礼和注目礼时，上体正直，精神振奋，表情亲切、自然，抬手迅速，手、臂、头定型定位，不歪头、不转体、不耸肩。行举手礼时，做到“三个一条线”：大臂与肩略成一条线；手与小臂略成一条线；从头到脚上下一条线。要领可归纳为：身体正直抬手快；手心向内稍向外；中指定位腕挺直；大臂略平与肩齐。

行举枪礼时，身体保持立正姿势，动作要迅速、准确、协调。做到以下几点。

一快：右手用虎口、手腕、小臂的合力，将枪迅速提到胸前。

一准：左手接握表尺处要准，枪离身体约10厘米，枪口（或准星护圈）与眼同高。

一稳：枪身要保持垂直、稳固。

一协调：右手将枪提到位、左手接握表尺处和转头向右动作要同时完成、协调一致。

3. 动作要点

（1）行举手礼时，右手取捷径迅速抬起，臂和肩要自然放松；中指接于帽檐右角前约2厘米处，手心向下，微向外张约20度；大臂与肩成一线，挺胸、挺颈、头要正。

（2）行注目礼时，颈要挺直，转头迅速，两眼有神注视受礼者，向右、左转头角度不超过45度。

（3）行举枪礼时要把握好提枪的速度和力度，要用右手虎口、手腕和小臂的合力，迅速将枪提到胸前。

（4）右手将枪提到位、左手接握表尺处和转头向右动作要同时完成。

4. 易犯毛病和纠正方法

1）举手礼

（1）右手抬起时未取捷径。

纠正方法：身体保持正直，右手抬起时，手腕用力，沿右胸前取捷径迅速抬起。

（2）手腕弯曲，手心外张过大。

纠正方法：手腕自然挺直，手心向下，微向外张约 20 度。

（3）右大臂与两肩不在一线。

纠正方法：右大臂抬起时，肘部稍向后张，使臂肘略与肩平，并在一条线上。

2）注目礼

（1）转头角度过大或过小。

纠正方法：右、左约 45 度方向各定一目标，而后转头平视目标，反复练习。

（2）仰头、斜视。

纠正方法：颈部挺直，下颌微收，使瞳孔居中平视。

3）举枪礼

提枪时，大臂上抬、耸肩

纠正方法：提枪时，大臂轻贴右肋，肩部放松。

5. 组织练习

1）手型练习

主要用于检查敬礼的手形。

口令：手形练习，一、二。

要领：听到“一”的口令，右手取捷径迅速抬起，位于右胸前，五指并拢伸直，拇指上沿与口袋上沿平齐，听到“二”的口令将手放下。

2）分解动作练习

举手礼分解动作

口令：分解动作，敬礼，礼毕。

要领：听到“敬礼”的口令，按动作要领，右手取捷径迅速抬起，中指微接帽檐右角前 2 厘米处。听到“礼毕”的口令迅速放臂成立正姿势。

3）连贯动作练习

按照敬礼、礼毕的动作要领反复练习。

（二）单个警察敬礼

1. 讲解示范

单个警察在距受礼者5～7步处，行举手礼或者注目礼。

要领：徒手或者背枪时，停止间，应当面向受礼者立正，行举手礼，待受礼者还礼后礼毕；行进间（跑步时换齐步），转头向受礼者行举手礼，并继续行进，左臂仍自然摆动，待受礼者还礼后礼毕。

携带武器（除背枪）等不便行举手礼时，不论停止间或者行进间，均行注目礼，待受礼者还礼后礼毕。

2. 动作要求

单个警察敬礼，要精神振奋，姿态端庄，动作准确，时机得当。行进间敬礼时，手不随头转动，左臂自然摆动，保持行进方向；礼毕时，右手要在右脚迈出的同时放下后摆，目迎目送受礼者，身体不转动。动作要领可归纳为三准、二协调、一不变。

三准：脚着地步幅准；敬礼的位置准；转头的角度准。

二协调：敬礼时，右脚迈出、手抬起和转头协调一致，礼毕时，右脚迈出、放手和将头转正协调一致。

一不变：保持步速不变。

3. 动作要点

（1）掌握敬礼时机。

（2）行进间行举手礼或礼毕时，摆臂要自然协调。

（3）行进间行举手礼时，要注意右脚迈出与抬头和转头协调一致。

4. 易犯毛病及纠正方法

（1）左脚着地与转头、抬手不一致。

纠正方法：右脚迈出同时转头到位，右手接于帽檐右角前到位。

（2）迈脚和摆臂不协调。

纠正方法：强调行举手礼后，保持步速不变，左臂自然摆动。

5. 组织练习

1）分解动作练习

口令：分解动作，敬礼、二。

分解动作，礼毕、二。

要领：行进时，听到“分解动作，敬礼”的口令（动令落在右脚），左脚向前一步，于右脚再向前一步的同时，转头行举手礼。听到“二”的口令，按原步法行举手礼前进。

听到“分解动作，礼毕”的口令（动令落在右脚），左脚向前一步。听到“二”的口令，在右脚迈出的同时，将头转正，右手放下，向后摆，按原步法行进。

2）连贯动作练习

按行进间敬礼的动作要领反复练习。

七、坐下、蹲下、起立

目的：通过训练，使受训者学会坐下、蹲下、起立的要领。

内容：坐下、起立，蹲下、起立。

（一）讲解示范

1. 坐下、起立

1）徒手坐下、起立

口令：坐下、起立。

要领：左小腿在右小腿后交叉，迅速坐下（坐凳子时，听到口令，左脚向左分开约一脚之长；女警察着裙服坐凳子时，两腿自然并拢），手指自然并拢放在两膝上，上体保持正直。

听到“起立”的口令，全身协力迅速起立，左脚靠拢右脚成立正姿势。

相关动作见图 2-25。

图 2-25

2）携便携式折叠写字椅坐下、起立

口令：坐下、起立。

要领：当听到“放凳子”的口令，左手将折叠写字椅提至身前交于右手，右手反握支脚上横杠，左手移握写字板和座板上沿，两手协力将支脚拉开；而后上体右转，两手将折叠写字椅轻轻置于脚后，写字板扣手朝前，恢复立正姿势；当听到“坐下”的口令，迅速坐在折叠写字椅上。

使用折叠写字椅的靠背或者写字板时，应当按照“打开靠背”或者“打开写字板”的口令，调整折叠写字椅和坐姿；组合使用写字板时，根据需要确定组合方式和动作要领。

携便携式折叠写字椅起立时，当听到“取凳子——起立”的口令后，按照放折叠写字椅的相反顺序进行。

3）携背囊（背包）坐下、起立

口令：坐下、起立。

要领：听到“放背囊（背包）”的口令，两手协力解开上、下扣环，握背带；取下背囊（背包），上体右转，右手将背囊（背包）横放在脚后，背囊（背包）正面向下，背囊口向右（背包口向左）；按照口令坐在背囊（背包）上。携枪（筒）放背囊（背包）时，先置枪（筒），后放背囊（背包）。

携背囊（背包）起立，听到“取背囊（背包）——起立”的口令，按照放背囊（背包）的相反顺序进行。

2. 蹲下、起立

口令：蹲下、起立。

要领：右脚后退半步，前脚掌着地，臀部坐在右脚跟上（膝盖不着地），两腿分开约 60 度（女警察两腿自然并拢），手指自然并拢放在两膝上，上体保持正直。蹲下过久，可以自行换脚。

听到“起立”的口令，全身协力迅速起立，成立正姿势。

相关动作见图 2-26 至图 2-31。

图 2-26

图 2-27

图 2-28

图 2-29

图 2-30

图 2-31

（二）动作要求

坐下、蹲下、起立，要迅速、准确，上体保持良好姿势。

（三）动作要点

（1）坐下、蹲下后，上体要保持正直姿势，注意挺胸、抬头，两眼注视前方。

（2）坐下时，两腿交叉要迅速，重心要稳；蹲下时，右脚后退半步要准确。

（四）易犯的毛病及纠正方法

（1）坐下时，手扶地。

纠正方法：起立时，两脚靠近臂部，上体微向前倾，全身用力迅速起立。

（2）坐下时，两脚交叉或大或小。

纠正方法：以右小腿后和左小腿前相贴为宜。

（3）坐下时，上体后倒。

纠正方法：上体保持正直，坐下时稍前倾。

（4）坐下、蹲下后弯腰、低头。

纠正方法：腰杆挺直，挺胸、挺颈。

（5）蹲下时，右脚后退过大。

纠正方法：强调后退“半步”。

（五）组织练习

1. 分解动作练习

1）坐下、起立分解动作练习

口令：分解动作，坐下、二；起立、二。

要领：听到“坐下”的口令，左小腿在右小腿后迅速交叉；听到“二”的口令，迅速坐下。听到“起立”的口令，全身协力迅速起立；听到“二”的口令，左脚靠拢右脚成立正姿势。

2）蹲下、起立分解动作练习

口令：分解动作，蹲下、二；起立、二。

要领：听到“蹲下”的口令，右脚迅速后撤半步；听到“二”的口令，迅速蹲下，臀部坐在后脚跟上，两手自然放在两膝上，上体保持正直。听到“起立”的口令，全身协力迅速起立；听到“二”的口令，右脚靠拢左脚恢复立正姿势。

2. 连贯动作练习

按坐下、蹲下、起立的要领，反复练习。

八、脱帽、戴帽、夹帽

目的：学会脱帽、戴帽、夹帽的动作要领。
内容：脱帽，戴帽，夹帽。

（一）讲解示范

1. 脱帽

口令：脱帽。

要领：立姿脱帽时，双手捏帽檐或者帽前端两侧，将帽取下，取捷径置于左小臂，帽徽朝前，掌心向上，四指扶帽檐或者帽墙前端中央处，小臂略成水平，右手放下。

坐姿脱帽时，双手捏帽檐或者帽前端两侧，将帽取下，置于桌（台）面前沿左侧或者膝上，使帽顶向上、帽徽朝前，也可以置于桌斗内。

相关动作见图 2-32、图 2-33。

图 2-32

图 2-33

2. 戴帽

口令：戴帽。

要领：双手捏帽檐或者帽前端两侧，取捷径将帽迅速戴正。

携枪（筒）时，用左手脱帽、戴帽。

3. 夹帽（作训帽除外）

口令：夹帽。

要领：双手捏帽檐或者帽前端两侧，取捷径将帽取下，左手握帽墙（女警察戴卷檐帽时，将四指并拢，置于下方帽檐与帽墙之间），小臂夹帽自然伸直，帽顶向左，帽徽朝前。

相关动作见图 2-34、图 2-35。

图 2-34

图 2-35

（二）动作要求

脱帽、夹帽、戴帽，要迅速、准确、熟练，节奏感强。动作要领可归纳为一快、一稳、两准、两正。

一快：脱帽、戴帽动作要快。

一稳：上体保持正直姿势，动作节奏要明显。

两准：双手捏帽檐位置准；左手托握帽的动作要准。

两正：将帽置于左小臂，帽徽向前的方向要正；双手将帽迅速戴正。

（三）动作要点

（1）掌握脱、夹、戴帽的方法。脱、夹、戴帽时，注意上体保持正直，双手捏帽檐或帽前端两侧向上、前取下，不得歪头、低头。

（2）把握好动作的节奏。做脱、夹、戴帽时，要迅速准确地将帽脱、夹、戴好，并且在脱、夹、戴过程中，动作要快，到位要稳，使动作节奏分明。

（四）易犯的毛病及纠正的方法

（1）脱帽、戴帽时，歪头、低头。

纠正方法：脱帽、戴帽时，注意上体保持正直，两手将帽脱出头顶，再平行向前、向下；取帽时，挺颈、收下颌，保持头不动。

（2）小臂不平，帽徽不正。

纠正方法：将帽脱下后，置于左小臂，帽徽向正前，左大臂贴于左肋，肘部略成直角，使小臂略成水平。

（3）帽未戴正。

纠正方法：两手迅速将帽戴上，利用稍息的时间将帽戴正，再将手放下。

（五）组织练习

1. 分解动作练习

1）脱帽、戴帽分解动作练习

口令：分解动作，脱帽、二、三；戴帽、二、三。

要领：听到“脱帽”的口令，两手迅速捏帽檐；听到“二”的口令，将帽取下；听到“三”的口令，右手放下，恢复立正姿势。

戴帽可按脱帽的相反动作实施。

2）夹帽、戴帽分解动作练习

口令：分解动作，夹帽、二、三；戴帽、二、三。

要领：听到“夹帽”的口令，两手迅速捏帽檐；听到“二”的口令，将帽取下；听到“三”的口令，右手放下，恢复立正姿势。

戴帽可按夹帽的相反动作实施。

2. 连贯动作练习

按脱帽、夹帽、戴帽的要领反复练习。

九、宣誓

口令：宣誓，宣誓完毕。

要领：听到“宣誓”的口令，身体保持立正姿势，右手握拳取捷径迅速抬起，拳心向前，稍向内合；拳眼约与右太阳穴同高，距离约 10 厘米；右大臂略平，与两肩略成一线；高声诵读誓词。

十、整理着装

口令：整理着装。

要领：两手（持自动步枪时，将枪夹于两腿间）从帽子开始，自上而下，将着装整理好（必要时，也可以相互整理）；整理完毕，自行稍息；听到“停”的口令，恢复立正姿势。

相关动作见图 2-36 至图 2-41。

图 2-36

图 2-37

图 2-38

图 2-39

图 2-40

图 2-41

第二节 警察班队列动作

目的：学会和掌握警察班队列动作要领和组织练习的方法，培养良好的警察姿态，为其他训练打下良好的基础。

内容：

1. 集合、离散
2. 整齐、报数

3. 出列、入列
4. 行进、停止
5. 队形变换
6. 方向变换

一、集合、离散

（一）集合

集合是使单个军人、分队、部队按照规范队形聚集起来的一种队列动作。

集合时，指挥员应当先发出预告或者信号，如“全连注意”或者“×排注意”，然后，站在预定队形的中央前，面向预定队形成立正姿势，下达“成××队——集合”的口令。所属人员听到预告或者信号，原地面向指挥员成立正姿势；听到口令，跑步到指定位置面向指挥员集合（在指挥员后侧的人员，应当从指挥员右侧绕过），自行对正、看齐，成立正姿势。

口令：成班横队（二列横队）——集合。

要领：基准兵迅速到班长左前方适当位置，成立正姿势；其他士兵以基准兵为准，依次向左排列，自行看齐。

成班二列横队时，单数士兵在前，双数士兵在后。

口令：成班纵队（二路纵队）——集合。

要领：基准兵迅速到班长前方适当位置，成立正姿势；其他士兵以基准兵为准，依次向后排列，自行对正。

成班二路纵队时，单数士兵在左，双数士兵在右。

相关动作见图 2-42。

图 2-42

（二）离散

离散，是使列队的单个军人、分队、部队各自离开原队列位置的一种队列动作。

1. 离开

口令：各营（连、排、班）带开（带回）。
要领：队列中的各营（连、排、班）指挥员带领本队迅速离开原列队位置。

2. 解散

口令：解散。
要领：队列人员迅速离开原列队位置。
相关动作见图 2-43。

图 2-43

二、整齐、报数

（一）整齐

整齐，是使列队人员按照规定的间隔、距离，保持行、列平齐的一种队列动作。整齐分为向右（左）看齐和向中看齐。

1. 向右（左）看齐

口令：向右（左）看——齐，向前——看。
要领：基准兵不动，其他士兵向右（左）转头（持枪时，听到预令，迅速将枪稍提起，看齐后自行放下；持120反坦克火箭筒时，听到预令，左手握提把，右手握握把，提起发射筒，看齐后自行放下），眼睛看右（左）邻士兵腮部，前四名能通视基准兵，自第五名起，以能通视到本人以右（左）第三人为度；后列人员，先向前对正，后向右（左）看齐；听到“向前——看”的口令，迅速将头转正，恢复立正姿势。

2. 向中看齐

口令：以×××为准，向中看——齐，向前——看。

要领：当指挥员指定“以×××为准（或者以第×名为准）”时，基准兵答“到”，同时左手握拳高举，大臂前伸与肩略平，小臂垂直举起，拳心向右；听到“向中看——齐”的口令后，其他士兵按照向右（左）看齐的要领实施；听到“向前——看”的口令后，基准兵迅速将手放下，其他士兵迅速将头转正，恢复立正姿势。

一路纵队看齐时，可以下达“向前——对正”的口令。

相关动作见图2-44。

图 2-44

（二）报数

口令：报数。

要领：横队从右至左（纵队由前向后）依次以短促洪亮的声音转头（纵队向左转头）报数，最后一名不转头；数列横队时，后列最后一名报“满伍”或者“缺×名”；连集合时，由指挥员下达“各排报数”的口令，各排长在队列内向指挥员报告人数，如“第×排到齐”或者“第×排实到××名”。

三、出列、入列

（一）出列

单个军人和分队出列、入列，通常用跑步，5 步以内用齐步，1 步用正步，或者按照指挥员指定的步法执行；然后，进到指挥员右前侧适当位置或者指定位置，面向指挥员成立正姿势。

口令：×××（或者第×名），出列。

要领：出列军人听到呼点自己姓名或者序号后应当答“到”，听到“出列”的口令后，应当答“是”。

（1）位于第一列（左路）的军人，按照本条上述规定，取捷径出列。

（2）位于中列（路）的军人，向后（左）转，待后列（左路）同序号的军人向右（左）后退 1 步让出缺口后，按照本条的上述规定从队尾（纵队时从左侧）出列；位于“缺口”位置的军人，待出列军人出列后，即复原位。

（3）位于最后一列（右路）的军人出列，先退 1 步（右跨 1 步），然后，按照本条有关规定从队尾出列。

相关动作见图 2-45、图 2-46。

图 2-45

图 2-46

（二）入列

口令：入列。

要领：听到“入列”口令后，应当答“是”，然后，按照出列的相反程序入列。

四、行进、停止

横队和并列纵队行进以右翼为基准，纵队行进以左翼为基准（一路纵队行进以先头为基准）。

（一）行进

指挥员应当下达“×步——走”的口令。听到口令，基准兵向正前方前进，其他士兵向基准翼标齐，保持规定的间隔、距离行进。纵队行进时，排、连通常成三路纵队，也可以成一、二路纵队。行进中，需要时，用“一二一”（调整步伐的口令）、“一二三四”（呼号）或者唱队列歌曲，以保持步伐的整齐和振奋士气。

相关动作见图 2-47 至图 2-49。

图 2-47

图 2-48

图 2-49

（二）停止

指挥员应当下达“立——定”的口令。听到口令，按照立定的要领实施，分队的动作要整齐一致；停止后，听到“稍息”的口令，先自行对正、看齐，再稍息。

五、队形变换

队形变换，是由一种队形变为另一种队形的队列动作。

（一）横队和纵队互换

1. 横队变纵队

停止间口令：向右——转。
行进间口令：向右转——走。

2. 纵队变横队

停止间口令：向左——转。
行进间口令：向左转——走。

（二）停止间班横队和班二列横队、班纵队和班二路纵队互换

1. 班横队变班二列横队

口令：成班二列横队——走。

要领：变换前，先报数。听到口令，双数士兵左脚后退1步，右脚（不靠拢左脚）向右跨1步，左脚向右脚靠拢，站到单数士兵之后，自行对正、看齐。

2. 班二列横队变班横队

口令：间隔1步，向左离开。
成班横队——走。

要领：听到“间隔1步，向左离开”的口令，取好间隔；听到“成班横队——走”的口令，双数士兵左脚左跨1步，右脚（不靠拢左脚）向前1步，左脚向右脚靠拢，站到单数士兵左侧，自行看齐。

3. 班纵队变班二路纵队

口令：成班二路纵队——走。

要领：变换前，先报数。听到口令，双数士兵右脚右跨1步，左脚（不靠拢右脚）向前1步，右脚向左脚靠拢，站到单数士兵右侧，自行对正、看齐。

4. 班二路纵队变班纵队

口令：距离2步，向后离开。
成班纵队——走。

要领：听到“距离2步，向后离开”的口令，取好距离；听到“成班纵队——走”的口令，双数士兵右脚后退1步，左脚（不靠拢右脚）站到单数士兵之后，自行对正。

相关动作见图 2-50 至图 2-51。

图 2-50

图 2-51

六、方向变换

方向变换，是改变队列面对的方向的一种队列动作。

（一）横队和并列纵队方向变换

停止间，通常是左（右）转弯或者左（右）后转弯，必要时可以向后转。

停止间口令：左（右）转弯，齐（跑）步——走，或者左（右）后转弯，齐（跑）步——走；向后——转，齐（跑）步——走（当需要向后转走时，应当先下“向后——转”的口令，待方向变换后，再下“齐步——走”或者“跑步——走”的口令）。

行进间口令：左（右）转弯——走，或者左（右）后转弯——走。

要领：一列横队方向变换时，轴翼士兵踏步，并逐渐向左（右）转动；外翼第一名士兵用大步行进并同相邻士兵动作协调，逐步变换方向（愈接近轴翼者，其步幅愈小），其他士兵用眼睛的余光向外翼取齐，并保持规定的间隔和排面整齐，转到 90 度或者 180 度时踏步并取齐，听口令前进或者停止。

数列横队和并列纵队方向变换时，第一列轴翼士兵停止间用踏步、行进间用小步，外翼士兵用大步行进，保持排面整齐，边行进边变换方向，转到 90 度或者 180 度后，听口令前进或者停止；后续各列按照上述要领，保持间隔、距离，取捷径进到前一列转弯处，转向新方向跟进。

（二）纵队方向变换

停止间，通常是左（右）转弯，或者左（右）后转弯，必要时可以向后转。

停止间口令：左（右）转弯，齐（跑）步——走，或者左（右）后转弯，齐（跑）步——走；向后——转，齐（跑）步——走（按照横队和并列纵队向后转走的方法实施）。

行进间口令：左（右）转弯——走，或者左（右）后转弯——走。

要领：一路纵队方向变换，基准兵在左（右）转弯时，按照单个军人行进间转法（停止间，左转弯走时，左脚先向前 1 步）的要领实施，在左（右）后转弯时，用小步边行进边变换方向，转到 90 度或者 180 度后，照直前进；其他士兵逐次进到基准兵的转弯处，转向新方向跟进。

相关动作见图 2-52、图 2-53。

图 2-52

图 2-53

第三节　队列会操的组织与实施

平时的队列动作考核通常是以队列会操的形式出现的。队列会操是组织所属单位集中进行的操练。目的是检验所属单位队列训练的效果，便于互相观摩学习，以调动练兵积极性，促进队列训练水平的提高。

队列会操的时机和规模不尽相同。小型会操的时间、人员、方式灵活多样，可在每次训练结束前或一个训练内容完成后进行。大型会操，是指一个单位利用专门的时间，对所属单位进行的操练。队列会操通常是在队列课目训练完成之后，或在半年、年终进行。

一、队列会操的组织准备

队列会操的组织准备工作一定要严密。一般包括以下内容。

一是确定并下达会操任务。主要明确参加会操的单位、会操的目的、会操的内容、时间、地点、方式、各单位列队的位置等。

二是评判人员的组成及评分细则。组织有关人员组成评判组，并依据《中国人民解放军队列条令（试行）》，制定出评分细则。

三是培训评判人员。使评判人员了解会操的内容，熟悉评分细则，明确评判人员的分工及协作方法。为使会操评判的标准尺度相对平等合理，在人员充裕的情况下，可将分工细化一些。单个队列动作可每人观察一个部分，如头部、上体、下肢、脚部等每个部位由专人负责检查。分队队列动作可分为：指挥员的动作（包括指挥口令、指挥位置、指挥程序、个人动作等）、分队动作（包括整体的整齐性、个人动作、队列纪律、精神面貌等），由专人负责检查评定。

二、队列会操的过程

（一）队列会操前的工作

会操前，会操的组织者要调整队伍，整理着装，向在场首长报告应到、实到会操人数，并请示是否开始。然后，宣布课目、目的、会操内容、方法、顺序及要求等。而后，命令第一个单位出列作业（先后顺序可按编制序列，也可用抽签的方法确定）。

（二）队列会操的实施

参加会操的单位跑步带入场地后，指挥员应组织整理着装、整齐报数，向会操的组织者报告；然后，宣布作业提要（如参加单位较多，为节省时间，可规定不实施这项内容）；按规定的内容开始作业。

作业结束之后，整理队伍向会操的组织者报告，并将本分队跑步带回原列队位置。当前一个单位带回的同时，会操的组织者命令下一个单位带入场内，依此类推。

队伍会操中，评判人员应认真进行评判，并将评判结果尽快向会操的组织者报告。

（三）队列会操讲评

队列会操完毕后，组织者应对会操情况进行讲评。讲评内容一般包括：

（1）简要说明会操内容及目的达到情况；

（2）指出会操中的优缺点，表扬做得好的单位（必要时可将会操情况列出名次）；

（3）讲评各单位的队列纪律、作风情况；

（4）对今后队列训练提出要求。

讲评结束后，会操的组织者向在场的首长报告（首长讲评时，待首长讲完后），命令各单位按顺序带回。

三、组织队列会操的要求

队列会操是对队列训练成果的检验和比赛，目的要明确，指导思想要正确。正确的指导思想可以促成你追我赶、不甘落后、积极向上的良好风气，促进队列训练的开展。反之，则会出现弄虚作假、互不服气的现象，产生与会操目的相背离的消极作用。因此，队列会操的要求是：

（1）各单位在参加会操时，不能为争名次而拼凑人员，参加会操的分队要严格按建制（或按规定的人数）组成；

（2）不能为了动作的整齐和美观，而另行规定一些违背条令的动作；

（3）成绩评定要公正，评判人员不能心存偏见，打“印象分”“照顾分”“感情分”，要客观公正、实事求是地评定成绩。

第三章

警察体能

示范视频详解

第一节　警察体能概述

一、警察体能的概念

体能的概念，在不同的学科里，有着不同的表述。运动训练学中的体能强调机体的基本运动能力，包括身体形态特征、有机体机能状态、运动基本素质三方面内容；运动生理学中的体能主要指生理功能、运动能力，以及有氧无氧能力等；体质研究中的体能主要指身体素质和相应的适应能力；生物化学更多是通过运动过程中能量的供给、储备、利用等方面去判断体能情况。综上所述，无论哪种情况，体能都潜藏着有机体对运动环境的适应能力及反应。

长期以来，政法系统内的相关专著和教材关于警察体能有不同的论述。一般来说，警察体能，是指人民警察的肌体在肌肉活动中表现出来的能力。它包括警察职业对警察身体素质和身体基本活动能力的要求。其中，身体素质方面有力量、速度、灵敏、耐力和柔韧性等，身体基本活动能力有走、跑、跳、投、攀登、爬越、悬垂、负重、举起重物等。除此之外，还包括对复杂的警察职业工作的适应能力。

经过政法战线学者对警察体能不断研究、长时间经验积累及科学、系统划分，警察体能大致包括两个领域：一是与警察职业相关的能力，主要表现为警察在训练、日常工作以及现场执法过程中具有的身体支配与活动能力；二是与警察个人健康有关的方面，强调体育的本质属性即强身健体，主要是警察作为自然个体，在长时间、高强度的工作环境下，能抵抗疲劳，保持身体机能正常，维持身心健康的能力。因此，考虑警察自身职业特点的背景，警察体能可以理解为警察在工作、训练和执法过程中，有机体在长时间、高强度甚至是无预备活动的大负荷工作环境下，最大限度地动员机体各器官和系统的机能，抵抗疲劳，高效率、高质量完成工作的生理机能和身体素质。

二、警察体能训练的概念、目的、作用和意义

（一）警察体能训练的概念

警察体能训练是指在专门的教官指导和监督下，遵循相应的运动训练规律，科学系统地组织学员进行身体练习，使学员达到警察基本体能标准，为警务技战术的学习和自身的身心健康打下坚实的基础。

（二）警察体能训练的目的

警察体能训练的目的是增强警察身体综合能力，提高警务实战技能和警察战斗能力。警察体能训练根据人民警察工作的性质、任务和职业特点，采用专门的身体训练形式来达到这一目的。

（三）警察体能训练的作用

（1）警察体能训练是各项警务实战技能的基础。警察的实战技能，如擒拿格斗、警械使用、警务射击、车辆驾驶等所需的力量、速度、灵敏、柔韧、耐力等，都依赖于良好的体能。只有通过系统的体能训练，才能打好基础，从而提高警察的实战技能水平。

（2）警察体能训练能培养警察良好的意志品质和良好的心理素质。体能训练的过程往往是艰苦忍耐的过程，通过长期、系统、科学的训练，一方面可以培养警察勇敢顽强、吃苦耐劳的优秀品质，另一方面可以铸造其坚强不屈的性格和良好的心理素质。

（3）警察参加体能训练能丰富业余生活，提高体育竞技水平，提高工作效率。在紧张的工作、学习之余进行适量的体能训练，可以调节精神状态，陶冶情操，愉悦身心。

（四）警察体能训练的意义

近年来，社会治安形势较为严峻，各种违法暴力犯罪有所增加，每年都有一些民警牺牲或负伤。这一状况一方面体现了人民警察英勇顽强、不怕牺牲的英雄本色，另一方面也说明了加强体能训练的重要性。

目前，警察体能训练工作的不足体现在三个方面：一是身体机能和体质薄弱，不能适应当前警察工作的复杂环境及条件的需要；二是缺乏应有的实战技能、战术训练，制敌乏术；三是缺乏长期参加身体锻炼的习惯和终身从事体能训练的观念。如果人民警察身体素质不高，克敌制胜的本领不强，不仅不能发挥人民警察的职能作用，甚至还会付出鲜血和生命的代价。

现阶段，警校学员大都比较年轻，处于身体机能成长期，这时进行适当的体能训练不仅效果显著，而且能使学员养成良好的锻炼习惯，对职业生涯和身心健康影响深远。对于人民警察来说，良好的反应能力、充沛的精力、坚定的意志及对繁重工作的承担和适应能力，都需要良好的身体素质作为基础。因此，警校学员进行体能训练不仅是为了锻炼身体，也是在训练心理，更是一种职业能力训练。

三、警察体能训练的任务

（一）培养终身体育锻炼的意识

选择并熟练掌握一两种感兴趣的体育项目，进行常年有规律的训练，不断提高自身的机能水平，养成终身体育锻炼的习惯。

（二）培养自我锻炼能力

传授给学员必要的身体锻炼常识、体育锻炼的方法和原则，让其具备一定的自我锻炼能力。这一能力可能需要相应的理论来指导，不能只简单地实施体能训练，二者要相互配合进行。

（三）是专项体能素质训练的需要

警察体能训练应该有较强的针对性，针对警察职业的特点，了解可能需要的身体素质，有针对性地进行干预，效果会更加理想。例如，力量训练，特别是人体核心区力量，目的是提高对抗能力，为防卫控制和警务战术训练打下必要的专项体能基础。另外，大量学者通过对警务防卫技能优秀者的体能特征因素进行分析后发现，核心区肌肉的绝对力量，对于警务技能在实战中的应用起到举足轻重的作用，为其各种技能的学习运用增加了实效性和对抗性。因此，基于警察职业的需要，必然要求体能训练内容更加贴近实际，无论形式怎样，最终还是为警察职业需要服务的。

（四）是磨砺意志的需要

警察体能训练强调从难、从严、大运动量、大强度地要求学员，目的是让学员在挑战自我极限时不断克服困难，以此来培养他们吃苦耐劳的精神和坚强的意志。同时，通过障碍或攀爬等项目，不断锻炼学员心理素质，以此来培养他们团结协作、不断挑战自我的优秀品质。从体能训练的任务可以明确，对于警校学员来说，无论职业要求，还是个体身心健康的考量，进行适当的体能训练都是不可或缺的。

四、警校学员体能训练的实施途径

警察体能训练任务全面，内容繁多，但由于各警校教学课时或者课外活动安排不一，实际上往往受课时限制，很难同时兼顾或者效果不大理想。这需要警校根据自身实际情况，充分利用各种锻炼形式，对学员的体能状态进行积极干预，督促他们进行系统、科学的体能训练。

（一）早操训练

警校学员作息制度实行的是警务化管理，一般情况下都安排了相应的早操。但这个时段城市污染物沉降在低空，空气质量较差，从生理角度来看，肌纤维之间的黏稠度较高，比较僵硬。因此。早操一定要进行适当的运动和在锻炼后进行放松恢复练习，并根据天气情况合理安排室内、室外的锻炼形式，在养成良好的日常锻炼习惯的同时，真正做到强身健体。

（二）大学体育基础课程训练

警察院校一般在新学员刚入学阶段，开设一至两学期的大学体育课程，根据《全国普通高等学校体育课程教学指导纲要》的要求，对学员进行基本身体素质训练。其目的是传授相应的体育训练知识，使学员掌握相应的锻炼技能，提高身体素质，提高机能水平，养成良好的锻炼习惯，为警务技战术的学习和将来职业适应的需要打下扎实的体能基础。

（三）警察体能课程专门训练

警察院校会根据各校的特色和警察职业需要，选择开设一些专业性较强的体能训练课程，例如障碍场地训练、攀降训练、定向越野、泅渡和水上救生等课程。其目的是让警校学员掌握一定的专业技能，也能为警务技战术的学习打下一定的专业素质基础。

（四）课外活动

课外活动训练应该科学、系统、持续实施，大多安排在下午四点以后，理论上这个时段进行锻炼效果最好。形式可以多样，内容要求丰富，这不仅能切实提高学员的身体素质，而且能丰富他们的业余文化生活，是对大学体育和警察体能课程的有益补充，也是针对体能训练的一种很好的实施办法。

（五）大课间活动练习

大课间活动是深化素质教育改革过程中出现的一种新型课间活动，是近年来在课间操基础上发展和创造的一种学校体育的新的组织形式，是学校体育、警察院校体育的重要组成部分，也是落实“每天锻炼一小时”的重要保证，是缓解学生学习疲劳、培养学生体育兴趣、增强学生体质的重要手段。课间活动为学校体育、警察体育以及整个学校注入了新的生机和活力。

五、警察体能训练对警务技战术的作用

在警务实战技能演练中，体能是构成警察基本实战能力的一个重要组成部分，体能训练和防卫控制、警察战术训练构成了一个整体。警察通过体能训练，能够有效提高自身机体的适应能力，增进健康，改善身体形态，发展基础和专项身体素质，为将来的警察工作和警务实战技能的掌握打下坚实的基础。

所谓警务防卫控制技能，就是合理、有效地应用身体的能力：所谓战术，就是灵活、巧妙地支配和合理利用体能的方法。它们都是一种方法，但不是定法。同样的情况下，不同的体能状态者应用同样的技术，动作完成速度和实战效果可能会完全不一样。因此，警察体能训练是根基，决定技战术可能达到的高度。离开体能去谈技能和战术，无疑是空中楼阁。

警务技能训练是否能包含或兼顾体能训练呢？显然是不可能的。任何一项肌肉活动或运动项目，都需要有一定的力量、速度和耐力等作基础。肌肉活动对所需的身体素质的要求也各有侧重，所以各专项技能所需的身体素质又称为专项身体素质。专项身体素质是一般身体素质经不同相互关系综合训练而得到的。因此，警察体能训练包括一般体能训练和特定专项素质训练。一般体能训练的目的是增进警察个体的身体健康，提高生理机能，有效改善身体形态，全面发展身体素质。而特定专项素质训练采用直接提高警务实战技能所需要的特定身体练习，以保证获得掌握警务技战术所必需的身体的能力。

一般体能训练与特定专项素质训练难以完全分开，两者既可相互促进，又互为条件。一般体能训练为全面发展身体机能和特定专项素质训练打下坚实的基础。如果放弃一般体能训练，只进行特定专项素质训练，不仅限制它们可能达到的高度，而且会由于身体机能发展不平衡，造成各种伤病的出现。从另一个角度上说，警务技战术训练和警察体能训练两者的目标是不一致的，训练计划所考虑的因素截然不同，更不用说体能训练的系统性、全面性等科学原理在课程安排中的应用，以及对整体机能和心理素质的把控和影响，是单纯的警务技战术训练无法完成的。因此，警察体能训练是警务技战术训练的基础和原动力，两者虽然相辅相成，但是不能相互替代。根据研究发现，技能一旦形成动力定形，过一段时间不练习，动作技术的空间特征并不会轻易失去，也就是说，人还会准确完成动作，但是其中的时间特征和力量特征就很容易失去。从这个意义上来讲，如果不进行定期的身体素质训练，很容易保有人学会的技能，但是会缺乏对抗能力。警务技战术如果失去实战效果，充其量只能用于表演。因此，忽视体能训练，警务技战术只能是无本之木。

第二节 力量素质训练

一、力量素质的概念

力量素质是指人的机体或机体的某一部分肌肉工作（收缩和舒张）时克服内外阻力的能力。外部阻力是指物体的重量、支撑反作用力、摩擦力以及空气或水的阻力等。力量素质是人体进行体育运动的基本素质之一，是获得运动技能和取得优异运动成绩的基础，也是其他身体素质发展的重要因素。

二、力量素质的作用

（一）力量素质是进行一切体育活动的基础

人们所进行的各种体育活动都是由作为主动运动器官的肌肉以不同的负荷强度、收缩速度和持续时间进行工作而带动被动运动器官骨骼的移动来完成的。如果没有肌肉的收缩和舒张而产生的力量牵拉骨骼进行运动，则连起码的行走和直立也不可能，更不要说进行体育活动了。跑、跳、投及攀登、爬越等各种体育运动和体力劳动均离不开力量素质。一个人想要跑得快就需要具有较好的腿部后蹬力；想要跳得高、跳得远就要有较好的弹跳力；想要投（掷、推）得远就需要发展上肢爆发力；攀爬和提、拉重物等也离不开上肢、腰腹部及腿部力量，所以说力量素质是人体最基本的身体素质，是进行一切体育活动和体力劳动的基础。

（二）力量素质能响并促进其他身体素质的发展

任何身体素质都是通过一定的肌肉工作方式实现的，而肌肉的力量是人体一切活动的基础。力量素质决定速度素质的提高、耐力素质的增长、柔韧素质的发挥和灵敏素质的表现。首先，力量素质的增长有助于速度素质的提高。肌肉的快速收缩是以其力量为前提的。一名短跑运动员如果没有两条强有力的腿，是不可能取得优异成绩的。其次，力量素质也有助于耐力素质的增长。从生活常识中可以得知，一个强有力的人通常比体弱者能持续活动更长的时间。最后，力量、速度的提高会增加肌肉的弹性，促进灵敏素质和柔韧素质的发展，力量素质的水平直接影响技术动作的掌握和运动成绩的提高。运动员力量素质的增长，直接反映了运动技术掌握得快慢及运动成绩提高的程度。例如，体操运动员要是没有足够的上肢和肩、臂等部位的肌肉力量，就无法完成十字支撑、慢起手倒立等用力动作。球类运动中的各种急停、闪躲、变向、空中的高难度动作等也都是以一定的肌肉力量为基础的。力量和爆发力是田径运动技术之外决定运动成绩的重要因素。除长距离跑的主要因素是耐力之外，其他运动项目的高水平运动成绩都与力量素质的发挥紧密相关，尤其在投掷项目中更是如此。

（三）力量素质是衡量运动训练水平的重要指标，也是各运动项目选择人才的重要依据

力量素质在运动训练实践过程中，往往是作为判断运动训练水平、评定参加何等级比赛的一项重要指标，作为判断某些专项运动潜力的一种手续，也是一些体能性运动项目选才的依据。体操运动员在完成各种动作时，虽然要借助外力的作用，但是在其动作的所有阶段，都要求运动员按照动作技术的要求，协调地运用自身的力量完成动作。

三、力量素质训练

（一）上肢力量训练

1. 俯卧撑

作用：窄距俯卧撑锻炼臂力，宽距俯卧撑锻炼胸大肌。

动作要领：身体保持从肩膀到脚踝成一条直线，双臂放在胸部位置，两手相距略宽于肩膀，用 2～3 秒时间来充分下降身体，最终胸部距离地面应该是 2～3 厘米。然后，要马上用力撑起，回到起始位置。如果做不到一个完整的俯卧撑，也可以膝盖着地。

相关动作见图 3-1、图 3-2。

图 3-1

图 3-2

2. 指卧撑

作用：很好地锻炼臂力、胸大肌以及背阔肌。

动作要领：双手手指支撑身体，双臂垂直于地面，两腿向身体后方伸展，依靠手指和两个脚的脚尖保持平衡，保持头、脖子、后背、臀部以及双腿在一条直线上。两个肘部向身体外侧弯曲，身体降低到基本靠近地板。收紧腹部，保持身体在一条直线上，持续一秒钟，然后恢复原状。

相关动作见图 3-3、图 3-4。

图 3-3

图 3-4

3. 仰卧撑

作用：对小臂、肱三头肌能起到很好的锻炼作用。

动作要领：身体仰卧，两手背后撑在稍高的凳子上（地面亦可），两脚放在较矮的凳子上（地面亦可），身体其他部分悬空。呼气，两肩放松，两臂慢慢屈肘，身体尽量下沉（尤其要沉臀），稍停 2～3 秒。在身体下沉时，动作要平稳，始终控制住肱三头肌慢慢下降，直至感到肱三头肌充分伸展。然后吸气，用力伸两臂撑起身体还原。以肱三头肌收缩力，使手臂伸直和肱三头肌处手“顶峰收缩”位，稍停。重复以上动作过程。

相关动作见图 3-5、图 3-6。

图 3-5

图 3-6

4. 直臂扩胸

作用：主要锻炼背肌，辅助锻炼后三角肌、斜方肌。

动作要领：两腿开立，两臂前平举，然后两臂向两侧打开扩胸，再还原。如此反复练习16～20次。要求向后扩胸速度要快，有一定力度，打胸时抬头、挺胸、收腹。

相关动作见图3-7、图3-8。

图 3-7

图 3-8

5. 宽握撑双杠

作用：以锻炼胸大肌下沿为主。

动作要领：双手宽握撑杠，将身体往上升至肘部伸直高度，双眼看向前方，始终保持肘关节指向后方，两腿、双脚自然下垂。不要故意挺胸，使胸大肌的下部垂直于地面。

相关动作见图3-9。

6. 摆动臂屈伸

作用：对胸肌、肱三头肌能起到很好的锻炼作用。

动作要领：双手宽握（或窄握）撑杠，将身体往上升至肘部伸直高度，双眼看向前方，始终保持肘关节指向后方。吸气，屏住呼吸慢慢地将身体放下去直至你的上臂与地面平行为止。不要让胸部和肩部有明显的牵拉感，保持重点在肱三头肌上。收缩肱三头肌，快速将肘关节伸直，将身体往上推，回复肘关节至完全伸直状态。停顿片刻，重复。

相关动作见图3-10。

图 3-9

图 3-10

7. 引体向上

作用：重点锻炼背阔肌和肱二头肌，对肩胛骨周围许多小肌群以及小臂肌群也有一定的训练效果。

动作要领：用两手正握（掌心向前）单杠，与肩同宽，两脚离地，两臂自然下垂伸直。用背阔肌的收缩力量将身体往上拉起，当下巴超过单杠时稍作停顿，静止1秒钟，使背阔肌彻底收缩。然后逐渐放松背阔肌，让身体徐徐下降，直到回复完全下垂，重复再做。可以弯曲膝关节，将两小腿向后交叉，使身体略微后倾，能更好地锻炼背部肌肉。

相关动作见图 3-11 至图 3-13。

图 3-11

图 3-12

图 3-13

8. 腕屈伸

作用：对肱三头肌和胸肌能起到很好的锻炼作用。

动作要领：开始时，手腕放松下垂，然后两手用力向上翻腕，将哑铃杠杆向上提起使腕关节充分伸展开，然后重复以上的动作。

相关动作见图 3-14、图 3-15。

图 3-14

图 3-15

9. 旋腕练习

作用：增强腕部力量。

动作要领：虎口朝上握住哑铃，把前臂伸直，屈肘。将哑铃举直，而后向外缓慢旋转，尽量让哑铃杠杆与地面平行，回到起始动作。然后向内缓慢旋转，尽量让哑铃杠杆与地面平行，回到起始动作。

相关动作见图 3-16、图 3-17。

图 3-16

图 3-17

10. 胸前推举

作用：对胸大肌和肱三头肌能起到很好的锻炼作用。

动作要领：仰卧凳上，两腿屈膝，两脚着地，双手正握杠铃，握距稍宽于肩，手臂伸直，头正颈直。吸气后慢慢放下杠铃至胸部。当杠铃轻轻接触胸部后，再将杠铃推起，同时呼气。

相关动作见图 3-18、图 3-19。

图 3-18

图 3-19

11. 两臂前上举

作用：伸展肩部和上臂韧带。

动作要领：两臂伸直经前至前上方举起哑铃，位于上举与前举之间 45°，两手同肩宽，掌心向下。

相关动作见图 3-20、图 3-21。

图 3-20

图 3-21

12. 直臂上举

作用：伸展肩部和上臂韧带。

动作要领：两臂伸直经前至上方举起哑铃，位于头顶。

相关动作见图 3-22、图 3-23。

图 3-22

图 3-23

13. 快速平推杠铃

作用：刺激胸肌的外侧。

动作要领：将杠铃正握于胸前，以最快的速度水平推拉杠铃。前推时手臂伸直后回拉。

相关动作见图 3-24、图 3-25。

图 3-24

图 3-25

14. 斜上推举

作用：加强对背阔肌的刺激。

动作要领：正握哑铃于胸前，向斜上方 45 度角推拉哑铃，两手同肩宽。

相关动作见图 3-26、图 3-27。

图 3-26

图 3-27

15. 直臂绕环

作用：拉伸肩部韧带，放松关节。

动作要领：两脚开立，与肩同宽，两臂垂直于体侧。左右两臂同时向前、向上、向后、向下划立圆绕环，然后再反方向划立圆绕环。

相关动作见图 3-28 至图 3-31。

图 3-28

图 3-29

图 3-30

图 3-31

16. 推小车

作用：增强肱三头肌、背阔肌的收缩力。

动作要领：一人双手撑于地面，双腿伸直。另一人将其双脚抱于腰间，使前者用双臂力量向前爬行。主要起到锻炼臂力的作用。

相关动作见图 3-32、图 3-33。

图 3-32

图 3-33

17. 杠铃俯立划船

作用：增强肱三头肌、背阔肌的收缩力和舒张力。

动作要领：宽距站姿，双手正握，握距比肩稍宽，双臂完全伸直，微微屈膝，将杠铃提至上腹部。稍停顿，然后缓缓下铃回复到起始位置。重复上述动作从臀部屈背，保持身体成 45°角不变。持铃在身前，稍稍低于膝盖。收紧肩胛骨，绷紧作，直至完成一组训练。

相关动作见图 3-34、图 3-35。

图 3-34

图 3-35

18. 宽握距引体向上

作用：锻炼斜方肌和背阔肌，重点刺激背阔肌中、上部。

动作要领：两手宽握（掌心向前）单杠，双手距离宽于肩，两脚离地，两臂自然下垂伸直。用背阔肌的收缩力量将身体往上拉起，当下巴超过单杠时稍作停顿，静止1秒钟，使背阔肌彻底收缩。然后逐渐放松背阔肌，让身体徐徐下降，直到回复完全下垂，重复以上的动作。

相关动作见图3-36至图3-38。

图 3-36

图 3-37

图 3-38

（二）下肢力量训练

1. 摸高

作用：锻炼弹跳力和协调能力。

动作要领：使用助跑的冲力跳，是向上跳，不是向前跳。在助跑过程中不能减速，如果有足够的空间，可以适当加速。跳的瞬间，要用小腿、脚腕、脚掌共同协调用力。在起跳的时候，摸高的手要尽力伸展。在下落过程中，要适当屈膝来缓冲，避免受伤。

相关动作见图3-39、图3-40。

图 3-39

图 3-40

2. 单腿深蹲起立

作用：主要锻炼股四头肌，也涉及股二头肌、臀大肌。

动作要领：重心移向右腿，左腿向前抬起，上体稍前倾，右腿屈膝下蹲，使大腿与小腿间的夹角小于 90 度，然后用力伸直右腿，成单腿站立姿势，反复做。

相关动作见图 3-41、图 3-42。

图 3-41

图 3-42

3. 蹬台阶（蹬凳）

作用：很好地锻炼和塑造臀肌和腘绳肌。

动作要领：面朝台阶一侧站立，然后右腿上跨步，置右脚于台阶上；右腿用力下蹬，带动身体至台阶上直至双脚平踏台阶面；接着左腿下跨步，使身体回到起始位置；然后左腿上跨步，再重复，双腿交替进行。

相关动作见图 3-43、图 3-44。

图 3-43

图 3-44

4. 蛙跳

作用：蛙跳是发展大腿肌肉和髋关节力量的一种练习。

动作要领：两脚分开成半蹲，上体稍前倾，两臂在体后成预备姿势。两腿用力蹬伸，充分伸直髋、膝、踝三个关节，同时两臂迅速前摆，身体向前上方跳起，然后用全脚掌落地屈膝缓冲，两臂摆成预备姿势。连续进行57次，重复3～4组。主要锻炼股直肌和大腿肌肉。

相关动作见图3-45至图3-49。

图 3-45

图 3-46

图 3-47

图 3-48

图 3-49

5. 跳深

作用：跳深练习是力量练习中的一种肌肉的超等长练习，能够有效提高运动员腿部爆发力和弹跳能力。跳深是一种连贯的肌肉拉长收缩运动，在人体从高处跳下落地时产生制动，在制动的离心阶段，肌肉因制动向下运动的身体，受重力的作用被迫拉长。随后人体向上运动，肌肉弹性势能加大，接受刺激后，产生牵张反射的能力得到提高。

动作要领：选一高处约为 80 厘米的跳箱或凳子，并在距跳箱 1 米处放一个栏架，练习者站在上面往下跳，双脚一触地，尽量快速地跳过栏架。随着练习者腿部力量的提高，栏架可以增加，高度也可提升，要因人而异。另外，从高处跳下后也可接着做蛙跳。

相关动作见图 3-50 至图 3-52。

图 3-50

图 3-51

图 3-52

6. 跳台阶

作用：能很好地锻炼和塑造臀肌和腘绳肌的训练。

动作要领：身体直立，双脚脚尖踮起，用小腿的力量双脚轮换跳跃于台阶上。注意动作的协调性和连贯性。

相关动作见图 3-53、图 3-54。

图 3-53

图 3-54

7.（杠铃）颈后深蹲

作用：主要锻炼大腿肌群、臀大肌和下背肌群，同时也能锻炼小腿。

动作要领：把杠铃置于颈后肩上，两手握住横杠的两端，使杠铃重心两边平衡。两脚分开间距 15～20 英寸（1 英寸＝0.0254 米），脚尖稍向外分开，两眼始终向前方看。然后使两膝慢慢弯曲，直至下蹲到全蹲的位置。使躯干挺直，背部保持平直，头部稍微抬起（始终看在一点上）。当大腿起立超过水平位置时，即慢慢伸直回复至原位置。

相关动作见图 3-55、图 3-56。

图 3-55

图 3-56

8. 负重半蹲

作用：主要锻炼大腿肌群、臀大肌和下背肌群，同时也能锻炼小腿。

动作要领：负重（哑铃或杠铃）两脚平行开立同肩宽或略比肩宽，双腿下蹲，大小腿夹角约为 90 度，身体略前倾。

相关动作见图 3-57。

图 3-57

9. 肩负同伴深蹲起

作用：锻炼大腿前侧股四头肌的训练动作。

动作要领：让与自己体重相仿的人坐于颈间，自己做深蹲运动。尽可能面对墙壁或扶手，蹲起迅速，缓缓下落。同时注意双人保护。

相关动作见图 3-58、图 3-59。

图 3-58

图 3-59

10. 弓箭步跳

作用：练习腿部肌肉和臀部肌肉，同时也可提高爆发力。

动作要领：左腿向前蹬地，背部挺直，抬头挺胸，目视前方，两脚前后开立成弓箭步，用力蹬地起跳，然后两腿在空中交换，落地时变换成另一腿在前的弓箭步。

相关动作见图 3-60、图 3-61。

图 3-60

图 3-61

11. 足尖深膝蹲

作用：增强小腿爆发力。

动作要领：和深蹲要领相同，注意由足尖发力并支撑，足跟不能接触地面。

相关动作见图 3-62、图 3-63。

图 3-62

图 3-63

12. 负重提踵

作用：增强小腿爆发力。

动作要领：首先站姿要双腿略窄于肩，双腿完全伸直，此时膝关节不要弯曲，保持上体正直，双手持住适合自身重量的杠铃，两眼平视前方，保持身体重心。开始做动作时，脚跟慢慢地离开地面，以脚尖支撑身体平衡，呼气时慢慢向上抬起，注意控制节奏，然后再慢慢地向下还原。

相关动作见图 3-64、图 3-65。

图 3-64

图 3-65

13. 纵跳

作用：增强小腿弹跳力。

动作要领：双脚放直，与肩同宽，“锁紧”膝盖。只用小腿跳，只能弯曲脚踝，膝盖尽量不弯曲。落地时，再迅速起跳。

相关动作见图 3-66、图 3-67。

图 3-66

图 3-67

（三）腰腹部力量训练

1. 仰卧起坐

作用：增强腹部肌肉力量。

动作要领：双腿伸直，躺卧于地上，左右脚稍稍分开，步幅与肩同宽，臀部、后腰、背部、肩胛骨、两肩均与地面完全贴合，手臂屈肘，两手托在头下，手肘尽量往地面下压，充分打开胸廓。以这个躺卧姿势，头部往上微微仰起，背部以上的部位离开地面，拉伸颈部到肩胛骨之间的肌肉，同时往下收紧下巴，视线望向腹部，保持这个姿势 4 秒，然后再次躺下。

相关动作见图 3-68、图 3-69。

图 3-68

图 3-69

2. 俯卧起立

作用：增强胸大肌肌肉收缩力、上肢力量，同时可以锻炼腹部力量。

动作要领：练习者俯卧于平地上，双手及双脚尖撑地，呈俯卧撑准备姿势，头部与身体纵轴呈一直线，两臂、腰、双腿伸直；然后收腿至腹部，迅速起立。起立后，身体应处于完全直立姿势，再进行下一次练习。

相关动作见图 3-70 至图 3-74。

图 3-70

图 3-71

图 3-72

图 3-73

图 3-74

3. 负重体侧屈

作用：锻炼腹外斜肌。

动作要领：站立，双手持哑铃（或肩扛杠铃）。身体慢慢侧倾斜至大约 35 度，再慢慢还原。动作前吸气，提拉时呼气，动作结束时调整呼吸。

相关动作见图 3-75、图 3-76。

4. 负重侧拉

作用：锻炼腹外斜肌。

动作要领：两脚分开站立同肩宽，单手持哑铃站立，使身体向一侧倾斜拉伸，尽可能加大拉伸幅度，使腹部外斜肌肉有一定拉伸感，然后还原动作反复练习。

相关动作见图 3-77、图 3-78。

图 3-75

图 3-76

图 3-77

图 3-78

5. 仰卧两头起

作用：增强腹部力量，对腹肌的收缩练习更加明显。

动作要领：吸气收紧腹部，同时手臂和腿一起向上抬起离开地面，拉伸腹肌。收缩竖直肌，稍微停顿一下，再慢慢呼气放松，回到原始位置。

相关动作见图 3-79。

图 3-79

6. 半仰卧起坐

作用：增强腹部力量。

动作要领：仰卧在地板或长凳上，双手放头后。接着，挺胸直腰，头部上顶，以拉长上体的“重力臂”。然后，腹直肌发力，上体平稳升起，当与地面成45度夹角时，保持该姿势不动，做静力性锻炼。呼吸为顺畅的胸式呼吸，不要屏气憋劲。静停30秒钟左右后放松还原。

相关动作见图3-80、图3-81。

图 3-80

图 3-81

7. 蛙式仰卧起坐

作用：增强腰腹部力量，对髋关节也有一定的辅助锻炼作用。

动作要领：同仰卧起坐要领相同。只是腿部做盘腿或脚掌合十状，脚后跟拉向髋关节，膝关节尽可能地接触地面。

相关动作见图3-82、图3-83。

图 3-82

图 3-83

8. 仰卧举腿

作用：很好地增强腹部肌肉和增加腹部肌肉紧张度。

动作要领：身体仰卧，手臂要紧紧贴着身体两侧，下腹要缩紧。把双腿举到与地面垂直，要保持垂直状态5秒钟。

相关动作见图3-84、图3-85。

图 3-84

图 3-85

9. 侧卧举腿

作用：锻炼臀中肌和臀小肌，多为臀大肌锻炼之后使用的动作。

动作要领：侧躺于地面，一只手臂弯曲，并置于背后；另一只手臂自然下垂在胸前，手心向下；双腿自然伸直，下面的腿贴紧地面，上腿用力提起；然后还原动作，反复练习。

相关动作见图 3-86、图 3-87。

图 3-86

图 3-87

10. 举腿绕环

作用：锻炼髋关节和大腿的灵活性。

动作要领：平卧将大腿伸直抬起，于体前环绕一周，还原动作，反复练习。

相关动作见图 3-88 至图 3-91。

图 3-88

图 3-89

图 3-90

图 3-91

11. 负重转体

作用：是锻炼腹外斜肌的一种有效办法。

动作要领：站立，将杠铃（或者哑铃）放在肩上，双手扶住铃保持平衡。通过侧腰使身体左右转动，动作在最末端需要制动。自然呼吸，不要憋气。

相关动作见图 3-92、图 3-93。

图 3-92

图 3-93

12. 臀桥

作用：发展臀部肌肉和腹部核心力量。

动作要领：仰卧，双腿屈膝分开，两脚着地，两臂伸向身体两侧，手臂贴地，保持头部和肩部不动，下腰部和臀部有规律性地向上挺起下落。

相关动作见图 3-94、图 3-95。

图 3-94

图 3-95

13. 仰卧骑车

作用：发展大腿、臀部和腹部肌肉力量和肌肉耐力。

动作要领：仰卧在垫子上，双手伸直、掌心向下放在身体两侧，腰部和地面有一掌的距离。双腿并拢，弯曲膝盖，腹部收紧，颈部放松，上身不动，向身体移动双腿，大腿逐渐靠近腹部。保持右脚贴近腹部，吸气的同时左脚缓慢向上蹬，蹬的时候脚尖向内勾起，直至右腿垂直 90 度向上。左脚到达顶点之后，将脚尖绷直，然后呼气，呼吸的同时尽量保持左脚笔直向地面方向移动，腹部收紧，右脚不动。

相关动作见图 3-96、图 3-97。

图 3-96

图 3-97

14. 卷腹

作用：发展腹横肌、腹直肌，辅助锻炼人体的背部肌肉、肩袖肌群、胸大肌。

仰躺在地面上（最好垫张瑜伽垫），双腿屈膝，双手自然放于腿上。腹部发力弯曲躯干，使背部弯折，但不要让整个背部离开地面，只需要向前蜷缩，让胸腔靠近骨盆就足够了。在动作的最高处，紧缩腹肌，保持动作 2 秒钟以上。这个动作并不是抬起得越高越好，做的幅度不同影响到的部位也不同。放松身体，缓慢地下放躯干和双肩，直到上背部接触地面。

相关动作见图 3-98、图 3-99。

图 3-98

图 3-99

15. 上下剪刀腿

作用：发展腹直肌、臀大肌和大腿后侧肌肉群。

动作要领：平躺在地面，双手伸直放在身体两侧，掌心向下。双腿略微弯曲，抬起至离地大约 10 厘米。这是动作的起始位置。保持背部贴地，一条腿上抬到大约与地面呈 45 度角，另一条腿略微下降。然后换边重复以上动作。

相关动作见图 3-100、图 3-101。

图 3-100

图 3-101

16. 左右剪刀腿

作用：发展腹直肌、臀大肌和大腿后侧肌肉群。

动作要领：双腿左右交叉运动，如剪刀一样开合，先将左脚交叉于右脚前，再将右脚交叉于左脚前，重复动作 20～30 次。

相关动作见图 3-102、图 3-103。

图 3-102

图 3-103

（四）全身力量训练

1. 窄上拉

作用：锻炼腰背部肌群、腿部肌群等。

动作要领：正握杠铃窄于肩膀的宽度，身体直立，重心移至两腿之间。上身迅速向上提拉杠铃，循环多次。

相关动作见图 3-104、图 3-105。

图 3-104

图 3-105

2. 宽上拉

作用：锻炼腰背部肌群、腿部肌群等。

身体直立，重心移至两腿之间，上身迅速向上提拉杠铃，循环多次。

相关动作见图 3-106、图 3-107。

图 3-106

图 3-107

3. 挺举

作用：锻炼核心力量、上肢爆发力。

开始动作：将杠铃置于身前，双脚分开与肩同宽，膝盖弯曲，臀部降低。双手抓住杠铃，握距比肩稍宽，保持背部紧张。

翻腕：挺髋，用腿部的力量将杠铃拉起，至一定高度后用肩背的力量控制杠铃，同时翻腕，将杠铃置于锁骨部位。在整个动作过程中，杠铃要紧贴身体。

站立：将杠铃置于锁骨位置，双肘向前，伸展髋部和膝关节，用腿部的力量站起来，膝盖微屈，休息一会儿。如果在这时停止动作，则应该做 4～5 次力量挺身循环。

挺举：绷紧膝关节和髋关节，直接将杠铃举过头顶。在完成此动作时，可以采用并腿的形式，也可以采用弓步的形式。当双臂伸直后，再将双脚并拢。

相关动作见图 3-108 至图 3-110。

图 3-108

图 3-109

图 3-110

4. 双手持重物后抛

作用：锻炼全身力量和核心力量爆发力，更能锻炼到三角肌前束。

动作要领：两脚左右开立，两手持物自然，身体肌肉放松，重心落在两脚中间，眼睛视前下方。抛物经前下方至头额前上方，在这个过程中加速球的摆动速度，上体后仰，身体形成反弓状，向投掷方向抛出。

相关动作见图 3-111、图 3-112。

图 3-111

图 3-112

5. 双手持重物前抛

作用：锻炼全身力量和核心力量爆发力。

动作要领：两脚自然开立与肩同宽，两手持物自然，身体肌肉放松，重心落在两脚中间偏前，眼睛看前下方。从前下方经过胸前至头后上方，加速球的摆速，上体后仰，身体形成反弓形，同时吸气。预摆结束时两手持物，用力积极从后上方向前上方前摆，此时的动作特点是蹬腿、送髋、腰腹急震用力，两臂用力前摆并向前拨指和腕，旨在提高手臂的鞭打速度。

相关动作见图 3-113、图 3-114。

图 3-113

图 3-114

第三节 速度素质训练

一、速度素质的概念

速度素质是指人体快速运动的能力。快速运动反映出机体运动的加速度和最大速度的能力，速度素质包括反应速度、动作速度与位移速度。

二、速度素质的作用

速度素质训练能磨炼人的意志和毅力，增强韧性和耐心，促进对环境的适应能力。长期坚持练习的人，在完成定量工作时有三大特点：一是行动快；二是潜力大，能发挥最大的机能潜力去完成任务；三是恢复快，疲劳消除快，能迅速恢复到平静水平。速度素质训练会使练习者心肌强壮有力，蛋白和肌红蛋白量增加。此外，速度素质训练能增强心脏的耐受力。大家知道，一般人当心跳超过100次/分时，就会感到头昏、心慌、气喘；而长期训练速度的人，可忍受到150次/分。由于运动员对不同类型信号的反应时是不同的，训练中往往根据不同项目的特点测定运动员对特定信号的反应时。如短跑、游泳等周期性竞速项目运动员主要接受听觉信号，而乒乓球运动员则主要通过接受视觉信号做出技战术反应。以下训练方法能很好地提高练习者的反应速度。

三、速度素质训练

（一）提高反应速度训练

1. 蹲踞式起跑

各就位：走到起跑线前，两手撑地，有力脚在前，后膝跪地。两臂伸直与肩同宽，两手拇指相对，虎口向前，撑于起跑线后，颈部放松。

预备：两膝离地，臀部从容抬起，稍高于肩，重心前移，两脚压紧地面。

起跑：两手迅速推离地面，两臂用力前后摆动，两脚用力蹬离地面，后腿积极前摆，前腿髋、膝、踝充分蹬直跑出。

相关动作见图3-115、图3-116。

图 3-115

图 3-116

2. 站立式起跑

在离起跑线一脚的距离，一脚在前，另一脚自然放在前脚脚跟之后，宽度约为一脚至一脚半的距离，单手撑地，紧贴于起跑线。两脚分开前后站立，膝盖微屈，后脚前脚掌着地，脚跟提起来，两臂自然下垂于身体两侧，两手半握拳，肘关节弯曲成 90 度，身体前倾，重心在前脚上，两眼平视前方。身体重心尽量前移，单脚撑住自己的身体，听到枪响，松手，利用前移的身体重心加上快速有力地前脚蹬地，迅速起跑。

相关动作见图 3-117。

3. 弯道跑

为了克服离心力，弯道跑时，整个身体向内倾斜，摆动腿前摆时，左膝稍向外展，以前脚掌外侧着地；右膝稍向内扣，以脚掌内侧着地，同时加大右腿前摆的幅度。弯道跑摆臂时，左臂摆动幅度稍小，靠近体侧前后摆动；右臂摆动的幅度和力量稍大，且前摆时稍向左前方，后摆时肘关节稍向外。弯道技术变化的程度与跑的速度、弯道半径有关联，速度越快、半径越小，技术变化的程度越大。从弯道进入直道时，身体逐渐减小内倾程度，放松跑 2～3 步，然后全力跑完全程。

相关动作见图 3-118、图 3-119。

图 3-117

图 3-118

图 3-119

4. 高抬腿跑

上体正直或稍前倾，两臂前后摆动。大腿积极向前上摆到水平，并稍稍带动同侧髋向前，大小腿尽量折叠，脚跟接近臀部。在抬腿的同时，另一腿的大腿积极下压，直腿足前掌着地，重心要提起，用踝关节缓冲。

相关动作见图 3-120。

5. 后蹬跑

上体正直或稍前倾，两臂前后有力摆动。充分伸展髋关节，膝、踝关节蹬伸在后，后蹬力量大，重心前移，身体较放松。摆动腿积极向前上方摆动至水平或接近水平部位时，带动同侧髋充分前送，同时膝关节放松，大腿积极下压。小腿前送至足前掌着地，缓冲，迅速转入后蹬。

相关动作见图 3-121、图 3-122。

图 3-120

图 3-121

图 3-122

6. 高抬腿接疾跑

高抬腿跑 20～40 米后，身体逐渐前倾加速，变为冲刺。

相关动作见图 3-123、图 3-124。

图 3-123

图 3-124

（二）提高动作速度训练

1. 10 秒钟原地快速跑或高抬腿和小步跑

在动作的强度上做了规定，让机体瞬间达到最大强度，主要提高练习者的瞬间爆发力。

相关动作见图 3-125。

2. 摆臂

双腿自然站立，原地快速摆臂，下肢保持不动。

相关动作见图 3-126。

图 3-125

图 3-126

3. 快速箭步交换跳

双手自然抬起于胸前，右腿或左腿向前跨出一大步弯曲，使大腿与地面平行，小腿与地面呈 90 度，腰背挺直，自然呼吸，重心放在臀部，然后用力蹬地跳起，双臂随着弓步跳规律摆动，跳时最大限度用力。然后换脚，保持平衡，再次准备好，继续跳。

相关动作见图 3-127、图 3-128。

图 3-127

图 3-128

4. 跨步跳

跨步跳是向上的，包括摆臂同时绕环向上，这也是为了向上腾起，同时向前进行。

要求：后腿用力蹬伸，前腿屈膝前顶、送髋，落地时小腿积极后拉，脚掌扒地，手臂上提摆至肩高制动，有明显的腾空时间。

相关动作见图 3-129、图 3-130。

图 3-129

图 3-130

5. 快速俯卧撑原地摆臂

20 个俯卧撑起身后原地 30 秒快速摆臂，动作衔接不要有任何停顿，3 个循环为一组，重点练习上肢速度、力量和灵活性。

相关动作见图 3-131、图 3-132。

图 3-131

图 3-132

（三）提高加速度训练

1. 高抬腿跑

两臂前后摆动。大腿积极向前上摆到水平，并稍稍带动同侧髋向前，大小腿尽量折叠，脚跟接近臀部。在抬腿的同时，另一腿的大腿积极下压，直腿足前掌着地，重心要提起，用踝关节缓冲。

先学会高抬腿跑，逐渐加大向前摆动幅度及跑速，转化为“前进式高抬腿跑”。由于加大了向前的摆幅和速度，躯干适度扭转使髋向前，增大步长，增大两大腿的夹角，着地腿的膝关节可稍有弯曲接近于平跑技术。

相关动作见图 3-133。

2. 后蹬跑

上体正直或稍前倾，两臂自然摆动。摆动腿积极向前上方摆出，由腰部扭转，同侧髋带动大腿充分前送。在摆腿的同时，另一腿大腿积极下压，足前掌着地，膝、踝关节缓冲，迅速转入后蹬。后蹬时摆腿送髋动作在先，膝、踝蹬伸在后，腾空阶段重心向前，腾空时要放松，两腿交替频率要快。切勿在蹬直后仍保持僵直，这样做多了会影响摆腿的技术，破坏节奏。

相关动作见图 3-134。

图 3-133

图 3-134

3. 后踢小腿跑

足前掌着地，离地时足前掌用力扒地，离地后小腿顺势向后踢，与大腿折叠，膝关节放松，足跟接近臀部。

要点：后踢腿跑容易造成上体前倾，对于上体过分前倾者，不宜多做后踢腿跑，否则会影响抬腿技术。足前掌着地时膝要有一定高度，否则容易产生制动，着地缓冲技术不好者不宜多做。

相关动作见图 3-135、图 3-136。

图 3-135

图 3-136

4. 定时变速跑

慢跑过程中定点进行加速，每次加速跑 20 秒或 30 秒，然后再回到慢跑节奏，反复交替练习。

相关动作见图 3-137。

5. 前后摆小腿

用脚尖跑步，小腿尽量快速后摆起，脚后跟靠向臀部。动作迅速灵活，注意跑步中脚后跟不要接触地面。

相关动作见图 3-138、图 3-139。

图 3-137

图 3-138

图 3-139

6. 双人摆臂

两人面对面站立，双脚自然开立，相互拉住对方的手或者手腕做摆臂运动，目的是通过相互的力量牵引提高摆臂速度。

相关动作见图 3-140、图 3-141。

图 3-140

图 3-141

第四节　耐力素质训练

一、耐力素质的概念

耐力素质是指机体在一定时间内保持特定强度负荷或动作质量的能力。“一定时间”是指不同专项对运动时间的规定性。保持特定运动强度或动作质量是耐力水平的体现。耐力水平的提高表现为更长时间地保持特定强度或动作质量，或在一定时间内承受更高强度的能力。运动员要在竞赛全过程保持特定的运动强度或动作质量，就必须具备良好的耐力素质。

二、耐力素质的作用

耐力素质训练的主要作用：提高人体的有氧代谢能力，通俗讲就是提高人体利用氧气的能力；锻炼心肺功能，扎实的耐力训练能让人的心肺功能更加强大；通过耐力素质训练，对练习者意志品质的锻炼也能起到很大作用。

三、耐力素质训练

（一）中等强度耐力训练

1. 连续跑台阶

跑楼梯运动时膝关节部位承受负荷较大，有膝关节部位损伤和疾病的人不宜参加此项运动，否则不利于伤病的康复。上下楼梯要把握好节奏，速度不能过快，以防摔倒。适宜的速度应控制在 20～50 阶梯/分，体力好的人可以速度快些。运动中根据体能情况及时停下来休息，防止疲劳过度。根据体能和下肢力量，可以一步一阶梯或一步数阶梯运动，阶梯的高度以 1～5 米宜，运动时间控制在 5～10 分钟。

相关动作见图 3-142。

2. 分钟平板支撑

肘关节和肩关节与身体保持直角。在地板上进入俯卧姿势，用脚趾和前臂支撑体重。手臂成弯曲状，并置放在肩膀下。任何时候都保持身体挺直，并尽可能最长时间保持这个位置。若要增加难度，手臂或腿可以提高。肩膀在肘部上方，保持股肌的持续收缩发力（控制住），保持臀部不高于肩部，脚之间与肩同宽。手部可以合十，在坚持 75 秒以上的时候适当抬高一下臀部（因为随着时间的推移，臀部会下沉，所以需要保持臀部和腰板、腿保持直线）。颈部保持前倾，可以锻炼颈部。

相关动作见图 3-143。

3. 跳绳跑

将绳子握在手柄中后端。单脚踩跳绳，两端拉至胸口到肚脐眼的位置。两手上臂贴近身体，手腕用力。脚尖和前脚掌起跳落地，起跳高度不能太高，以刚能过绳子最好，落地时膝盖微曲做缓冲。为了不失误，速度不宜过快，当熟练掌握后加快速度，要求不失误，逐步加强。手脚协调好动作，以绳子绕身一圈换脚一次为标准，以最快速度进行练习，可以很好地提高练习者的身体协调能力。

相关动作见图 3-144。

图 3-142

图 3-143

图 3-144

（二）高强度耐力训练

1. 1000 米跑（男）、800 米跑（女）

中距离跑是发展耐力的练习，长时间的、连续的肌肉活动是该练习的特点。它一方面要求尽量减少能量的消耗，维持一定的跑速；另一方面要求在全程跑中能根据情况具有加速跑的能力。所以，练习者在跑的全程中，正确地掌握技术和合理地分配体力是非常重要的。要求跑得轻松协调，重心移动平稳，直线性强，有良好的节奏；要尽量提高肌肉用力和放松交替的能力，既讲究动作效果，又注重节省体力。

2. 5000 米跑、10000 米跑

长跑，即长距离跑步，路程通常在 5000 米及以上。长跑属于有氧代谢运动，参与人体各大器官的循环，特别是呼吸系统。在跑步过程中，人体对氧气的需求量不断增加，一般情况下，以 4 步一呼吸为宜，并尽量始终保持这一节奏，也可根据运动者自身的生理情况和调节习惯进行最佳调整。在呼吸方式上，以鼻吸嘴呼、口鼻混合呼吸较好。长跑刚开始时，由于氧气供应落后于肌肉的活动需要，因此会出现腿沉、胸闷、气喘等现象，特别是经常不锻炼的人感觉会更强，这是正常的。如果感觉比较难受，应停下来，步行几百米，如感到特别不适，就要停止长跑。正确掌握跑步时的呼吸方法，是练好中长跑的重要一环，也是掌握中长跑的跑步节奏和节省体力、提高成绩的关键所在。

第五节　柔韧素质训练

一、柔韧素质的概念

柔韧素质是指人体各个关节的活动幅度以及肌肉、肌腱和韧带等软组织的伸展能力。运动员的肩、腰、髋、腿等部位均需要具备特殊的柔韧性，才能在运动中表现出大幅度的活动范围。柔韧性差的人，会影响动作技能的掌握，还会限制力量及速度、协调能力的发挥，也会造成肌肉、韧带损伤。在体能训练中，既要解决练习者的软开度问题，又要注重练习者的韧性问题，体现出柔中有刚和刚中有柔的效果。因此，完备的柔韧素质练习，能更好地提升体能综合素质。

二、柔韧素质的作用

柔韧素质训练的作用：加大运动幅度，有利于肌力和速度的发挥；提高关节的灵活性，增加动作的协调优美感，可获得最佳的机能水平；掌握加速动作进程，有利于技术水平的提高，使技术动作显得轻巧灵活、更加协调和准确；防止、减少伤害事故的发生，延长运动寿命。

三、柔韧素质训练

（一）肩部练习

1. 压肩

压肩是一种锻炼和放松肩部的方法，有利于增加肩关节的柔韧性和灵活性。面对栏杆或一定高度的物体开步站立，两手抓握栏杆，上体前俯下振压肩。要点：两臂、两腿要伸直，力点集中于肩部。

练习步骤：① 下振压的振幅逐渐加大，力量逐渐加强。② 肩压到极限时，静止不动，耗肩片刻。③ 压肩与耗肩交替练习。

易犯错误：肩部紧张，臂不直。

纠正方法：练习时注意尽量沉肩，伸臂。双脚左右分开，与肩同宽或稍宽，上体即手臂向脑后做压振动作。后压肩时双手放在背后，手臂不要弯曲，着力点在肩部，身体做蹲起动作。横压肩时手臂左右平伸呈“一字”，身体直立，两手扶住门框，身体前进，手臂后展，肩向后振压。压完肩后要抡臂，有疼痛感时应停止。

相关动作见图 3-145、图 3-146。

图 3-145

图 3-146

2. 拉肩

练习步骤：身体直立，双腿自然开立，拉伸臂伸直，另一只手抓住拉伸臂肘关节处向后拉伸。保持肩部放松，身体保持向前姿势，不要跟随手臂转动。

易犯错误：肩部紧张，臂不直。

纠正方法：练习时注意尽量沉肩，伸臂。

相关动作见图 3-147、图 3-148。

图 3-147

图 3-148

3. 吊肩

两脚并步站立，背部朝向横杠（最好是肋木），两手反臂抓握横杠。然后下蹲，两臂拉直，或悬空吊起。

要点：两手紧握横杠，两臂伸直，肩部放松。

练习步骤：双手反臂抓握横杠，上体前倾拉肩，并上下转动。屈膝下蹲，上体尽量直立，逐渐减少脚的支撑力，做向下吊肩动作。两脚离地，做吊肩动作。

易犯错误：提肩，屈臂，躬身。

纠正方法：两手握紧横杠，抬头，沉肩，立身。

相关动作见图 3-149、图 3-150。

图 3-149

图 3-150

4. 转肩

两脚开步站立，双臂伸直握拳于体前，与肩同宽，然后平举至体侧，再从体侧向反方向拉伸。

要点：两手握距要合适，转动时两臂伸直。

练习步骤：先做徒手的压肩、绕肩练习。开始握棍转肩时两手间距离可宽些，逐渐缩短距离。

易犯错误：屈肘，两肩未同时转动。

纠正方法：适当放宽握距，强调直臂，增强幅度。

相关动作见图 3-151 至图 3-153。

图 3-151

图 3-152

图 3-153

5. 单臂绕环

单臂绕环左弓步，右臂伸直向前或向后立绕。

要点：臂伸直，肩放松，绕环时贴身走立圆。

练习步骤：单臂绕环要力求动作连贯，劲力顺达，使肩关节充分放松，不必求快速。左右交替练习，注意协调发展。

易犯错误：肩部紧张，肘关节弯曲，绕环时不走立圆。

纠正方法：放慢速度，肩部尽量放松，臂伸直，贴身立绕。

相关动作见图 3-154 至图 3-157。

图 3-154

图 3-155

图 3-156

图 3-157

6. 两臂前后绕环

开步站立，两臂伸直上举与肩同宽，手心相对，双臂向前、向下、向后绕环，或向后、向下、向前同时绕环。

要点：两臂伸直，肩关节放松，以腰带臂绕立圆。

练习步骤：此动作需要一定的协调性，初次练习要放慢动作，当两臂反方向绕至体前、体后时应在一条水平线上，下落时应同时擦腿；动作符合要求后再逐渐加快速度，也可左右交替做反方向的绕环练习。

易犯错误：两臂配合不协调，绕臂不成立圆。

纠正方法：要强调以腰带臂，肘关节伸直，向上绕两臂贴头，向下绕两手擦腿。

相关动作见图 3-158 至图 3-160。

图 3-158

图 3-159

图 3-160

（二）胸部练习

1. 仰卧背屈伸

练习者腿部不动，积极抬上体、挺胸。

相关动作见图 3-161、图 3-162。

图 3-161

图 3-162

2. 虎伸腰

练习者跪立，手臂前放于地下，胸向下压。

要求主动伸臂，挺胸下压。

相关动作见图 3-163、图 3-164。

图 3-163

图 3-164

3. 挺腰扩胸

练习者站立做扩胸状，尽量将双臂向后拉伸，挺胸收腹。也可将头部向后仰起，挺腰，增加练习强度。

相关动作见图 3-165、图 3-166。

图 3-165

图 3-166

（三）腰部练习

1. 甩腰

一开始练习甩腰的时候，可以减少练习幅度，两脚开立做动作，具体要根据自身条件而定。但是甩腰一定要一气呵成，下去和起来才组成一个完整的甩腰动作，不要下去一拍，上来一拍，这就达不到甩腰的效果了。慢慢就可以站立甩腰了，这种也叫扭腰，全身要配合好，双腿要支撑好腰的力量，不然很容易失去平衡。

相关动作见图 3-167 至图 3-170。

图 3-167

图 3-168

图 3-169

图 3-170

2. 体前屈

双腿伸直，脚跟并拢，脚尖自然分开，然后掌心向下，双臂并拢平伸，上体前屈，两手指匀速前移，直至不能移动为止，复原姿势后连续再做。

相关动作见图 3-171、图 3-172。

图 3-171

图 3-172

（四）腿部练习

1. 正压腿

面对一定高度的物体，比如肋木、高台、桌椅等，双腿并拢站立，抬起右腿将脚跟放在肋木上，脚尖勾起，关节屈紧，两手扶在左腿膝盖上。两腿伸直，挺腰，同时一定要收髋，这是许多人没有注意到的地方。上体前屈，向前向下做振压腿的动作，逐渐加大力量，然后换腿做。根据柔韧性程度，可依次用肘部、前额甚至下颌去接触脚尖。

动作要点：两腿都要伸直；上体向前、向下压振时腰背要直；压振时幅度由小到大，直到能用下颌触及脚尖。

相关动作见图 3-173、图 3-174。

图 3-173

图 3-174

2. 侧压腿

身体侧对肋木等支撑物，右腿支撑，脚尖稍向外撇，左腿举起，脚跟放在肋木上，脚尖勾起，踝关节屈紧，右臂上举，左掌放在左侧。两腿伸直，立腰，开髋，上体向左侧下压。髋部和腰部在这个练习中将得到锻炼。

做这个动作易出现两腿不直、身体向前弯曲。所以在练习中应注意，支撑腿的脚尖外展，被压腿尽量向身体正前顶髋，左臂向里掖肩，右臂向上举，向头后伸展。同时，将腿向肩后方振压。幅度逐渐加大，直到脚尖能接触到后脑勺。

动作要点：上体保持直立，向侧、向下压振；压振幅度逐渐加大，髋关节一直正对前方。

相关动作见图 3-175、图 3-176。

图 3-175

图 3-176

3. 踢腿

两臂平伸，手掌直立，同时左右腿轮流上踢，上踢幅度越高越好。腿将要踢起时，要迅速地将身体重心移到另一腿上，使将要踢起的腿部肌肉放松，这样才会起腿轻，踢腿快如风。为防止摔倒，也可背靠墙或肋木练习。踢时要快，腿由下至上快速向面部摆动，这里有一个加速的过程。踢时髋部要后坐，腿上摆有寸劲。刚刚练习踢腿时，必须保持动作的规范性，宁可踢得刚过胸也不把支撑腿的膝部弯曲，或是弯腰凸背用头去迎碰脚尖，这些均说明腿的柔韧性训练不到位，韧带还没有拉开。只要坚持压踢结合，常练不辍，定会达到脚碰前额的水平。落腿应稳，初练者往往踢起腿刚落地，就踢另一腿，从而出现腿笨重、身体歪斜的现象。这是因为踢出的腿刚落地时，身体的重心还在原支撑腿上，腿下落时转移重心，势必出现上述现象。正确的做法是等腿落实后，身体重心转换结束再踢出另一腿。这样练习也有利于实战中连环腿法的应用。

相关动作见图 3-177。

4. 弹腿

弹腿是一种以屈伸腿为主的练习方法。身体直立，一条腿支撑重心，另一条腿迅速向前方弹出，落地后换腿重复练习，主要作用是提高腿部的柔韧性、灵活性，拉长腿部的肌肉和韧带，加大髋关节的活动范围，通过这样的抻筋达到上下肢经络的通畅。弹腿时要将腿弹至与地面平行，动作协调连贯。

相关动作见图 3-178、图 3-179。

图 3-177

图 3-178

图 3-179

第六节　灵敏素质训练

一、灵敏素质的概念

灵敏素质是指人体在各种突然变化的条件下，能够迅速、准确、协调、灵活地完成动作的能力，是人各种运动技能和身体素质在运动中的综合表现。大脑皮层神经活动过程的灵活性及分析综合能力，是灵敏素质的重要生理基础，因此可通过训练改善和提高各感受器官功能，以增强灵敏素质。此外，在体育锻炼的实践中，掌握的运动技能愈多就愈熟练，大脑皮层中暂时神经联系的接通就愈迅速、准确，动作也愈灵巧。灵敏素质是运动技能、神经反应和各种素质的综合表现。在对抗性体育活动（如篮球、足球等）中，灵敏能力是非常重要的。灵敏是人体各种运动能力在运动过程中的综合体现，良好的灵敏性有助于更快、更多、更准确、更协调地掌握技术和练习手段，使已有的身体素质充分、有效地运用到实践中去。

二、灵敏素质的作用

灵敏素质训练的作用主要包括：

（1）能够保证人准确、熟练、协调地完成动作，取得优异运动成绩；

（2）能够让人灵活、巧妙地战胜对手，取得比赛的胜利。

三、灵敏素质训练

（一）一般灵敏素质训练

1. 弓箭步转体

站立，双脚分开，间距与肩同宽，双手放在胸前（或手持5～8磅重的哑铃垂于体侧，以增加强度），收腹、挺胸、沉肩。右脚向前迈一步，双腿屈膝让右膝位于踝关节的正上方，左膝几乎接触地面。左脚跟抬离地面。保持箭步蹲姿势，同时上半身中立，从髋部开始下蹲，并向右侧转动躯干，左臂伸直，尽量把左手放在右脚踝的外侧，躯干保持平直。上半身回到直立姿势。左手放回髋部，同时右腿向后撤一步，双腿站直。身体回到开始时的姿势。右腿重复以上练习，完成建议的次数后换左腿练习，算作完整的一组练习。也可以左右腿交替练习。

相关动作见图 3-180、图 3-181。

图 3-180

图 3-181

2. 连续屈体跳

双脚自然分开，身体放松。膝盖弯曲下蹲，双臂自然向后下方摆动，跳起时双腿迅速用力蹬地，双臂上摆，目视前方。跳至最高点时迅速收腹，提大腿，弯曲膝关节，双手抱住膝关节或者小腿。下落时放开双手，伸腿直膝，脚尖先接触地面，缓冲压力，然后还原动作做下一轮起跳，以此循环。

相关动作见图 3-182、图 3-183。

图 3-182

图 3-183

3. 快速后退跑

后退跑时，两脚提踵，用脚前掌交替蹬地提膝向后跑动，上体放松直起，两臂屈肘相应摆动，保持身体平衡，两眼平视。选择草地或质地松软的平地，不要在水泥地上进行运动。运动前学会一些基本的后退摔倒时的自我保护方法。在条件允许的情况下，运动时可以派专人进行保护帮助，以确保万无一失。

相关动作见图 3-184、图 3-185。

4. 燕式平衡

由单腿站立、另腿后举、两臂侧上举姿势开始，前脚向前一步，上体前倾，两臂前举或经前绕至侧平举，抬头、挺胸，支撑腿膝关节绷直，另一腿经后向上逐渐抬起，同时上体下压与地面平行。上体挺胸抬头下压，同时后腿向后上方举起。支撑腿绷直，用全脚掌控制平衡，后举腿尽量高举，两腿夹角不小于 135 度。

相关动作见图 3-186。

图 3-184

图 3-185

图 3-186

5. 跳起转体 360 度

原地起跳，空中转体 360 度，落地还原。

相关动作见图 3-187 至图 3-190。

图 3-187

图 3-188

图 3-189

图 3-190

（二）综合灵敏素质训练

1. 10 米×4 折返跑

10 米长的直线跑道若干，在跑道的两端线（S1 线和 S2 线）外 30 厘米处各画一条线。木块（5 厘米×10 厘米）每道 3 块，其中两块放在 S2 线外的横线上，一块放在 S1 线外的横线上。

测试方法：受测试者用站立式起跑，听到发令后从 S1 线外起跑，当跑到 S2 线前面，用一只手拿起一木块随即往回跑，跑到 S1 线前时交换木块，再跑回 S2 交换另一木块，最后持木块冲出 S1 线，记录跑完全程的时间。记录以秒为单位，取一位小数，第二位小数非“0”时则进“1”。

注意事项：① 10 米×4 往返跑，是指在 10 米的跑道上，往返跑共 4 次，即往返各算一次，共 40 米，而非往返合起来算一次，共 80 米；② 当受测者取放木块时，脚不要越过 S1 线和 S2 线；③ 新的公安类职位体能测试标准中的 10 米×4 往返跑并没有写“测试不超过三次”，那就表明必须要一次性通过。

相关动作见图 3-191 至图 3-193。

图 3-191

图 3-192

图 3-193

2. 跳绳

肩膀放松，视线放在前方。两个胳膊肘贴在肋骨两侧。轻轻地抓在手柄后面，大拇指放在手柄的上面，轻轻转动手柄带动绳子去跳。让膝盖有弹力地跳，绳子用手腕轻轻转动。不要跳得太高，要前脚掌着地，脚后跟不着地。尽可能以换脚跳绳的方式练习。

相关动作见图 3-194。

图 3-194

第四章

警察防卫与控制技术

示范视频详解

第一节　近身防卫术概说

一、近身防卫术

近身防卫术是实用搏击术的一种，综合运用各类格斗技术简单有效地制服对方，通过抓、缠、切、折、锁、拧、扣等擒拿技术和踢打动作结合，有效打击人体要害部位，使其失去攻击反抗能力，从而达到防身制敌的目的。它也是建立在传统武术擒拿基础之上，利用人体关节活动的力学规律和特点，采取解脱与控制，所以擒拿是防身技术重要组成部分。

在练习近身防卫术时，首先要明白一点，任何技术都不可能绝对一招制敌，只有在长期训练中，熟练掌握技术，通过实战灵活运用，达到随机应变，争取主动制约对手。在练习擒技时，必须遵循快、准、狠、变化多的原则，可利用拳腿技术配合完成动作。加强力量、速度、反应各方面素质练习，才能更好地学习掌握近身防卫术。

二、近身防卫术特点

（一）继承传统性

近身防卫术中理论和技术方面吸收了传统武术擒拿技术，如切、折、锁、拧关节技术，擒拿与解脱是重要组成部分，摔法讲究技巧与发力。

（二）注重实用性

近身防卫术注重实用性及近战制服对方，不受技术约束，采取打、擒结合，甚至利用物体攻击对方。近战中对人体关节、身体部位采取简单有效打击，目的就是制服对手。

（三）综合发展性

现代近身防卫术，已是各国军警必修科目，其综合技术在发展，如以色列国家防卫格斗中，综合各种技击术，甚至把巴西柔术渗透其中，值得各国借鉴。

第二节　防卫基础技术

一、防卫与控制技术基本姿势

遇到危险情况，首先要保持身体平衡，随时准备对各个方向防守与进攻。保持站立防卫实战姿势，与对方保持 1～2 米实战距离，右脚斜后撤步，两脚间距与肩宽，两手握拳，前后拉开，左拳拳眼向内朝鼻尖，手臂弯曲，肘关节夹角在 90°～110°之间，左拳约与下颌同高，右手臂关节夹角小于 90°，大臂贴于右侧肋部，身体侧向站立，下颌微收，含胸收腹，口齿闭合，两眼目视对方双肩，余光环视全身。

相关动作见图 4-1、图 4-2。

图 4-1

图 4-2

二、警察防卫基础技术

（一）掌的击打技术

1. *砍掌*

动作说明：在实战姿势基础上，右手臂突然上举，稍向左转体，利用拧腰、沉肩的力量，由斜上向斜下猛力砍击，力达掌外沿，砍击部位为对方颈部，砍击后迅速收回成实战姿势。

相关动作见图 4-3、图 4-4。

图 4-3

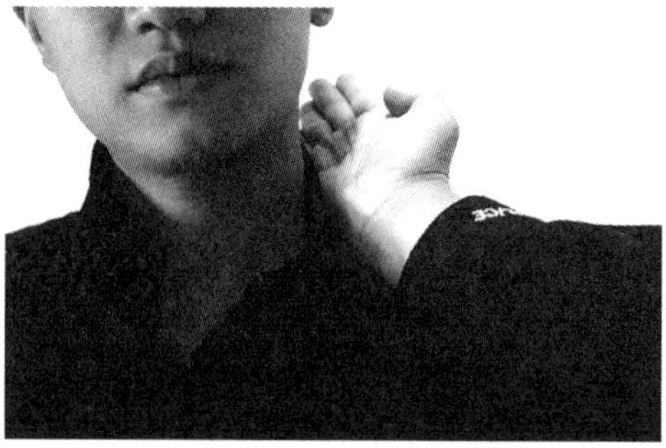

图 4-4

要点：举臂迅速，同时五指并拢，手掌砍击要借助转体、拧腰、沉肩发力。

2. 插掌

动作说明：右脚蹬地拧腰发力，顺肩直线插掌，掌心向下，以四指尖为着力点攻击对手，攻击部位为咽喉等要害部位。

相关动作见图 4-5、图 4-6。

图 4-5

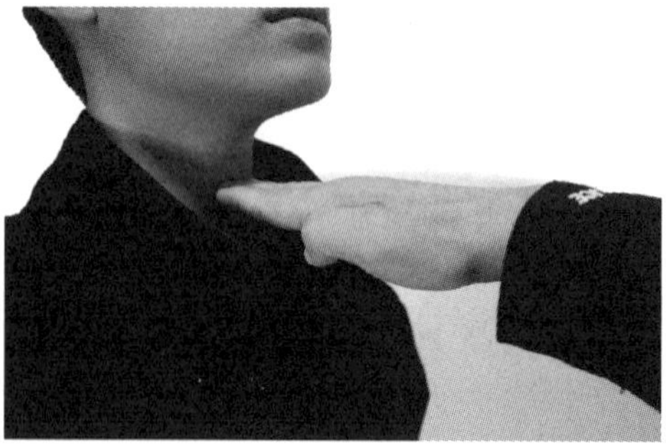

图 4-6

（二）拳的击打技术

1. 直拳

1）左直拳

动作说明：在实战姿势基础上，右脚蹬地，身体稍右转，同时左小臂内旋，拳心向下，直线击打目标；接触目标时拳及手腕要握紧，力达拳峰，迅速放松收回成实战姿势。

相关动作见图4-7、图4-8。

图4-7

图4-8

要点：左直拳冲拳时，右蹬地左扣膝，小臂微内旋向前发力冲拳，快打快收。实战时配合步法及右拳，可以有效提高击打效率。

2）右直拳

动作说明：在实战姿势基础上，右脚蹬地，转腰送肩同时，右拳顺肩直线向前冲出，力达拳面，接触目标时拳一定握紧，同时左拳护好左腮部，右拳击出后迅速放松收回成实战姿势。

相关动作见图4-9、图4-10。

图4-9

图4-10

要点：右脚蹬地转腰、送肩、肘臂向前发力，最后到达拳面；还原时放松沉肩落肘，主动收回。

2. 摆拳

1）左摆拳

动作说明：在实战姿势基础上，上体微向右转，左拳随转髋拧腰向右前翻肘向里横击，大小臂夹角稍大于 90°，拳心向下，力达拳面或拳眼侧，击打时右拳护于右腮部。击打后，肩部放松屈肘收回成实战姿势。

相关动作见图 4-11、图 4-12。

图 4-11

图 4-12

要点：力从腰发，腰绕纵轴向右转动，摆拳发力时臂微屈，翻肘抬至与肩同平。左摆拳击打动作幅度小，隐蔽，常用于向前侧闪时有效进攻。

2）右摆拳

动作说明：在实战姿势基础上，上体微向左转，同时右拳随转髋拧腰向左边向里横击，大小臂微屈，拳心向下，力达拳面或拳眼侧，接触目标时拳握紧，左拳护于左腮。

相关动作见图 4-13、图 4-14。

图 4-13

图 4-14

要点：右膝内扣，转腰，以肩带动摆拳发力，保持身体重心。

右摆拳是横向弧形，威胁力大，但进攻幅度大，不易击中对手，应结合其他拳法使用。

3. 勾拳

1）左上勾拳

动作说明：在实战姿势基础上，上体稍向左下前压转动，左腿微屈，大小臂夹角在 90°～110°之间，拳峰向上，蹬地转髋左拳向右斜上方勾击，击打后肩肘放松收回成实战姿势。

相关动作见图 4-15、图 4-16。

图 4-15

图 4-16

要点：身体重心左下前压转动，利用前脚蹬地转髋的作用力，加大左上勾拳击打力度。

2）右勾拳

动作说明：实战势站立，右脚蹬地，微向左转腰的同时，右拳向前、向上勾击，大小臂夹角在 90°～110°之间，力达拳面；左拳护住腮部，击打后放松收回成实战姿势。

相关动作见图 4-17、图 4-18。

要点：右脚蹬地、扣膝、转腰，由下至上发力，勾击高度约与下颌同高。

勾拳适用于中、近距离实战，但其进攻路线短，不易直击对手，多结合其他拳法使用。

图 4-17

图 4-18

3）鞭拳

动作说明：以常用动作右鞭拳为例，在实战姿势基础上，目盯对方，身体向右后转 180°，右脚经左腿后插步；同时左拳与右拳一起回收至胸前，利用上体继续向右转体惯性，同时右拳反臂向右侧横向鞭打，拳眼朝上，力达拳背。

相关动作见图 4-19 至图 4-21。

图 4-19

图 4-20

图 4-21

要点：转体要快，目盯对方，以腰带臂，快速鞭打，身体重心要稳。

鞭拳是横向型进攻动作，并能借助转体的惯性，力度较大。

（三）膝的击打技术

右前撞膝。

动作说明：实战势站立，左腿微屈支撑，脚尖外摆，右腿蹬地送髋向前撞膝，两手自然后拉，与下颌同高，撞击后迅速回落成实战姿势。

相关动作见图 4-22、图 4-23。

图 4-22

图 4-23

要点：提膝送髋动作连贯，冲膝撞击发力果断。

（四）腿的击打技术

1. 左鞭腿

动作说明：实战势站立，右腿微屈支撑，上体稍向右侧倾，左腿提膝展髋，小腿外翻；同时顺势向前摆踢小腿，力达脚背或胫部。

相关动作见图 4-24、图 4-25。

图 4-24

图 4-25

2. 右鞭腿

动作说明：实战势站立，左腿微屈支撑，身体向左转髋同时右腿提膝，小腿外翻，顺势向左前摆踢小腿，力达脚背或小腿下端胫部，踢击后收回成实战姿势。

相关动作见图 4-26、图 4-27。

图 4-26

图 4-27

要点：提膝翻髋以大腿带小腿，快速发力，脚背或胫部接触目标。

3. 左前蹬

动作说明：实战势站立，右腿微屈支撑，左脚提膝收腹，对准目标，勾脚；以大腿推动小腿脚跟向前蹬出，展髋发力，脚掌下压，力达脚前掌。

相关动作见图 4-28、图 4-29。

图 4-28

图 4-29

4. 右前蹬

动作说明：实战势站立，身体重心前移，左腿微屈支撑，收腹右脚提膝抬起，膝盖对准目标，以大腿推动小腿脚跟向前蹬出，力达脚跟，也可送髋，脚掌下压。

相关动作见图 4-30 至图 4-32。

图 4-30

图 4-31

图 4-32

要点：两手与躯干始终保持实战势，从而有利于对上体的防守，屈膝抬腿与蹬出要快速连贯。

5. 侧踹

动作说明：实战势站立，左腿提膝并翻髋，身体重心落于右脚，迅速展髋发力，大腿推动小腿力达脚掌。侧踹后迅速收回成实战势。

相关动作见图 4-33 至图 4-35。

图 4-33

图 4-34

图 4-35

（五）常用基础摔法

1. 抱腿顶摔

乙方的直拳向甲方进攻时，甲方突然下潜躲闪，双手抱住乙方大腿，侧颈部贴紧乙方大腿，随即用肩顶对方腹部并提拉膝窝将其摔倒。乙方摔倒后，甲方两手紧抱其大腿右后转体 180°将敌翻过身，随即用挺腹后仰坐身下压之合力将其制服。

相关动作见图 4-36 至图 4-39。

图 4-36

图 4-37

图 4-38

图 4-39

要点：下潜抱腿要快，后拉、肩顶同时发力。

2. 抱腿手别摔

乙方右鞭腿踢甲方肋部时，甲方立即抄抱其右小腿，向前下方弓腰，左手抱其小腿，同时右手臂由其裆下穿过，别其膝窝，手别的同时向右转体旋压将其摔倒。

相关动作见图 4-40 至图 4-42。

图 4-40

图 4-41

图 4-42

要点：抱腿要紧，别拨有力。

3. 接腿涮摔

乙方用右腿横击甲方胸部时，甲方双手接扣其脚踝。两手向右侧下方拉乙方左脚，随即向左上方成弧形将其涮倒。同时手上提其腿，并起左腿猛踹腹部，将其制服。

相关动作见图 4-43 至图 4-45。

图 4-43

图 4-44

图 4-45

要点：接腿要准，抓握牢固，右侧下拉和弧形涮摔的动作要连贯有力。

4. 掀腿压颈

乙方起后鞭腿踢甲方上体时，甲方抄抱其小腿，随即右手前伸由其右肩上穿过，下压其颈部，同时用左手上抬，起右腿勾踢敌支撑腿，右手下压颈部之合力将其摔倒。随即可起右（左）脚猛踹其肋，将其制服。

相关动作见图 4-46 至图 4-49。

图 4-46

图 4-47

图 4-48

图 4-49

要点：接抱腿准，掀腿压颈动作要连贯有力。

第三节　被动解脱防卫擒拿

一、手腕被抓时解脱防卫

当乙方右手抓住甲方右手腕时，甲方左手猛拍其手背并扣紧，稍向里带，尽量拉直乙方手臂，随即向右转体，以右手小指外侧掌缘顺着乙方手腕，猛力向上，向外缠绕下切，并两手同时用力向前紧顶下压乙方肘关节将其制服。

相关动作见图 4-50 至图 4-52。

图 4-50

图 4-51

图 4-52

要点：扣手要紧，外旋切腕要突然。

二、肩部正面被抓时防卫

当甲方正面被乙方抓住肩部时，甲方用左手抓住乙方右臂，右掌猛击其下颌，趁其向后仰之机，右手抱握乙方颈脖向下拉，用腿冲膝前顶，攻击其腹部。

相关动作见图 4-53 至图 4-55。

图 4-53

图 4-54

图 4-55

要点：抓臂击颌要狠，拉颈和冲膝前顶要协调有力。

三、前衣领被抓时擒拿防卫

（一）甲方衣领被乙方左手抓紧

当甲方衣领被乙方左手抓紧时，甲方双手迅速抓其手背，双手虎口向内，拇指紧扣手掌内侧，右腿上步同时向内旋压乙方肘关节，将其制服。

相关动作见图 4-56 至图 4-58。

图 4-56

图 4-57

图 4-58

要点：双手抓腕要紧，上步旋腕压肘连贯迅速。

（二）甲方衣领被乙方右手抓紧

当甲方衣领被乙方右手抓紧时，甲方右手迅速抓住乙方手腕同时上推，左手抬起用力打击乙方肘部使其弯曲，向内穿插抓住自己右手小臂，形成十字锁住乙方肘关节，同时上步右腿勾踢乙方倒地，将其制服。

相关动作见图 4-59 至图 4-62。

图 4-59

图 4-60

图 4-61

图 4-62

要点：右手上推、左手打击果断有力，压肘勾踢迅速到位。

四、头发被抓时解脱防卫

（一）前右手抓住头发

当乙方以前右手抓住甲方头发，甲方右手迅速扣紧乙方手背，右腿向后撤步，两手反折乙方右手腕，同时向前下猛拉乙方手腕使其跪地前倒，将乙方右臂从颈下绕过同时右转身骑压乙方腰部，将其制服。

相关动作见图 4-63 至图 4-65。

图 4-63

图 4-64

图 4-65

要点：扣手背要准，反折腕前拉要狠，绕颈骑压迅速。

（二）由后抓住头发

当乙方由后抓住甲方头发，甲方双手迅速扣紧乙方手背，身体迅速向左旋转，双手拧紧乙方手腕，右腿踢其腹部或面部。

相关动作见图 4-66 至图 4-69。

图 4-66

图 4-67

图 4-68

图 4-69

要点：双手抓手背身体旋转迅速，踢击要准、狠。

五、腰部自后被搂抱防卫解脱

当乙方由后抱住甲方腰部，甲方左手迅速抓住乙方右手小臂，身体下沉，突然拧腰转身以右肘击打乙方右侧面部。

相关动作见图 4-70、图 4-71。

图 4-70

图 4-71

要点：抓臂要猛，下沉要快，利用转身腰力肘击要狠。

六、腿部被抱解脱

当乙方迎面突然抱住甲方左腿，甲方迅速右步后撤，左手按压乙方颈部，右手扣住其臀部向左旋转将其摔倒。

相关动作见图 4-72 至图 4-74。

图 4-72

图 4-73

图 4-74

要点：撤步按头迅速，转身要猛。

第四节　主动防卫擒拿技术

一、挑肘别臂

甲方从正面靠近乙方，甲方左手突然抓住乙方右手腕并向后推开，右手挑击乙方肘部，进步右转身时，甲方左手推折乙方手腕，右手按压住乙方肩部，将其制服。

相关动作见图 4-75 至图 4-78。

图 4-75

图 4-76

图 4-77

图 4-78

要点：抓腕挑肘要猛，推压要狠。

二、抱膝压伏

甲方由后靠近乙方，甲方突然上步抱住乙方双膝后拉，同时肩向前顶乙方臀部，将其摔倒。乙方倒地后，甲方迅速以右腿跪压乙方背部，将乙方右臂从颈部绕过并按压住手腕，左手锁住乙方下颌。

相关动作见图 4-79 至图 4-81。

图 4-79

图 4-80

图 4-81

要点：抱膝顶臀同时发力，按压锁喉要果断。

三、锁喉切摔

甲方由后接近乙方锁喉拉肘右脚放置两腿之间，右手穿过对方下颌，用前臂、上臂锁紧颈部两侧，左手抓对方左手手腕撤步后拉破坏对方平衡，蹬地转髋，右肩切颈部做切摔，锁肩折腕，右脚上步，右膝跪腰眼，左脚上步，左膝跪颈部，左手上提，右脚上步，两手同时折腕。

相关动作见图 4-82 至图 4-85。

图 4-82

图 4-83

图 4-84

图 4-85

四、打腿压摔

甲方从左侧靠近乙方，甲方突然下潜右后转身，左手向上打拉乙方左小腿，右手顺势按压肩部，将其摔倒，乙方倒地后，甲方可用跪压将其制服。

相关动作见图 4-86 至图 4-88。

图 4-86

图 4-87

图 4-88

要点：转身、打压要连贯有力。

第五节　对付凶器擒拿防卫技术

一、受到持刀威胁时防卫擒拿

当乙方右手持刀由下向上刺向甲方，甲方向左外侧进步，左手格住乙方右小臂，右手握拳击向乙方下颌，同时左手抓住乙方手腕，右手抓紧手背及四指，双手同时向内卷腕，右腿踢击对方裆部，将刀夺下。

相关动作见图 4-89 至图 4-91。

图 4-89

图 4-90

图 4-91

要点：上步格挡要快，出拳要准，折腕踢裆到位。

二、受到持枪威胁时防卫擒拿

（一）持枪正面对准

当乙方右手持枪正面对准甲方时，甲方举起双手，趁其不备，用左手猛推乙方右手持枪手腕，右手同时抓握手背，向内推压折腕，夺下乙方枪械。

相关动作见图 4-92 至图 4-94。

图 4-92

图 4-93

图 4-94

要点：掌握距离，推、抓、折动作要连贯。

（二）持枪背后对准

当乙方持枪从背后对准甲方时，甲方举起双手，侧头观察乙方，突然向右转身，左手挡开乙方持枪手臂，右手夹住乙方小臂后反抓住自己小臂形成十字固，左手打压乙方手腕部，右脚同时勾踢压摔，并迅速夺下枪械。

相关动作见图 4-95 至图 4-98。

图 4-95

图 4-96

图 4-97

图 4-98

要点：推、夹、打、折动作要连贯有力。

三、受到棍棒威胁时防卫擒拿

当乙方持棍棒劈向甲方时，甲方左手在下，右手抬起外挡迅速上步贴近乙方内侧，左手从内向外抄抱乙方右臂，右手拉住乙方颈部，提膝撞击乙方腹部，趁乙方弯身之际右手夺下棍棒。

相关动作见图 4-99 至图 4-104。

图 4-99

图 4-100

图 4-101

图 4-102

图 4-103

图 4-104

要点：格挡贴身要快，抄抱、顶膝要到位。

第五章

警戒具与武器使用

第一节 警戒具与武器使用引论

一、认识警戒具与武器

人民警察肩负着维护国家安全，维护社会治安秩序，保护公民的人身安全、人身自由和合法财产，保护公共财产，预防、制止和惩治违法犯罪活动的重要任务。人民警察在执法过程中制止违法犯罪活动的行为是职务行为，可以依法采取强制手段，根据需要依法使用警械与武器。监狱人民警察是人民警察的重要警种之一，它是国家实施刑罚的主体，是保障监狱安全、维护监管秩序的主要力量，监狱人民警察依法使用警戒具与武器的行为受国家法律保护。本书介绍的警戒具与武器使用的主要适用对象是监狱人民警察，其他警种可以参照使用。

（一）警戒具、武器及相关概念

1. 警械与警戒具

1）警械

警械是人民警察按照规定装备和使用的警用器械，是人民警察的日常执勤专用工具，具体指警棍、催泪弹、高压水枪、特种防暴枪、手铐、脚镣、警绳等警用器械。人民警察根据警种性质及承担任务的不同，选择和装备不同的警械，在使用时有具体的法律规范。

2）警戒具

警戒具是指监狱人民警察按规定装备和使用的警械，它是监狱人民警察为了预防和制止罪犯行凶、脱逃、自杀和其他危险行为而依法使用的警用器械。本书所指的警戒具主要是指监狱人民警察按规定装备和使用的警械，具体是指警笛、警绳、警棍、手铐和脚镣等警械。

在警戒具中，手铐和脚镣称作戒具，它是对有危险行为罪犯的人身所使用的防御性器具，在使用时有具体的规定。监狱在不同时期和不同发展阶段，警戒具的内涵不同。我国古代监狱中常用的戒具、狱具有匣床、杻、枷、索、镣等；民国时期监狱中常用的戒具有手铐、脚镣、捕绳等；新中国成立初期的戒具主要指手铐、脚镣、捕绳三种；从 1982 年开始，我国监狱中警戒具统一规定为：警笛、电警棍、手铐、脚镣、警绳五种，其中在监内使用的戒具仅限手铐、脚镣，警绳只用于追捕逃犯或押解犯罪分子过程中，在监内禁止使用；2008 年，司法部出台《监狱人民警察警用装备配备标准（试行）》，警戒具的种类和数量得到了更新。

3）警戒具的适用要求

（1）对象要求。监狱人民警察使用警戒具的主要对象是监狱中的罪犯。

（2）法律要求。监狱人民警察使用警戒具依据《监狱法》《人民警察使用警械和武器条例》等法律、法规以及监狱关于警戒具使用的具体规定。

（3）装备要求。警戒具是监狱人民警察按规定装备和使用的警械，监狱使用警戒具时，不准使用土制的戒具，不准将戒具当作刑具使用。随着科技的发展和装备的精良，警戒具的种类和数量在不断变化。一种新工具成为警戒具，必须是被列入规定装备，并有具体的使用规范。如辣椒催泪喷射器在没有列入规定警用装备之前不属于警械，2006 年公安部把它列入单警装备，成为公安警察使用的警械。监狱隶属司法部，对警戒具的配备和使用另有专门的规定，辣椒催泪喷射器在没有被列入监狱警察警用装备之前，监狱人民警察就不能使用。

2. 武器

武器的概念很多，范围也很大，它可以是一根简单的木棒，也可以是一枚高级的核弹头。从广义上讲，武器是指一切破坏生命和财产的工具。冷兵器时代武器指刀、枪、剑、棍、矛等杀敌工具。热兵器时代飞机、大炮、炸弹、坦克、舰艇是武器。高科技时代武器更加复杂，有动能武器、定向能武器、次声武器、地球物理武器、气象武器、太阳能武器、基因武器等。

本书所描述的武器是指警用武器，是人民警察按照规定装备和使用的枪支、弹药等致命性武器。具体指手枪、轻型冲锋枪、狙击步枪、防暴枪及其弹药等多种类型的武器，警用武器在使用时有明确的使用规定。

3. 强制手段与职务行为

1）强制手段

强制手段，是指人民警察为制止违法犯罪行为，维护公共安全和社会秩序，保护公民的人身安全和自身安全，保护公共财产，依法运用国家强制力，对罪犯或者犯罪嫌疑人的人身采取的直接强制行为。它包括采用各种手段对罪犯或者犯罪嫌疑人的人身实施的直接打击、控制和约束。

监狱人民警察在日常执法过程中根据罪犯违法、违规行为的程度轻重，可依法采用不同的强制手段。常用的强制手段有警告、禁闭、徒手控制、警戒具控制、武器控制等。

2）职务行为与正当防卫

警察职务行为是人民警察根据国家赋予的职权，依法履行职责的行为，它由具有正当防卫性质的行为和其他职务行为所组成。

公民的正当防卫行为与人民警察制止犯罪活动的职务行为有以下几个方面的区别。

(1) 行为的性质不同。人民警察制止违法犯罪活动时履行的警察职责行为是国家赋予的一项权力；而公民的正当防卫是国家赋予的一项权利，是公民的个人行为。同时，人民警察制止违法犯罪活动的职责行为，是法律规定必须履行的，放弃职守，不履行职责，就是失职，情节严重的要受到法律追究；而公民遇到不法侵害进行逃避，放弃正当防卫的权利，不能追究其法律责任。

(2) 行为对象的状态不同。正当防卫必须针对正在进行的不法侵害行为而实施，"事前防卫"和"事后防卫"都是不允许的；而人民警察制止违法犯罪活动，则不限于"正在进行"这个条件，如案发以前（犯罪预备）、案发当时或者案发以后的整个追诉过程，只要符合法律规定的违法犯罪行为，都属于人民警察制止之列。

(3) 行为实施的要求不同。人民警察制止违法犯罪活动，作为履行职责的要求，必须是积极的、主动的、典型的，如追捕严重犯罪的逃犯，制止罪犯打架斗殴，围歼武装走私、贩毒集团等；而正当防卫，作为"防卫"的要求，则只能是被动的，必须是在"正在进行的不法侵害行为"发生的前提下当场采取。

(4) 行为后果的法律责任不同。人民警察依法执行职务制止违法犯罪活动造成无辜人员伤亡或者财产损失的，应当由国家依法承担赔偿或补偿责任；由于制止违法犯罪活动执行职务不当，造成不应有的人员伤亡、财产损失，构成犯罪的，依法追究有关责任人的刑事责任，对受到伤亡或者财产损失的，也应当由国家依法承担赔偿或补偿责任。而正当防卫明显超过必要限度造成重大损害的，应当负刑事责任，但是应当减轻或者免除处罚。

另外，人民警察的职务行为还在于其对警械和武器使用的特殊权力，只有依法使用警械和武器，才能保证人民警察职务行为的正确性。

《监狱法》第四十五、四十六条明文规定监狱人民警察可根据罪犯暴力行为的性质依法使用戒具与武器。

（二）警械的种类与发展

1. 警械的种类

警械是人民警察在执行警务时，专门配备和使用的工具。警械种类繁多，按其功能和作用可分驱逐性与制服性警械、约束性警械、震慑性警械、自卫性警械等多种类型。

1) 驱逐性与制服性警械

驱逐性与制服性警械指警棍（T型警棍、电警棍、橡胶警棍、伸缩警棍等）、警用制式刀具、警用防暴喷射器（如化学作用的自卫喷射器有气体烟雾弹、催泪弹、麻醉弹，机械动能打击的发射器有弓弩、塑料弹、高压水枪，机械缠绕的警用捕捉网）等警用器械（见图 5-1、图 5-2）。其具有较强的攻击性，容易对人身造成伤害甚至生命危险，使用时应当以制止违法犯罪行为为限度。

T型警棍　电警棍　橡胶警棍　伸缩警棍

图 5-1

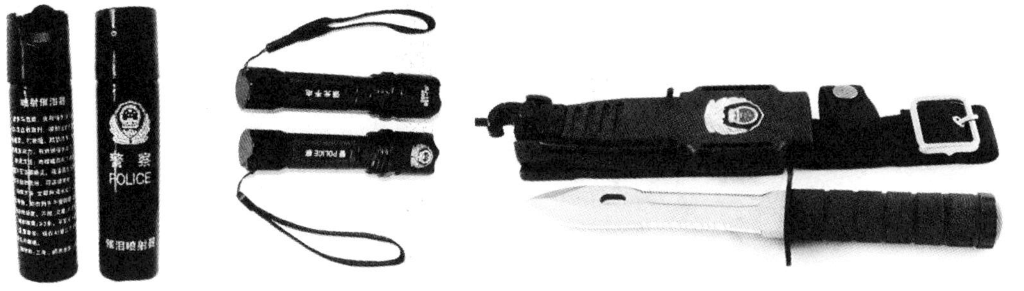

警用催泪喷射器　警用强光手电筒　警用制式刀具

图 5-2

2）约束性警械

约束性警械是对违法犯罪分子实施人身束缚的强制性警械。它指手铐、脚镣、警绳、约束带、阻截器材（便携式遥控路障、穿刺式路障）等（见图 5-3、图 5-4）。人民警察依法执行任务，遇有违法犯罪分子可能脱逃、行凶、自杀、自伤或者有其他危险行为的，可以使用约束性警械。

3）震慑性警械

震慑性警械有警笛、警报器、警用双色排灯等（图 5-5）。

4）自卫性警械

自卫性警械有防弹衣、警用头盔、警用盾牌等，也包括执勤时常用器具，如警用警戒带、警用腰带组件、警用水壶、警用急救包等（见图 5-6、图 5-7）。

另外，警犬作为警察在执行任务中使用的一种特殊工具，效果明显，根据执行任务的性质可分为巡逻犬、追踪犬、搜捕犬、搜爆犬、搜毒犬、防暴犬、护卫犬、救护犬、鉴别犬、消防犬等适用于不同用途的专项警犬（见图 5-8）。理论上，警犬应属于警械之列。

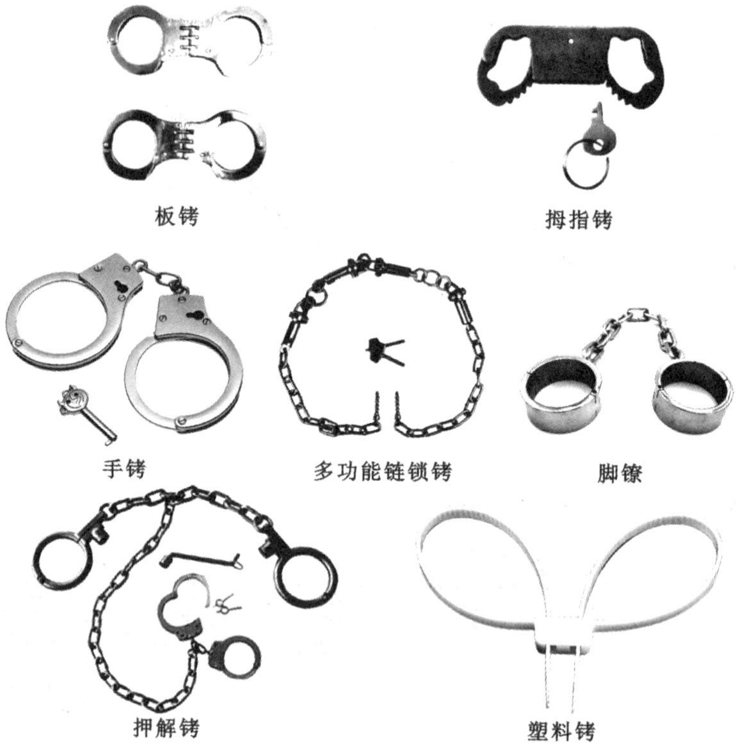

图 5-3

图 5-4

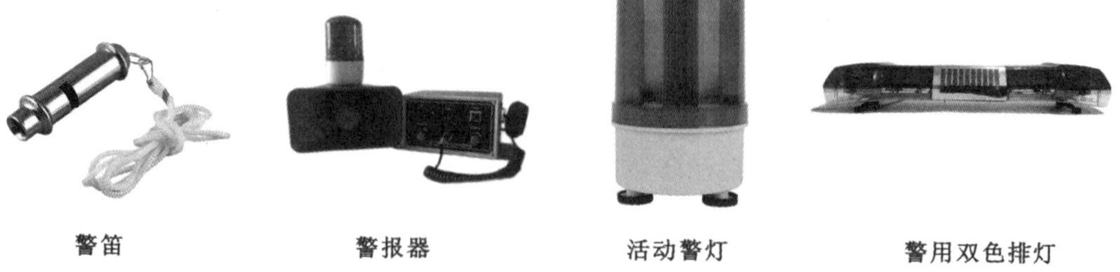

图 5-5

警用盾牌　警用头盔　防弹衣

图 5-6

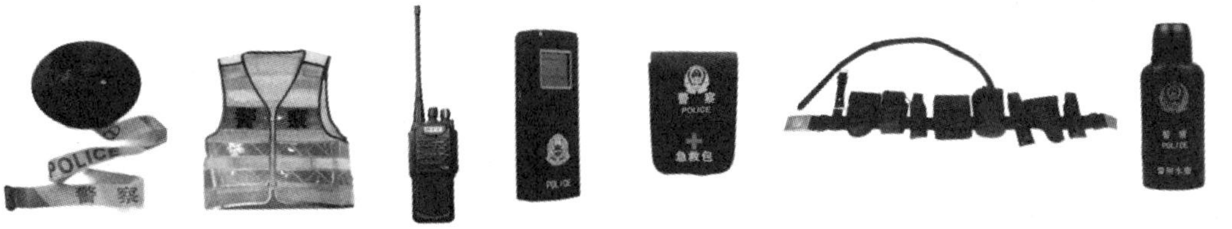

警用警戒带　警用背心　警用对讲机　警用录音笔　警用急救包　单警装备带　警用水壶

图 5-7

图 5-8

2. 警械的发展

改革开放以来，警械的种类、数量都有明显的发展。2006 年 7 月，公安部颁布了《公安单警装备配备标准》（以下简称《标准》）。《标准》中规定的配备项目主要包括警服、警棍、枪支等 15 种必配和选配装备。必配装备是指公安单警完成基本工作任务所必须配备的装备，包括警服、警棍、手铐、催泪喷射器、强光手电、警用制式刀具、警用水壶、急救包、多功能腰带、防割手套等。选用装备是指根据实际工作需要有选择配备的装备，包括枪支、对讲机、警务通、防刺服、警用装备包等。《标准》的颁布和实施大大提升了公安民警在执法执勤、巡逻防控、擒敌追捕时的战斗力和防护能力。

监狱从公安部隶属到司法部后，其警械装备一直采用公安标准，发展相对缓慢。1994 年 12 月 29 日《监狱法》正式颁布并实施，监狱人民警察使用戒具与武器有了规范性的法律条款。1996 年 1 月 16 日，发布并施行《人民警察使用警械与武器条例》，对警械作了明确的定义，强调了规定装备。司法部在 1996 年发布《关于贯彻实施〈人民警察使用警械和武器条例〉的通知》，同时，针对监狱实际情形出台了警戒具使用的具体规定。2008 年，司法部出台《监狱人民警察警用装备配备标准（试行）》，警戒具的装备得到了更新。

与先进国家相比，我国警械装备的整体水平尚有一定差距，主要表现在部分产品的功能比较单一，人机功效性较差，产品的兼容性不佳。随着社会的发展和科技的进步，警用装备将朝着轻便化、舒适化、模块化、系列化、专业化、智能化、多功能化的方向发展。

（三）警用武器的种类与发展

1. 警用武器的种类

警用武器种类较多，目前，我国警察常用的警用武器主要有手枪、轻型冲锋枪、狙击步枪、防暴枪等（见图 5-9 至图 5-11）。其中手枪应用最为广泛，可分为 54 式手枪、64 式手枪、77 式手枪、92 式手枪和转轮手枪等。

54式手枪　64式手枪　92式手枪　77式手枪　转轮手枪

图 5-9

79式轻型冲锋枪　85式狙击步枪

图 5-10

18.4毫米防暴枪

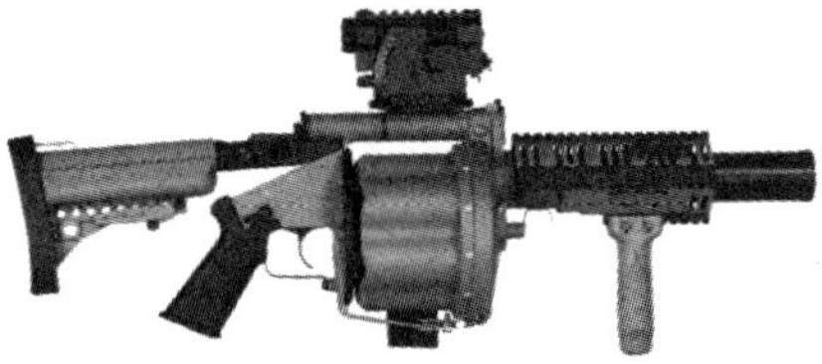

38毫米防暴枪

图 5-11

2. 警用武器的发展

我国警用武器的发展按其装备过程可分为以下五个阶段。

1）开始阶段

新中国成立初期，基本上是军队转公安的各式战争时期的军用武器。其特点如下。

（1）品种繁多。有德、美、俄等许多国家的多种牌号的手枪。如驳壳、毛瑟、花口、马牌等。

（2）等级复杂。枪支以旧品为主，不少使用期超长、陈旧。

（3）不成系列、难以规范管理。各种口径都有，其中大多数配弹我国没有生产。

2）初级换装阶段

从 20 世纪 50 年代后期到 70 年代，以国产手枪为主。51 式手枪、54 式手枪、59 式手枪及 20 世纪 70 年代为公安设计的“765 公安手枪”陆续装备。但因公安队伍基数不大，装备不多。

3）全面更换阶段

20 世纪 80 年代到 90 年代初，随着 64 式手枪于 1980 年定型和 77 式手枪于 1981 定型，以及公安队伍逐步扩大，形成以 64 式手枪为基本用枪，54 式手枪在威力上补充，77 式手枪在层次上补充的枪支装备结构。

4）结构调整阶段

20 世纪 90 年代开始，随着持枪严重暴力犯罪问题的突显，出现了以 79 式轻型冲锋枪、85 式狙击步枪、防暴枪与手枪并重发展的装备格局。

5）改进和提高阶段

进入 21 世纪以来，我国警用枪械的设计制造能力进一步提高，警用装备不断更新。2002 年，首届中国国际警用装备博览会展出国产 92 式 9 毫米手枪，标志着我国警用枪械的结构设计、生产工艺已达到国际先进水平。随后几届国际警用装备博览会上，新技术、新产品不断涌现，92 式手枪、9 毫米警用转轮手枪、拐弯枪等新式武器被相继列装，使我国警用枪械装备进入了全面改进和提高阶段。

3. 现代警用枪械的发展趋势

1）智能化

（1）智能手枪。国外出现了密码手枪、指纹手枪。这些手枪能分清敌我。它与警察身上的防弹服形成电子联网。只有警察本人使用才能击发，别人是无法运用的。不少警察是在搏斗中被歹徒缴械杀害的，智能手枪即使被歹徒抢去也不能使用。

（2）X 光枪。美国警方已经在一些警察巡逻车上装备 X 光枪。它可以在 27 米远的距离内看到人体衣服内或手提包中是否装有枪支、炸药、毒品等，准确无误。不用走近罪犯身边去动手搜查而避免被突袭。X 光枪仅有一只皮鞋大，只要悄悄对准目标就能准确地显像。

（3）逮捕枪。这种枪能发射出一阵阵迷雾，使罪犯昏倒在地，以便捉拿。而且它还不会置人于死地或伤害身体。

（4）电子枪。它发射出的特种电波，可以切断驾车逃跑歹徒的汽车内的电子线路，使汽车停止前进。

（5）豆袋枪。可发射装有小铅粒或小塑胶球的小袋，发射时速为 161 千米/小时，能击倒罪犯，令其迷失方向，又不会受内伤。装有小铅粒或小塑胶球的小袋在撞击人体时会变扁，这就分散了撞击力。

（6）电震枪。外形像普通手枪，但能高速发射两只鱼叉式飞标。飞标用电线连在电震枪上，当飞标触及目标衣服或身体时，会放出 5 万伏的电流，击倒目标。其射程为 5.5 米。电震枪的电流对人体无伤害。

2）软杀伤

（1）致盲武器：闪光致盲枪、激光致盲枪、化学激光枪。

（2）超声波与次声波发射器。

（3）化学制剂武器：超级腐蚀剂、超级润滑剂、阻燃剂（使发动机熄火）。

（4）眩晕弹、烟幕剂。

（5）T 波武器。塔斯国标公司新近推出“塔斯 M 系列”电动肌肉致伤武器-T 波武器。这种武器的作用功率为 18～26 瓦，作用范围超出中枢神经系统，并直接控制肌肉。它发送出一系列被称为 T 波的电信号，这种 T 波由脑传到身体，直接引起肌肉不可控制的收缩，并削弱人的精神注意力或疼痛忍耐力，使身体失能。其有效作用距离为 4.6～6.4 米，T 波可穿透叠加在一起的厚度为 5 厘米的衣服（包括皮衣）。

（6）激光致僵器。这是一种依靠“致僵射线”的武器，即利用紫外线激光武器发出的光束，在空气中发射出一条通道使电流导向目标，使被击中者周身肌肉神经抽搐、痉挛，直至僵硬而丧失活动能力。由于身体组织的保护，被击者的心脏等重要器官不会受到影响，不会危及生命。

二、明确警戒具与武器使用的法律依据

认真学习警戒具与武器使用的相关法律，熟悉各种警戒具与武器使用的法律条件和程序，是监狱人民警察正确使用警戒具与武器的前提。

（一）监狱人民警察使用警戒具与武器的相关法律法规

监狱人民警察使用警戒具与武器的法律法规适用依据较多，归纳后可分以下几个方面。

（1）《人民警察法》（全国人大常委会通过，1995 年 2 月发布；部分条款涉及）。

（2）《监狱法》（全国人大常委会通过，1994 年 12 月发布；部分条款涉及）。

（3）《枪支管理法》（全国人大常委会通过，1996 年 7 月发布；主要涉及对除中国人民解放军、中国人民武装警察部队和民兵装备的枪支以外的公务枪支、民用枪支的配备、配置管理及人员审核）。

（4）《人民警察使用警械和武器条例》（1996 年 1 月发布），实际上是《人民警察法》中关于使用警械与武器的配套法规。

（5）《刑法》中关于正当防卫、紧急避险等规定也符合监狱人民警察使用警戒具与武器实践的需要，也可作为法律依据的有效延伸。

（6）有关部门或系统对警戒具与武器使用的相关管理和使用规定，如《监狱关于对警戒具使用的具体规定》《××省司法行政系统公务用枪使用管理办法》《××省省属监狱枪支弹药管理规定》等。

（二）相关法律条款及部门规定的摘选与解读

1.《人民警察使用警械与武器条例》摘选与解读

《人民警察使用警械和武器条例》共分五章十七条，是目前人民警察依法正确使用警械与武器较完善的法律法规。现解读如下。

1）第一章　总则

本章共分 6 条，规定了人民警察使用警械与武器的目的、性质、原则、要求及警械与武器的定义。

> 第一条　为了保障人民警察依法履行职责，正确使用警械和武器，及时有效地制止违法犯罪行为，维护公共安全和社会秩序，保护公民的人身安全和合法财产，保护公共财产，根据《中华人民共和国人民警察法》和其他有关法律的规定，制定本条例。
>
> 第二条　人民警察制止违法犯罪行为，可以采取强制手段；根据需要，

可以依照本条例的规定使用警械；使用警械不能制止，或者不使用武器制止，可能发生严重危害后果的，可以依照本条例的规定使用武器。

第三条　本条例所称警械，是指人民警察按照规定装备的警棍、催泪弹、高压水枪、特种防暴枪、手铐、脚镣、警绳等警用器械；所称武器，是指人民警察按照规定装备的枪支、弹药等致命性警用武器。

第四条　人民警察使用警械和武器，应当以制止违法犯罪行为，尽量减少人员伤亡、财产损失为原则。

第五条　人民警察依法使用警械和武器的行为，受法律保护。

人民警察不得违反本条例的规定使用警械和武器。

第六条　人民警察使用警械和武器前，应当命令在场无关人员躲避；在场无关人员应当服从人民警察的命令，避免受到伤害或者其他损失。

2）第二章　警械的使用

本章共分 2 条，规定了人民警察使用驱逐性、制服性警械和约束性警械的使用条件。

第七条　人民警察遇有下列情形之一，经警告无效的，可以使用警棍、催泪弹、高压水枪、特种防暴枪等驱逐性、制服性警械：

（一）结伙斗殴、殴打他人、寻衅滋事、侮辱妇女或者进行其他流氓活动的；

（二）聚众扰乱车站、码头、民用航空站、运动场等公共场所秩序的；

（三）非法举行集会、游行、示威的；

（四）强行冲越人民警察为履行职责设置的警戒线的；

（五）以暴力方法抗拒或者阻碍人民警察依法履行职责的；

（六）袭击人民警察的；

（七）危害公共安全、社会秩序和公民人身安全的其他行为，需要当场制止的；

（八）法律、行政法规规定可以使用警械的其他情形。

人民警察依照前款规定使用警械，应当以制止违法犯罪行为为限度；当违法犯罪行为得到制止时，应当立即停止使用。

第八条　人民警察依法执行下列任务，遇有违法犯罪分子可能脱逃、行凶、自杀、自伤或者有其他危险行为的，可以使用手铐、脚镣、警绳等约束性警械：

（一）抓获违法犯罪分子或者犯罪重大嫌疑人的；

（二）执行逮捕、拘留、看押、押解、审讯、拘传、强制传唤的；

（三）法律、行政法规规定可以使用警械的其他情形。

人民警察依照前款规定使用警械，不得故意造成人身伤害。

3）第三章　武器的使用

本章共分 5 条，规定武器可以使用、不得使用、停止使用的条件以及使用后的处置。

第九条　人民警察判明有下列暴力犯罪行为的紧急情形之一，经警告无效的，可以使用武器：

（一）放火、决水、爆炸等严重危害公共安全的；

（二）劫持航空器、船舰、火车、机动车或者驾驶车、船等机动交通工具，故意危害公共安全的；

（三）抢夺、抢劫枪支弹药、爆炸、剧毒等危险物品，严重危害公共安全的；

（四）使用枪支、爆炸、剧毒等危险物品实施犯罪或者以使用枪支、爆炸、剧毒等危险物品相威胁实施犯罪的；

（五）破坏军事、通讯、交通、能源、防险等重要设施，足以对公共安全造成严重、紧迫危险的；

（六）实施凶杀、劫持人质等暴力行为，危及公民生命安全的；

（七）国家规定的警卫、守卫、警戒的对象和目标受到暴力袭击、破坏或者有受到暴力袭击、破坏的紧迫危险的；

（八）结伙抢劫或者持械抢劫公私财物的；

（九）聚众械斗、暴乱等严重破坏社会治安秩序，用其他方法不能制止的；

（十）以暴力方法抗拒或者阻碍人民警察依法履行职责或者暴力袭击人民警察，危及人民警察生命安全的；

（十一）在押人犯、罪犯聚众骚乱、暴乱、行凶或者脱逃的；

（十二）劫夺在押人犯、罪犯的；

（十三）实施放火、决水、爆炸、凶杀、抢劫或者其他严重暴力犯罪行为后拒捕、逃跑的；

（十四）犯罪分子携带枪支、爆炸、剧毒等危险物品拒捕、逃跑的；

（十五）法律、行政法规规定可以使用武器的其他情形。

人民警察依照前款规定使用武器，来不及警告或者警告后可能导致更为严重危害后果的，可以直接使用武器。

第十条　人民警察遇有下列情形之一的，不得使用武器：

（一）发现实施犯罪的人为怀孕妇女、儿童的，但是使用枪支、爆炸、剧毒等危险物品实施暴力犯罪的除外；

（二）犯罪分子处于群众聚集的场所或者存放大量易燃、易爆、剧毒、放射性等危险物品的场所的，但是不使用武器予以制止，将发生更为严重危害后果的除外。

第十一条　人民警察遇有下列情形之一的，应当立即停止使用武器：

（一）犯罪分子停止实施犯罪，服从人民警察命令的；

（二）犯罪分子失去继续实施犯罪能力的。

第十二条　人民警察使用武器造成犯罪分子或者无辜人员伤亡的，应当及时抢救受伤人员，保护现场，并立即向当地公安机关或者该人民警察所属机关报告。

当地公安机关或者该人民警察所属机关接到报告后，应当及时进行勘验、调查，并及时通知当地人民检察院。

当地公安机关或者该人民警察所属机关应当将犯罪分子或者无辜人员的伤亡情况，及时通知其家属或者其所在单位。

第十三条　人民警察使用武器的，应当将使用武器的情况如实向所属机关书面报告。

4）第四章　法律责任

本章共2条，规定了人民警察违法使用和依法使用警械与武器应承担的法律责任和赔偿。

第十四条　人民警察违法使用警械、武器，造成不应有的人员伤亡、财产损失，构成犯罪的，依法追究刑事责任；尚不构成犯罪的，依法给予行政处分；对受到伤亡或者财产损失的人员，由该人民警察所属机关依照《中华人民共和国国家赔偿法》的有关规定给予赔偿。

第十五条　人民警察依法使用警械、武器，造成无辜人员伤亡或者财产损失的，由该人民警察所属机关参照《中华人民共和国国家赔偿法》的有关规定给予补偿。

2.《枪支管理法》相关条款的摘选与解读

《枪支管理法》于1996年10月1日起施行，其中对枪支的配备、制造、管理作了明确的规定，有关条款摘选如下。

第三条　国家严格管制枪支。禁止任何单位或者个人违反法律规定持有、制造（包括变造、装配）、买卖、运输、出租、出售枪支。

国家严厉惩处违反枪支管理的违法犯罪行为。

第五条　公安机关、国家安全机关、监狱、劳动教养机关的人民警察，人民法院的司法警察，人民检察院的司法警察和担负案件侦查任务的检察人员，海关的缉私人员，在依法履行职责时确有必要使用枪支的，可以配备公务用枪。

国家重要的军工、金融、仓储、科研等单位的专职守护、押运人员在执行守护、押运任务时确有必要使用枪支的，可以配备公务用枪。

第七条　配备公务用枪，由国务院公安部门或者省级人民政府公安机关审批。

配备公务用枪时，由国务院公安部门或者省级人民政府公安机关发给公务用枪持枪证件。

第二十四条　使用枪支的人员，必须掌握枪支的性能，遵守使用枪支的有关规定，保证枪支的合法、安全使用。使用公务用枪的人员，必须经过专门培训。

第二十五条　配备、配置枪支的单位和个人必须遵守下列规定：

（一）携带枪支必须同时携带持枪证件，未携带持枪证件的，由公安机关扣留枪支；

（二）不得在禁止携带枪支的区域、场所携带枪支；

（三）枪支被盗、被抢或者丢失的，立即报告公安机关。

第四十三条　违反枪支管理规定，出租、出借公务用枪的，依照刑法有关规定处罚。

第四十六条　本法所称枪支，是指以火药或者压缩气体等为动力，利用管状器具发射金属弹丸或者其他物质，足以致人伤亡或者丧失知觉的各种枪支。

3.《监狱法》的条款摘选与解读

《监狱法》中有两条明确规定了监狱使用警戒具与武器的情形，摘选如下。

第四十五条　监狱遇有下列情形之一的，可以使用戒具：

（一）罪犯有脱逃行为的；

（二）罪犯有使用暴力行为的；

（三）罪犯正在押解途中的；

（四）罪犯有其他危险行为需要采取防范措施的。

前款所列情形消失后，应当停止使用戒具。

第四十六条　人民警察和人民武装警察部队的执勤人员遇有下列情形之一，非使用武器不能制止的，按照国家有关规定，可以使用武器：

（一）罪犯聚众骚乱、暴乱的；

（二）罪犯脱逃或者拒捕的；

（三）罪犯持有凶器或者其他危险物，正在行凶或者破坏，危及他人生命、财产安全的；

（四）劫夺罪犯的；

（五）罪犯抢夺武器的。

使用武器的人员，应当按照国家有关规定报告情况。

4.《监狱关于对警戒具使用的具体规定》的条款摘选与解读

《监狱关于对警戒具使用的具体规定》共分六条，是监狱为保障人民警察依法履行职责，正确使用警戒具，及时有效地制止罪犯违法犯罪活动，维护监管的稳定和安全，制定的具体规定。它制定的依据有《人民警察法》《监狱法》《人民警察使用警械和武器条例》。现摘选如下。

第一条　使用警戒具主要用于制止和防范具有现实危险行为的罪犯，不能作为单纯惩罚罪犯的手段。

第二条　本规定所称警戒具，是指警绳、手铐、脚镣、警棍等警用器械。

第三条　人民警察依法使用警戒行为，受法律保护；但不得违反规定使用警戒具。

第四条　遇有下列情形之一的，可以使用戒具：

（一）罪犯有脱逃行为的；

（二）罪犯有使用暴力行为的；

（三）罪犯正在押解途中的；

（四）罪犯有其他危险行为需要采取防范措施的。

第五条　使用警戒具的注意事项

（一）对罪犯使用警戒具，除被判处死刑等待执行的罪犯，可以同时使用手铐、脚镣外，一般只限于使用手铐或脚镣。严禁戴背铐。

（二）凡正在戴戒具的罪犯，不参加劳动，不允许会见；如有特殊情况，经批准会见的，应临时解除镣、铐。

（三）对老、弱、病、残犯禁止使用戒具。

（四）为押解需要而戴戒具的，到达目的地后应立即解除。

（五）罪犯加戴戒具后，有关单位必须及时对其进行教育，促使其认罪认错。当危险情形消失后，应当停止使用戒具。

第六条　使用警戒具的审批与时限

（一）对罪犯使用警戒具，必须由所在监区（分监区）填写《申请使用戒具审批表》（一式二份），并附证据材料，报狱政科审核，经监狱分管领导批准后执行。解除时，审批表退还一份给罪犯所在监区归入罪犯副档备查，一份由狱政科留存。

（二）对有明显逃跑迹象、行凶或有现行破坏活动的罪犯，在紧急情况时，可先加戴戒具，然后按上述程序补办审批手续。

（三）使用戒具的期限，一般为 7～15 天。在此期间，经教育或审查，仍不能消除危险或未能审查清楚问题的，应再办理批准延长手续，但最多延长 7 天（死刑待批执行的罪犯、专家审查对象除外）。

（四）脚镣由狱政科集中统一保管。各单位凭批准手续领取并使用；其他警戒具各监区落实专人集中管理。各级主管监管工作的领导，对使用警戒具的情况，应当经常检查，发现问题，及时解决。

（五）对罪犯使用警戒具，必须严肃认真，依法办事。对违反规定使用警戒具，造成不良后果者，要追究责任；情节严重，触犯刑律的，依法追究刑事责任。

（六）本规定与国家的法律、法规和上级的规定相抵触时，一律按国家的法律、法规和上级的规定执行。

（三）监狱人民警察使用警戒具与武器的相关表格

1. 使用戒具审批表

使用戒具审批表见表 5-1。

表 5-1　使用戒具审批表

单位：　　　　　　　　　　　　编号：

姓名		性别		出生日期	年　月　日		
罪名		刑种		刑期		健康状况	
申请依据							
申请期限	（签字） 年　月　日						
监区意见	（签字） 年　月　日						

续表

主管科室意见	（签字） 年　月　日
监狱意见	（签字） 年　月　日
罪犯戴戒具期间的表现	
解除戒具情况	对罪犯　　　已于　年　月　日解除戒具。 批准人：　　　（签字）　　　　执行人：　　　（签字） 年　月　日　　　　　　　　　年　月　日

2. 使用警械报告表

使用警械报告表见表 5-2。

表 5-2 使用警械报告表

使用单位：　　　　　　　　　　　　　　　　年　月　日

<table>
<tr><td rowspan="2">被使用人具体情况</td><td>姓名</td><td></td><td>性别</td><td></td><td>出生年月</td><td></td></tr>
<tr><td>案由</td><td></td><td>刑期</td><td></td><td>健康状况</td><td></td></tr>
<tr><td>使用警械理由和使用情况</td><td colspan="6">使用人签名：　　　　　　　　　　　　年　月　日</td></tr>
<tr><td>见证人签署意见</td><td colspan="6"></td></tr>
<tr><td>使用单位负责人签署意见</td><td colspan="6">使用人签名：　　　　　　　　　　　　年　月　日</td></tr>
<tr><td>备注</td><td colspan="6"></td></tr>
</table>

3. 使用武器审批表

使用武器审批表见表 5-3。

表 5-3 使用武器审批表

领用部门		持枪人姓名		持枪证号码	
领用理由					
拟领用枪弹型号及数量					
所在部门意见	签名： 年 月 日				
枪弹责任管理部门审核意见	签名： 年 月 日				
枪管领导审批意见	签名： 年 月 日				

续表

发放核对	经手人：（签名） 年　月　日　时　分	枪管员：（签名） 年　月　日　时　分
归还核对	经手人：（签名） 年　月　日　时　分	枪管员：（签名） 年　月　日　时　分
使用后所在部门意见	签名： 年　月　日	
使用后枪弹责任管理部门审核意见	签名： 年　月　日	
使用后枪管领导审核意见	签名： 年　月　日	
备注		

三、掌握警戒具与武器使用原则与要求

（一）使用原则

警戒具与武器是监狱人民警察在处理监狱突发事件和暴力事件中所使用的专用工具。由于其采用的是严厉的强制手段，在使用过程中必然造成人体的伤害，警戒具与武器使用不当会触犯法律，要承担相应的责任，因此，在实际使用过程中要遵循以下原则。

1. 依法使用原则

监狱人民警察使用警戒具和武器制止违法犯罪行为，必须在法律、法规授权的范围内；在法律、法规没有授权的情况下，不得使用警戒具和武器，更不得使用警戒具和武器从事非警务活动。

《人民警察使用警械和武器条例》第五条规定：人民警察不得违反本条例的规定使用警械和武器。同时，人民警察使用警械和武器应当以制止违法犯罪行为，尽量减少人员伤亡、财产损失为原则。监狱人民警察使用警戒具和武器的根本出发点是为了及时有效地制止罪犯的违法犯罪活动，而不是以伤害或者剥夺罪犯的生命健康为目的，因此，即使是依法使用警戒具和武器时，也要注意尽可能减少人员伤亡和对公私财产的损坏。另外，监狱应根据实际情形，严格按法律、法规配备和使用警戒具与武器，积极开展警戒具与武器使用的法制教育，建立依法使用警戒具与武器的理念和程序意识，规范使用行为，要杜绝滥用和盲用现象，更要防止刀枪入库的渎职行为。

2. 程序使用原则

监狱人民警察使用警戒具与武器制止违法犯罪行为，必须按规定的程序进行。规范的操作程序是监狱人民警察使用警戒具与武器的行动准则，也是评价监狱人民警察是否依法使用警戒具与武器的标准。

首先，判明情况。监狱人民警察使用警戒具，需判明情况。如对预估有逃跑迹象、行凶或有现行破坏活动的罪犯，根据情形，向上级有关部门请示，获得批准后方可使用警戒具。在紧急情况时，可先加戴戒具，事后必须马上报告，按程序补办审批手续。

其次，在使用前先警告。警告是指使用警戒具与武器之前，向违法罪犯事先告诫，促使其注意和警惕的一种行政强制措施。可以采用语言警告和其他形式，如警笛、警报器、警灯、电击火花、鸣枪等。

在使用警告语时要口气坚决，威慑有力，语言清晰，表述准确，内容简明，重点突出。

常用警告语有：“站住，不许动！举起手来。”“×××，放下凶器！”“别靠近，否则使用警棍。”“别跑，我要开枪了。”“蹲下，双手抱头。”“出来！你已经被包围了。”

再次，使用警戒具与武器时，一般先选择使用警戒具，在使用后不足以制止犯罪行为时依法使用武器；也可以根据罪犯违法行为的暴力程度，直接选择使用武器。攻击的部位选择从非要害部位到要害部位。

最后，使用警戒具与武器后，要保护现场，抢救伤员，包括无关人员和犯罪分子，要向相关部门报告，以便及时勘查、取证。造成人员伤亡的，应及时通知其家属或单位。使用后特别是未经请示在紧急情况下使用警戒具与武器的，应向上级书面报告情况，接受程序调查。

3. 比例使用原则

比例使用原则也称禁止过度使用原则，指监狱人民警察使用警戒具与武器时要准确判断，体现妥当性、必要性、法益相称性。如果有同等措施可采用，应当选择对犯罪行为人权益侵害最小的措施，如警棍使用击打，一般选择使用击打罪犯手臂和大小腿肌肉群，而不击打头部、颈部、内脏等要害部位。例如，罪犯用拳头袭击监狱警察，警察可用警棍格挡和击打其手臂部位，再根据其暴力程度选择击打要害部位。

4. 安全使用原则

监狱人民警察使用警戒具与武器是为了维护监管安全和秩序，保障自身安全，保证国家刑罚的顺利实施。因此，安全使用警戒具与武器尤为重要。

首先，要树立安全意识，做到警钟长鸣，对配备的警戒具与武器要进行日常的检查、维护与保养，平时训练和使用要养成良好的使用习惯。

其次，在执法过程中更要注意安全防范，现场的警戒意识、距离、掩体都是处置事件过程中重要的安全要素。

最后，要有密切配合意识，在监管的执法现场，要分工明确，职责到位，要体现团队力量，保护自己和队友的安全。

（二）使用要求

正确使用警戒具与武器既是监狱人民警察的职业需要，也是国家强制力依法实施的重要保证，在具体的使用过程中，要求掌握相应的知识、技能及其获得的方法。

1. 要有专业的法律知识

专业的法律知识是监狱人民警察准确使用警戒具与武器的基础。要熟记警戒具与武器使用的法律依据和条件，在实践中不盲用、不错用，在遇到暴力事件和突发事件的执法现场能依据法律相关条款准确使用警戒具与武器，利用法律条款解释使用程序和书写使用报告。

2. 要有职业的使用常识

职业的使用常识是监狱人民警察准确使用警戒具与武器的保证。警戒具与武器是监狱人民警察职业工作中的使用工具，不但要掌握其使用的条件，更要熟悉其使用的性能、规格、种类、维护、保养等使用常识。

3. 要有熟练的基本技术和应用技能

熟练的基本技术和应用技能是监狱人民警察准确使用警戒具与武器的关键。使用技能的好坏将直接影响到事件处置的结果，熟练的技能、过硬的本领不但能体现监狱人民警察的威严，震慑犯罪分子，使其不敢轻举妄动，更能保证监管秩序和监管安全。

4. 要接受有效的教学与训练

教学与训练是监狱人民警察获得警戒具与武器使用知识与技能的根本途径。基层监狱人民警察缺什么、学什么、练什么、怎么练、怎么用等实际问题的解决，需要通过各种教学与训练的方法（见图 5-12）来实现。教学与训练质量的好坏，直接影响到基层人民警察技能应用的能力与素质。

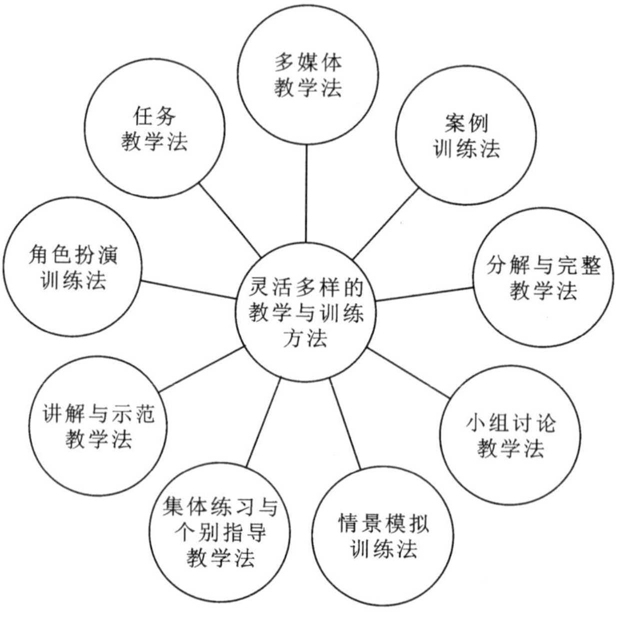

图 5-12

第二节　警棍使用

警棍是监狱人民警察处置突发事件和暴力事件中常用的警戒具，它具有使用方便、威慑力大、效果好等特点。监狱人民警察配备的警棍大体分为两大类：一类是电击型警棍；另一类是普通警棍（橡胶警棍、伸缩警棍、T 型警棍）。正确使用警棍必须明确警棍使用的条件，熟悉警棍使用的常识，掌握警棍使用的基本技术和应用技能。

一、警棍使用常识

（一）警棍的类型与结构

1. 电击型警棍的类型与结构

1）723 型、724 型、725 型电击警棍

内层为铝合金管，管内前部装有电能转换设备；后部为放电源处。外层是全橡胶套管。手柄部设有防水开关，手柄后部有一个金属卡子，可以挂于腰带上，顶部有两个金属触点（见图 5-13）。电源采用 0.55 型镍镉圆柱形密封碱性电池，可以连续使用 40 分钟。若用普通 2 号电池代用则效果欠佳。

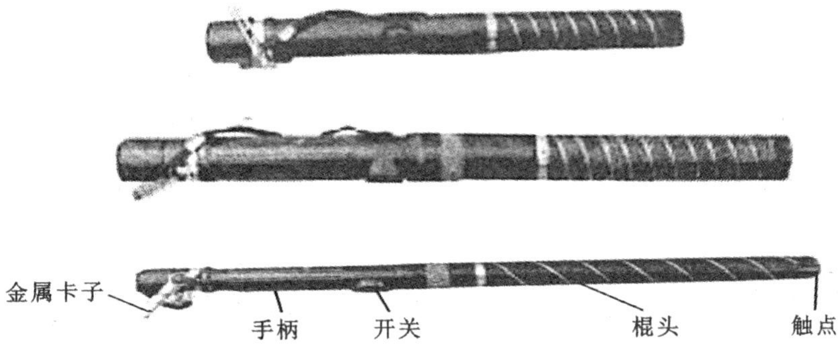

图 5-13

2）JD58B 型电击警棍

JD58B 型电击警棍由高压源（又称“高压发生器”）、电池（镍镉或镍氢电池）、电极头组成。其外形结构可分为手柄、开关、触头、灯头等（见图 5-14）；电源电压 DC4.8 伏。功能：电击、照明。

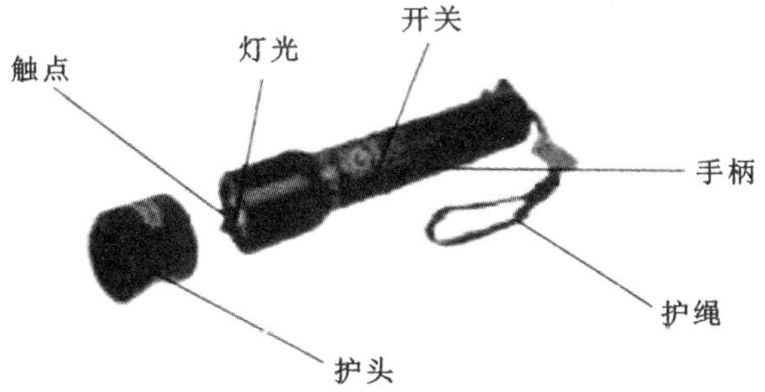

图 5-14

3）JD301 型电击警棍

外层采用新型工程塑料，主要由三部分构成：高压源、电池（镍镉或镍氢电

池）、电极头。由于外形结构不同，又分为手柄、灯头、触头、开关等（见图 5-15）；电源电压 DC7.2 伏，连续照明时间 10 小时，输出直流脉冲电压 80 千伏。

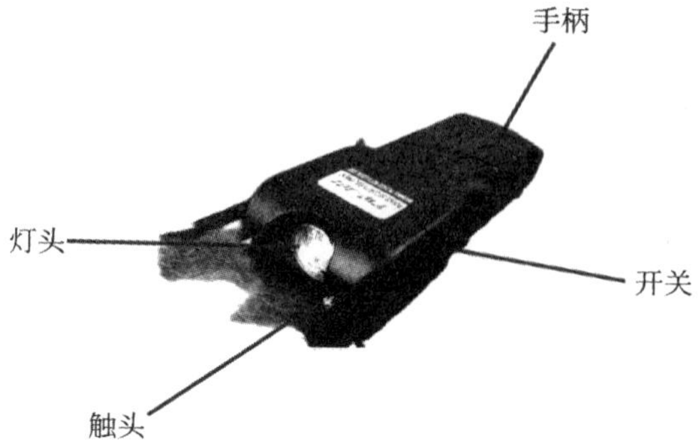

图 5-15

2. 普通警棍的类型与结构

1）橡胶警棍

橡胶警棍长 56.25 厘米，由橡胶和钢芯组成，橡胶击打端成锯齿状（见图 5-16），通常存放在监所内的值班室内，用于在监区巡逻处置突发事件。

图 5-16

2）伸缩警棍

伸缩警棍采用优质不锈钢圆管制成，由球头、前管、中管、握柄（尾管）、尾盖等部分组成（见图 5-17）。伸缩警棍甩出后前管、中管向前滑动形成自锁，回收时只要将警棍垂直下磕于硬质地面或物体即可。伸缩警棍使用长度 56 厘米，收缩长度 23 厘米，外围直径 2.5 厘米，重量约 10 盎司。伸缩警棍使用寿命较长，能重复伸缩循环次数达 10000 次以上，抗击打次数超过 1000 次。它是警察的单警装备。

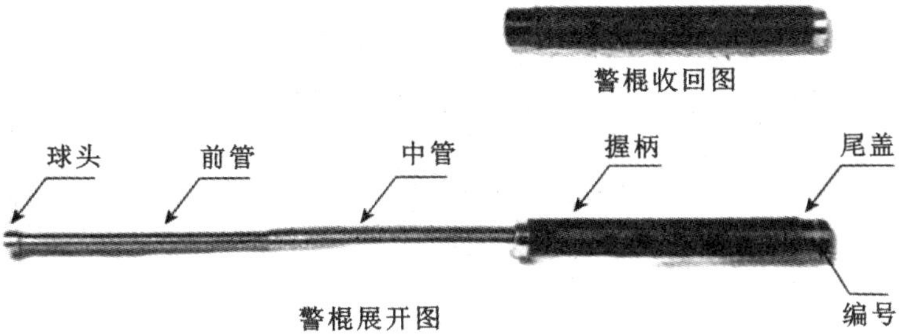

图 5-17

3）T 型警棍

T 型警棍（见图 5-18）由于其形状像 T 字，故命名为 T 型警棍。T 型警棍材质采用高强高韧的合金塑料注塑而成，长度一般为 60 厘米左右，重量约为 0.65 千克，直径为 3.2 厘米。是警察处置大型骚乱、暴乱活动的常用警械。

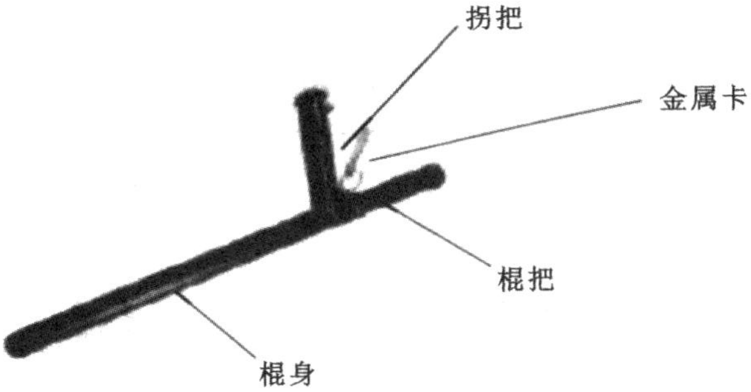

图 5-18

（二）警棍的佩戴

1. 电警棍的佩戴

将电警棍置于警棍袋内，前端向下置于腰带的强手侧配枪后面（见图 5-19）。

图 5-19

2. 普通警棍的佩戴

（1）将伸缩警棍以收缩形态置于单警腰带的警棍袋内，前端向下置于腰带的弱手侧（见图 5-20），或尖端向下置于腰带的强手侧配枪后面（见图 5-21）。

（2）将橡胶警棍或 T 型警棍的扣环扣在强手侧的腰带上（见图 5-22）。

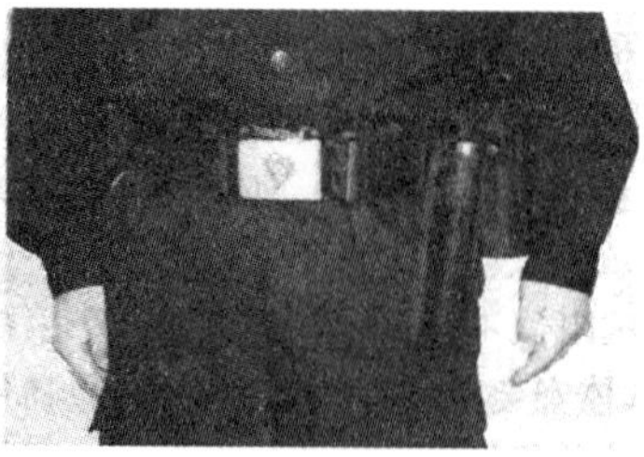

图 5-20

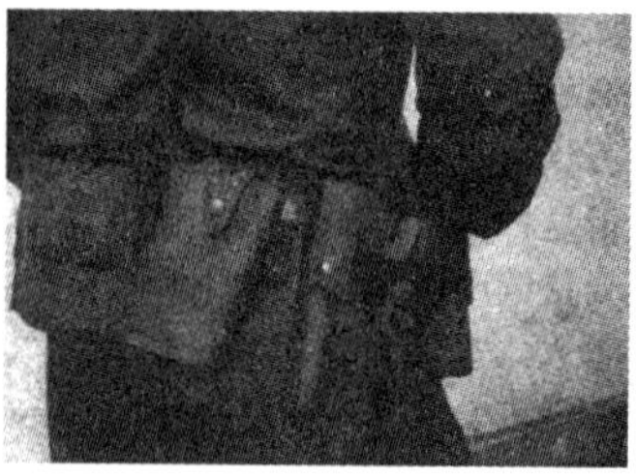

图 5-21

图 5-22

（三）警棍使用的条件

监狱人民警察在遇有下列情形之一，经警告无效时，可以使用警棍：

（1）罪犯结伙斗殴、殴打他人、寻衅滋事、哄监闹狱，行凶暴动的；

（2）罪犯强行冲越监狱人民警察为履行职责设置的警戒线的；

（3）以暴力方法抗拒或阻碍监狱人民警察依法履行职责的；

（4）袭击监狱人民警察的。

警棍按规定配发，使用时应当以制止违法犯罪行为为限度，当违法犯罪行为得到制止时，应当立即停止使用。一般对患有心脏病、高血压犯人禁止使用电警棍，但严重和暴力犯罪行为的情况例外，如符合开枪射击条件的犯罪行为。

（四）警棍使用的工作原理

1. 电击型警棍的电击原理

电击型警棍的电击原理是根据脉冲电压和时间继电器工作原理来产生电击效应的。将低压直流电经晶体管或模块电路形成高频振荡，经变压器升压，再经高压整流堆整流，由高压电容蓄能后形成高压击穿放电。电压最高可达几十万伏甚至几百万伏。当带电触点接触人体皮肤时，脉冲电压由低压转为瞬间高压，将人击倒，但这种高压低流的工作原理一般对人不会造成任何伤害。如长时间触及人体就不会持续产生高压，致使电流在瞬间消失或经人体传入地下。从人体消失的原因有：① 人体本身就存在着抗电阻（人与人之间抗阻值不等）；② 脉冲电压产生低压时，人体不会产生任何痛苦感觉（36 伏为人体安全电压系数），时间继电器使脉冲幅度调制不能产生信号，从而也就不能产生持续高压。所以，电警棍一经触及人体皮肤时应立即收回，不可较长时间接触皮肤，否则将会影响其威力。如果需要连续电击时，可在人体皮肤上来回接触或用金属螺旋线在皮肤上进行摩擦。总之，似触非触时的电击效果最佳。

2. 普通警棍的击打原理

普通警棍的击打原理是利用击打力的传递破坏人体神经、肌肉和骨骼的组织结构，造成人体某些功能的损失与伤害。因此，在击打目标时，为了确保能量转移效果，击到目标后不立即收回警棍，而应该让警棍稍作“逗留”。

（五）警棍的维护与保管

1. 电击型警棍的维护与保管

（1）充电。当电击的频率明显变慢、声音变得低沉的时候，说明电力不足，此时使用产品专配充电器材充电即可。充电过程中绝对不能使用，充电时一定要把电源开关和保险关上，否则有可能会损坏电击器。充电时间6～8个小时足够，不能充太久。充电结束后的3～5分钟内瞬间电流比较大，尽量不要使用照明，以免损坏灯泡。

（2）不要随意拨带电部位的螺旋线和卡环，以免造成接触不良或短路，损坏内部机件。

（3）手柄胶套避免转动，以防使用中开关失灵。

（4）对电池要按生产单位有关技术条件和使用说明进行检查、保管、维修和使用。长期不用时，应从棍体内取出，单独存放，以防电池液溢出损坏机件。

（5）电击警棍应由专人保管，平常不使用时，存放在指定位置，防潮防盗，经常检查。

2. 普通警棍的维护与保管（以伸缩性警棍为例）

（1）保持警棍的清洁，用后要擦拭、上油。

（2）不定期检查警棍的伸缩效果，发现问题及时更换。

（3）警棍应由专人保管，平常不使用时，存放在指定位置，经常检查，防止失窃。

二、警棍使用基本技术

电击型警棍和普通警棍都是监狱人民警察配备的警戒具，基本使用技术有握、劈、戳、点、撩、挡、格等。根据目前单警装备的常用类型，在这里主要介绍伸缩警棍使用的基本技术。

（一）警棍基本握持法

伸缩警棍的正确握持方法是以拇指、中指、无名指作为三个主要的握棍手指，握住警棍握柄的上2/3处，其他手指作为辅助，使警棍均衡地置于掌内。击打时，手掌必须紧握警棍，切勿放松，手腕挺直。合理的持棍动作能使干警在面临各种不同情况时做出快速反应，做好攻防动作的准备姿势。警棍的基本握持方法分为隐蔽式持棍、警戒式持棍、格斗式持棍。

1. 隐蔽式持棍

隐蔽式持棍有两种姿势：腹前隐蔽式持棍和腰后隐蔽式持棍。

1）腹前隐蔽式持棍

动作要领：两脚开立，与肩同宽，重心落于两脚间，左手握球头端，右手握棍柄，将警棍置于腹前。本方法通常用于固定位的警卫执勤中。

相关动作见图 5-23。

2）腰后隐蔽式持棍

动作要领：两脚开立，与肩同宽，脚尖向前，右手握住棍柄，左手握住棍前端横置于身后。本方法常用于固定位的警卫执勤中。

相关动作见图 5-24、图 5-25。

图 5-23

图 5-24

图 5-25

2. 警戒式持棍

动作要领：右脚后退一步，侧面前后开立。右手持棍自然下垂，靠近右腿外侧后方。左手前抬齐腰高，自然曲肘立腕开掌。本方法常用于警告和防守警戒状态。

相关动作见图 5-26、图 5-27。

图 5-26

图 5-27

3. 格斗式持棍

动作要领：右脚后退一步，成侧身前后开立，膝微屈，右手持棍前举齐腰，棍头斜向前上方齐头高。也可将伸缩警棍置于肩外或肩上，手柄端指向对方下巴（此种姿势令对方不容易预测警棍动向）。本方法常用于与对方（持械）格斗的对峙养成和攻击准备状态。

相关动作见图 5-28 至图 5-31。

图 5-28

图 5-29

图 5-30

图 5-31

（二）开棍与收棍

1. 开棍

开棍是指警棍从收缩状态向外甩棍至持棍状态的过程，开棍根据甩棍线路和使用状态可分为上开棍法、下开棍法、战术性开棍法。

1）上开棍法

动作要领：握棍手的肘关节向上，然后挥动前臂斜向外侧发力，借助离心力向上展开警棍，置于右胸前。开棍时要留意头上方的物体，避免发生意外。

相关动作见图 5-32。

2）下开棍法

动作要领：握棍手的肘关节斜向下，挥动前臂斜向外侧发力，借助离心力向下展开警棍。开棍时要小心身体周围的其他任何物体，避免发生意外。下开棍时应避免用力过猛，否则会增加收棍的难度。用力的大小以警棍能自锁为度。

相关动作见图 5-33、图 5-34。

图 5-32

图 5-33

图 5-34

3）战术性开棍法

动作要领：在紧急情况下，可将警棍向危险方向（对方面部或膝部方向）挥动，顺势展开警棍。

相关动作见图 5-35、图 5-36。

图 5-35

图 5-36

2. 收棍

收棍是指警棍从伸展状态到收缩状态的过程，其具体操作方法为：手持握柄，球头向下，垂直撞向硬物一次松开第一个伸缩锁，随即撞第二次将第二个伸缩锁撞开，便可成功收缩警棍，放置于棍袋。警棍收回后的长度约为 20 厘米。

相关动作见图 5-37、图 5-38。

图 5-37

图 5-38

（三）警棍击打部位

警棍使用的目的是制止罪犯的违法犯罪行为，在使用的过程中可根据暴力犯罪行为的性质击打其要害和非要害部位。

1. 击打非要害部位

非要害部位主要是指人体四肢的肌肉群中活动机能神经中心，击打后可令对方产生持续 30 秒至数分钟的活动机能失效，便于控制对方。

（1）击打大腿外侧、内侧及小腿后侧。

相关动作见图 5-39 至图 5-41。

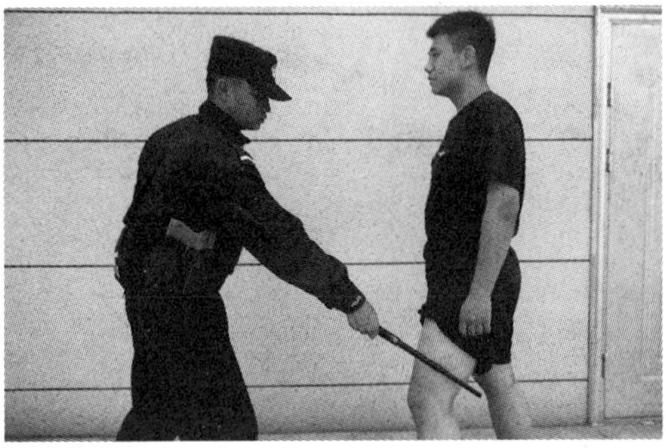

图 5-39

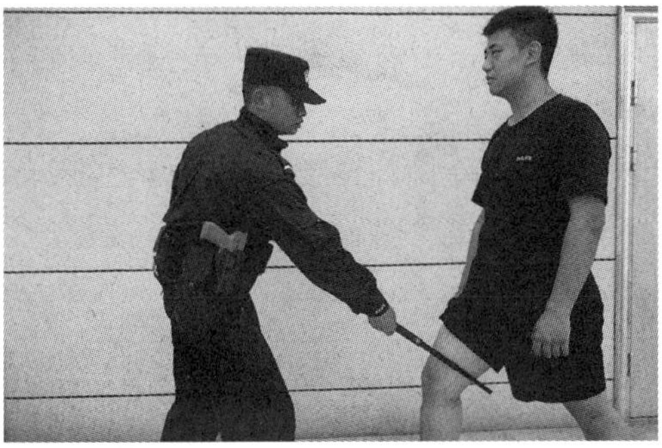

图 5-40

图 5-41

（2）击打小臂外侧、内侧。

相关动作见图 5-42、图 5-43。

图 5-42

图 5-43

2. 击打致命要害部位

击打对方的头部、颈部等要害部位被列为致命武力，只有当警察本身或其他人员的性命受威胁时方可使用。

（四）警棍攻击技术

1. 上位正劈棍

动作要领：由格斗式起，警察右手持棍向右后上方举起，左脚前进一步，同时右臂稍外旋，由右后上方向左前方斜劈，力达棍端。根据暴力情形，击打罪犯上臂、头部或颈肩部。

要求：蹬腿、拧腰、挥臂发力协调。

相关动作见图 5-44 至图 5-46。

图 5-44

图 5-45

图 5-46

2. 下位正劈棍

动作要领：由格斗式起，警察右手持棍向右后上方举起，左脚前进一步，身体重心下沉，同时右臂稍外张，由右后上方向左前下方斜劈，力达棍端，击打罪犯膝部或小腿前外侧部。

要求：腰臂发力顺达，上步劈击快速。

相关动作见图 5-47、图 5-48。

图 5-47

图 5-48

3. 上位反抽棍

动作要领：由格斗式起，警察右脚向前跨一大步，右手持棍向左上方举起，向右前方斜抽，力达棍端，根据情形，击打罪犯右手臂、右肩颈部、头部。

要求：以腰带臂，发力协调。

相关动作见图 5-49 至图 5-51。

图 5-49

图 5-50

图 5-51

4. 下位反抽棍

动作要领：由格斗式起，警察右脚向前跨一大步，右手持棍向左上方举起，同时中心迅速下沉，向前下方斜抽，力达棍端，击打罪犯膝部或小腿前内侧部。

要求：以腰带臂，发力快，击点准。

相关动作见图 5-52、图 5-53。

图 5-52

图 5-53

5. 戳棍

动作要领：由格斗式起，警察右手持棍稍向后拉，左脚向前进半步，同时将棍由后向前直捅，力达棍头，捅刺罪犯胸、腹部。根据情形，决定是否开棍及击打的部位。

要求：戳击的路线略带弧线，避免过直，击中后收棍。

相关动作见图 5-54、图 5-55。

图 5-54

图 5-55

（五）警棍防守技术

1. 左防上

动作要领：当罪犯持器械采用上位攻击警察右上方时，警察右手持棍，臂外旋向左侧上方抬起过肩，棍头斜指向右上方，以棍中端挡架罪犯的上位正劈棍。

要求：上体不后仰，重心及时跟上。

相关动作见图 5-56、图 5-57。

图 5-56

图 5-57

2. 左防下

动作要领：当罪犯持器械采用下位攻击警察右上方时，警察右手持棍，臂外旋向左侧下方拉压低过腰，棍头向下，以棍中端拦截罪犯的下位正劈棍。

要求：下劈快速，动作协调，用棍前端和中端部位格挡，力点准。

相关动作见图 5-58。

图 5-58

3. 右防上

动作要领：当罪犯持器械采用上位反抽攻击警察左上方时，警察右手持棍，臂内旋向右侧上方抬举过肩，棍头斜指向左上方，以棍中端挡架罪犯的上位反抽棍。

要求：动作协调，抓住时机，力点准。

相关动作见图 5-59、图 5-60。

图 5-59

图 5-60

4. 右防下

动作要领：当罪犯持器械采用下位反抽攻击警察左下方时，警察右手持棍，臂内旋向右侧下方拉压过腰，棍头向下，以棍中端拦截罪犯的下位反抽棍，同时右脚后撤一步，及时闪避并准备反击。

要求：撤步抽棍动作协调，发力快，力点准。

相关动作见图 5-61、图 5-62。

图 5-61

图 5-62

5. 防中

动作要领：当罪犯持器械采用中位攻击警察胸腹部位时，警察右手持棍，向左或右侧平移，棍垂直，棍头向上，以棍中端格挡开罪犯的直线攻击。

要求：重心及时跟上，选择时机及时，力点准。

相关动作见图 5-63、图 5-64。

图 5-63

图 5-64

（六）警棍防守反击技术

1. 防上打下

动作要领：当罪犯持器械攻击警察上方时，警察用左防上挡架住罪犯的上位正劈棍后，身体重心迅速下沉，用下位反抽棍反击罪犯下肢部位。

要求：动作协调，速度快，力点准。

相关动作见图 5-65、图 5-66。

图 5-65

图 5-66

2. 防下打上

动作要领：当罪犯持器械攻击警察下方时，警察用右防下拦截住罪犯的下位反抽棍后，左脚迅速向前跨步，用上位正劈棍反击罪犯上肢部位。

要求：动作协调，速度快，力点准。

相关动作见图 5-67 至图 5-69。

图 5-67

图 5-68

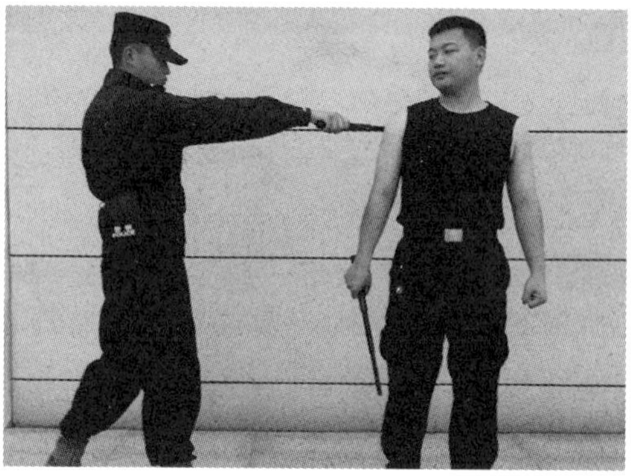

图 5-69

（七）防抢夺技术

动作要领：当罪犯双手进行警棍抢夺时，警察即用左手握住棍头，向左后方牵拉至腰部，迫使罪犯身体重心前移，然后迅速用左手向右前方翻棍推压，迫使罪犯因被反关节而松手。

要求：左右翻棍动作协调，压腕力点准。

相关动作见图 5-70 至图 5-72。

图 5-70

图 5-71

图 5-72

（八）警棍控制技术

1. 警棍后控技术

动作要领：在罪犯已失去反抗能力的前提下，警察左手掌心向上，翻拧罪犯右掌腕部，右手持棍穿入其臂下，棍前端压在其肩背部，用棍中后端撬别住其肘臂部，迫使其俯身低头。

要求：穿棍速度快，肘关节别紧。

相关动作见图 5-73、图 5-74。

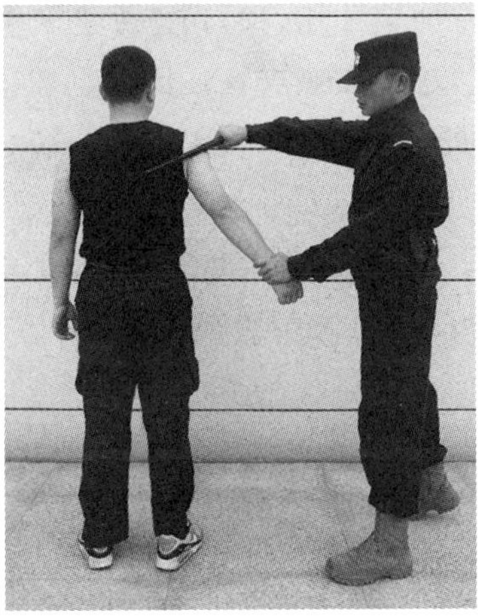

图 5-73

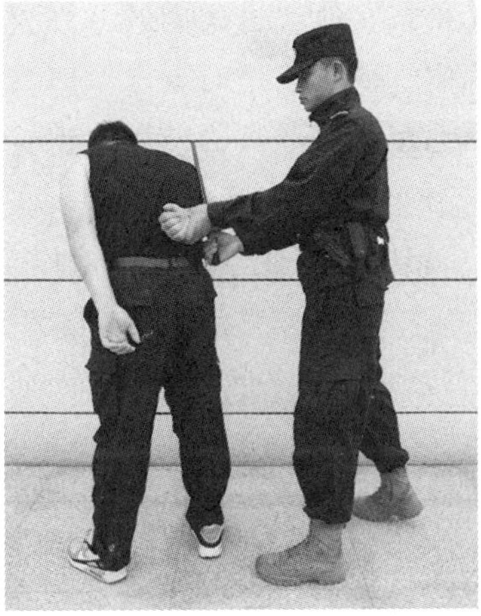

图 5-74

2. 警棍前控技术

动作要领：在罪犯已失去反抗能力的前提下，警察左手抓握罪犯掌腕部，右手持棍由其腋下穿入至臂腕外侧部，撬别住其肘臂部，迫使其仰身失重。

要求：别压动作协调，速度快。

相关动作见图 5-75、图 5-76。

图 5-75

图 5-76

第三节 戒具使用

戒具是监狱人民警察用来对有危险行为的罪犯的人身所使用的防御性器具，是监狱人民警察在执法过程中的常用警械，它具有约束作用，常用于罪犯的押解、抓捕等过程中。戒具使用时要求及时准确、快速熟练、安全合法。因此，监狱人民警察必须熟悉和掌握戒具的使用常识、基本技能、应用技能。

一、戒具使用基本常识

（一）戒具的种类

在监狱工作中，戒具主要是指手铐和脚镣。戒具的种类较多，型号也不统一，但戒具的性能、特点大致相同。常见的手铐有管铐、板铐及拇指铐等；脚镣有重镣、轻镣、普通脚镣、死囚脚镣等；戒具还有多用铐、多功能链铐、手脚连镣等。监狱常用的手铐是管铐。

（二）戒具的结构

1. 手铐的结构

手铐由锁体、锁梁、铐环、钥匙孔和连接链等构成（见图 5-77）。

图 5-77

2. 脚镣的结构

脚镣通常由镣环和镣链构成（见图 5-78），镣环上配有锁具或者铆钉孔。

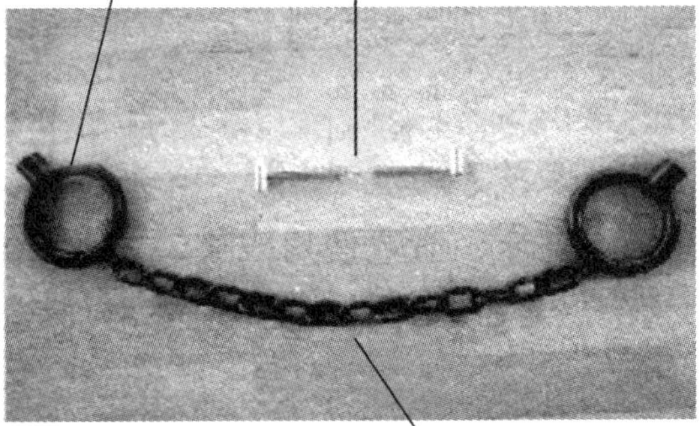

图 5-78

（三）戒具的佩戴管理

1. 手铐的佩戴

监狱人民警察着装时，将手铐铐环推入锁梁内至最后一格，使手铐体积处于最小状态，打开保险，装在铐盒内，佩戴在身体右后侧的多功能警用腰带上；着便衣时，可将手铐佩戴、插挂在上衣内侧右后腰带上，也可根据需要将手铐直接放入衣袋内携带（见图 5-79）。

图 5-79

2. 脚镣的管理

脚镣由监狱狱政科集中统一保管，使用时需相关的审批领用手续。

（四）戒具使用的条件

监狱遇有下列情形之一的，可以使用戒具：

（1）罪犯有脱逃行为的；

（2）罪犯有使用暴力行为的；

（3）罪犯正在押解途中的；

（4）罪犯有其他危险行为需要采取防范措施的。

上述情形消失后，应当停止使用戒具。

另外，判处死刑等待执行的罪犯，戴手铐还不足以解除其危险时，加戴脚镣；老弱病残孕犯，一般禁止使用戒具。使用戒具必须经监狱分管领导批准，时间一般为 7～15 天，当危险解除后，应该及时解除戒具。对罪犯禁闭加戴戒具，还需要填写《申请使用戒具、关押禁闭审批表》经过逐级批准后，才能使用。

值得探讨的是，监狱关于手铐使用的有关规定注意事项中有一条：严禁背铐。一般适用于监内罪犯无暴力情形和自觉配合执法情形。对有暴力或暴力倾向的罪犯的上铐不适合该规定。

（五）戒具使用的注意事项

（1）对罪犯使用戒具必须严格遵守《监狱法》及监狱的相关规定。

（2）上铐时，先控制，后上铐，对有脱逃、袭警等有暴力或暴力倾向的罪犯上铐应该以背铐为主。

（3）铐环以接触皮肤为限，不能过紧，防止手臂因血液循环受阻而造成局部组织、关节坏死。上铐后，应关上保险。

（4）一般不采用多人铐法，如确实需要，上铐时应加强警力，上铐必须达到互相牵制的效果。

（5）上铐后，在带离过程中，随时检查上铐罪犯反应及手铐的安全使用情况。

（六）戒具的检查与保养

（1）使用前，应检查手铐的定位保险装置是否开启，如果没开，须用钥匙把保险开启后再使用。

（2）开启时，将手铐钥匙插孔内的定位插孔器调至正确角度，将钥匙插入，顺时针旋转到位，铐环即可自由滑动。如发觉铐环仍然固定，应检查钥匙是否能正确、完全插入孔内，可将钥匙左右调整或配合插孔器，直至将铐环开启。切不可用力过猛，将钥匙扭断。检查后，证明手铐处于正常状态，便可将铐环合拢，以便携带和使用，否则应立即上报更换。

（3）手铐锁上后，如需定位锁死，可将钥匙插入钥匙孔内，逆时针旋转到位后拔出。铐环即将锁死，不能前后移动，以起到定位和保险作用。

（4）手铐的保养。平时手铐不用时，不要经常空锁，以防锁件磨损，缩短使用寿命。暂时不用时，可涂油保存，注意防潮、防锈。

二、戒具使用基本技术

戒具使用基本技术主要是指手铐使用技术、脚镣使用方法、手铐连脚镣的使用方法及其相应的带离方法。一般来说监狱人民警察使用戒具主要以手铐为主，手铐和脚镣不同时使用，如需同时使用须经相关部门批准同意。

（一）手铐基本握法

右手持握手铐锁体（筒铐），拇指和食指握住上锁梁，小指和手掌握住下锁梁，铐链包在手掌中，两铐环齿轮放到最后一格，上环朝前，下环朝内，互相垂直。

相关动作见图 5-80。

图 5-80

（二）手铐使用基本方法

1. 开口上铐

（1）警察位于罪犯体侧，两脚前后侧身自然站立，右手持手铐置于体侧前，目视罪犯。

（2）警察将手铐的活动环打开，令罪犯把右手伸出，将手铐的固定环套在其手腕部。

（3）警察左手将活动环绕在罪犯手腕而关闭，将其铐住。

相关动作见图 5-81。

2. 压腕上铐

（1）警察位于罪犯体侧，两脚前后侧身自然站立，右手持手铐置于体侧前，目视罪犯。

（2）警察左手抓住罪犯右手腕部，将手铐的活动环抵于其腕部，警察右手稍用力下压，活动环旋转一周将其腕部铐住，右手拇指和食指分别扣住活动环和固定环，将手铐扣紧。

相关动作见图 5-82。

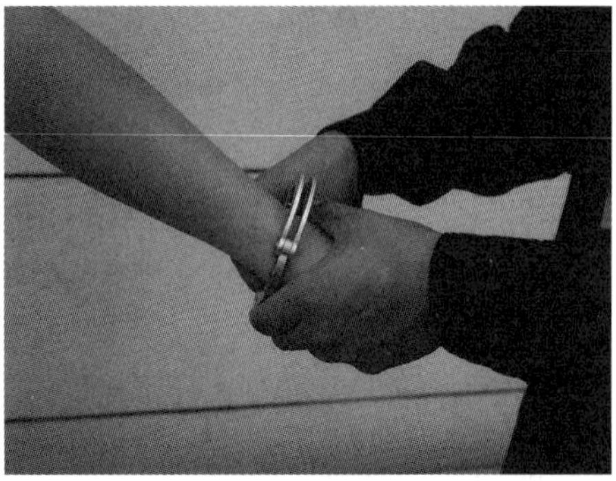

图 5-81

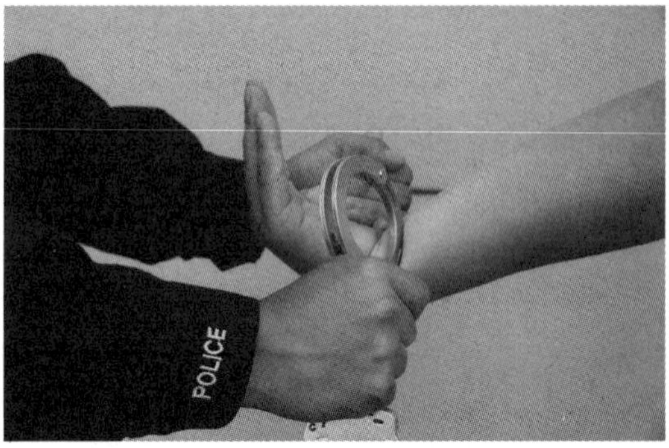

图 5-82

3. 挑腕上铐

（1）警察位于罪犯体侧，两脚前后侧身自然站立，右手持手铐置于体侧前，目视罪犯。

（2）警察右手持铐，左手抓住罪犯右手腕部上提，右手反握手铐，将手铐活动环由下往上，抵于其右腕部。

（3）警察右手用力上挑，手铐活动环随之绕臂而行，将腕臂铐住，右手小指顺势扣紧活动环。

相关动作见图 5-83。

4. 前铐

令罪犯两臂前伸，手心相对张开，两脚开立。警察由其右侧接近，用脚抵其右脚，必要时，可令其两手背相对。上铐时要先抓住其右手压铐，然后抓住其左手挑铐。

要求：警力优势，铐前控制。一般用于无暴力倾向罪犯的押解，如职务犯、贪污犯等。

相关动作见图 5-84。

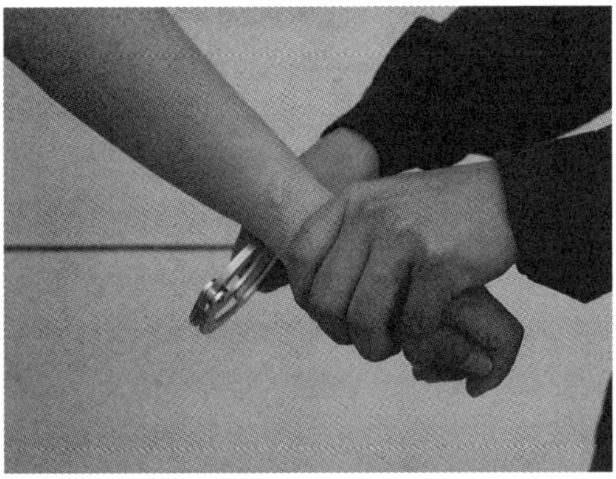

图 5-83

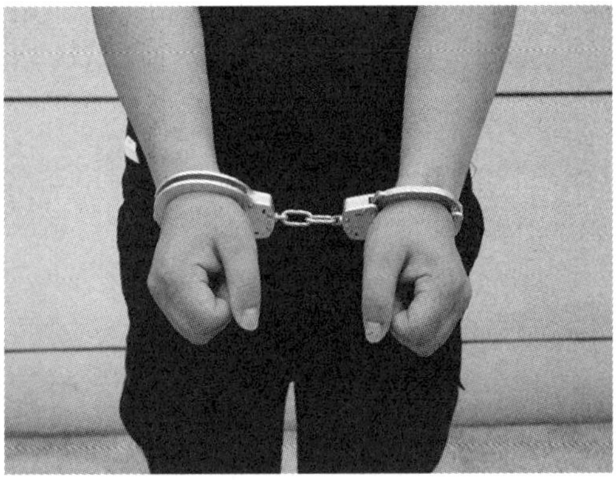

图 5-84

5. 背铐

令罪犯两臂后伸，两手背相对，两脚开立。警察由侧面接近，用脚抵其脚，上铐时要先抓住其手，然后迅速上铐。

要求：警力优势，铐前控制。一般用于有暴力或暴力倾向的罪犯，如暴力袭警犯、脱逃犯等。

相关动作见图 5-85。

图 5-85

（三）手铐使用特殊铐法

在抓捕和集中押解罪犯过程中，有时会出现暂时看押警力不足或者手铐不够，可根据情况暂时使用下面的特殊铐法，使用时，要注意安全，先控制罪犯，防止罪犯脱逃、袭警和自杀。一旦警力补充到位应及时调整，保证一人一铐和集中警力优势上铐。特殊铐法一般情况下不使用。

1. 连物铐

令罪犯伸出一手，警察位于其体侧，铐住其手腕，另一铐环可铐在车、船座位腿上或扶手杆上。

相关动作见图 5-86。

2. 前抱物铐

令罪犯前面贴近某固定物体，警察位于其体侧，铐住其一手腕部，然后令其搂抱住某固定物体，再用另一铐环将另一手腕部铐住。

相关动作见图 5-87。

图 5-86

图 5-87

3. 后抱物铐

令罪犯后背贴近某固定物体，两脚开立，警察位于其体侧，铐住其一手腕部，然后将其双臂拧到背后，使其反手搂抱住某固定物体，再用另一铐环将另一手腕部铐住。

相关动作见图 5-88。

4. 手铐一铐两人

（1）令两罪犯并排站立，警察位于其后侧，将甲犯右手腕与乙犯左手腕用一副手铐铐在一起。

相关动作见图 5-89。

图 5-88

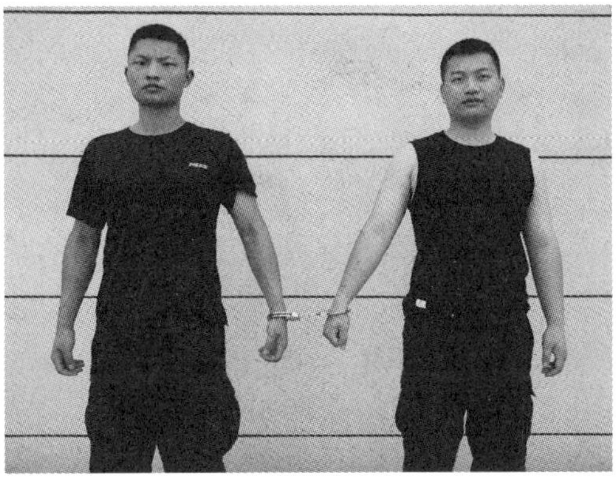

图 5-89

（2）令两罪犯并排站立，警察位于其后侧，将甲犯右手腕与乙犯右手腕用一副手铐铐在一起。

相关动作见图 5-90。

5. 手铐两铐两人

（1）令两罪犯并排站立，双手向后，甲犯右臂与乙犯左臂交叉挽在一起，手掌向外，警察位于其后侧，将罪犯的手铐在背后。

相关动作见图 5-91。

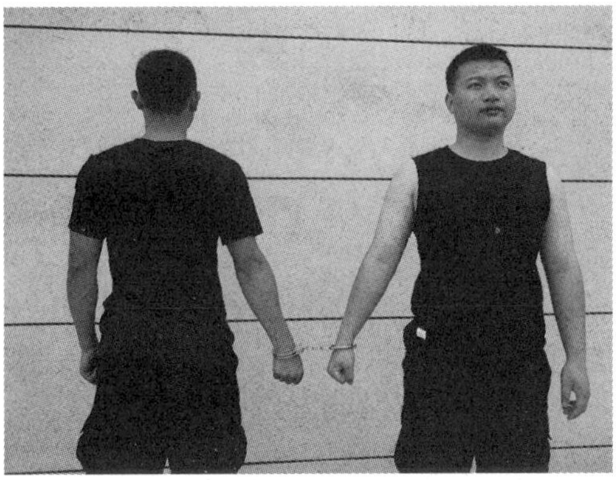

图 5-90

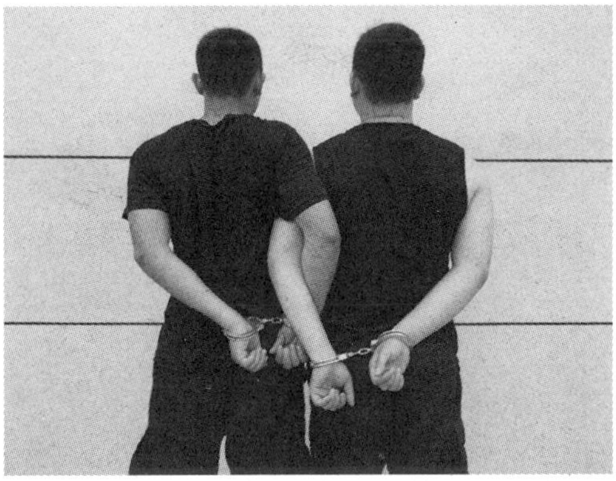

图 5-91

（2）令两罪犯并排站立，警察位于其后侧，将两罪犯右臂在背后用一副手铐铐上，再将两罪犯的左臂在背后用另一副手铐铐上，两罪犯的左臂与右臂在背后交叉铐住。

相关动作见图 5-92。

（3）令两罪犯向相反方向站立，甲犯右臂挽住乙犯右臂，警察位于其侧，用两手铐分别在体前铐住两罪犯的手腕。

相关动作见图 5-93。

图 5-92

图 5-93

6. 手铐两铐三人

(1) 令三罪犯同向并排站立，警察位于其后侧，用一副手铐将甲犯（中间）左手腕与乙犯右手腕铐住，用另一副手铐将甲犯（中间）右手腕与丙犯左手腕铐住。

相关动作见图 5-94。

(2) 令三罪犯同向并排站立，警察位于其后侧，用一副手铐将甲犯（中间）双手向后背手、掌朝外铐住两手腕，乙犯右臂穿过甲犯的左臂背到其背后，用另一副手铐一端铐住其右手腕，另一端铐住丙犯的左手腕，使三罪犯相互牵扯，相互制约。

相关动作见图 5-95。

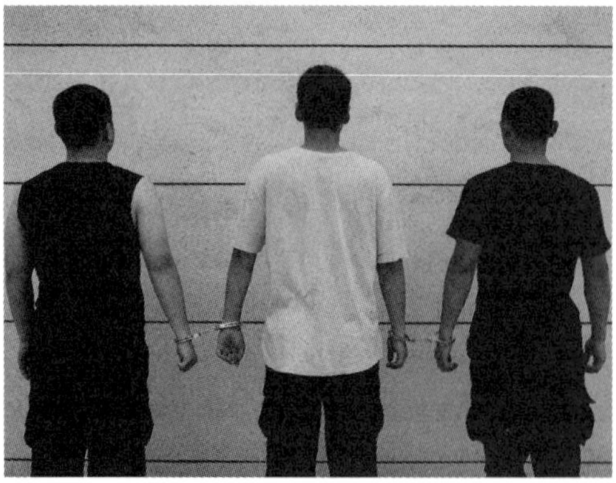

图 5-94

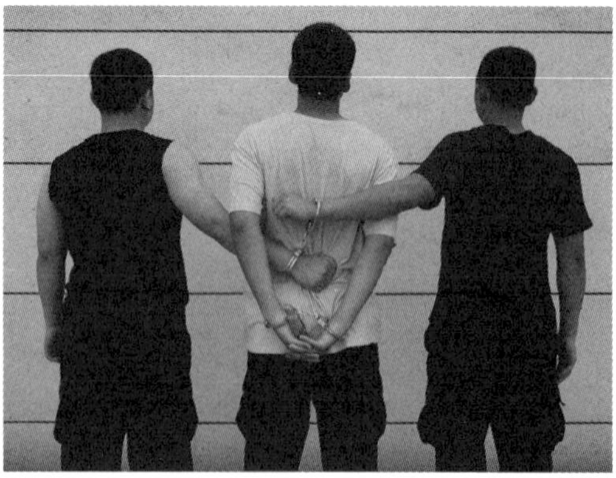

图 5-95

（四）脚镣使用基本方法

动作要领：令罪犯坐下，两腿伸直，警察位于其侧，将脚镣分别铐在其两脚踝上方，铐环和皮肤接触不会脱下即可。

相关动作见图 5-96、图 5-97。

图 5-96

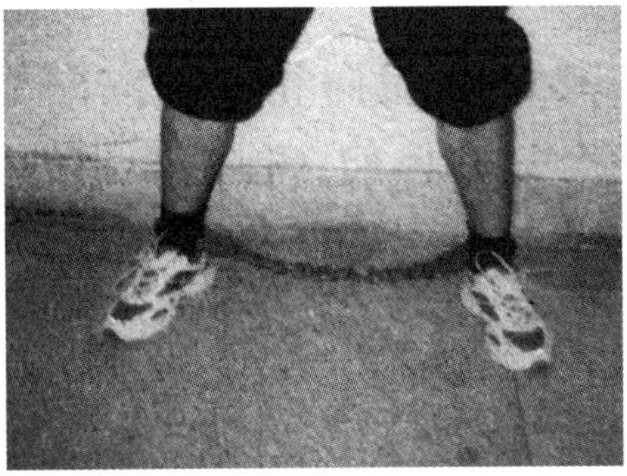

图 5-97

要求：警力优势，铐前控制。

（五）手铐连脚镣使用方法

动作要领：令罪犯坐下，两臂前伸，两腿伸直，警察位于其侧，先将手铐分别戴在其两手腕部，再将脚镣分别戴在其两脚踝上方。

相关动作见图 5-98、图 5-99。

图 5-98

图 5-99

要求：警力优势，铐前控制，先上手铐。一般用于押解罪犯指认犯罪现场和死囚看押。

（六）常用使用武力控制上铐方法

1. 对不抵抗的罪犯上铐

1）背手上铐

（1）令罪犯背向警察，两脚开立，脚尖向外，两手后伸，手心向上，头转向左侧。

相关动作见图 5-100。

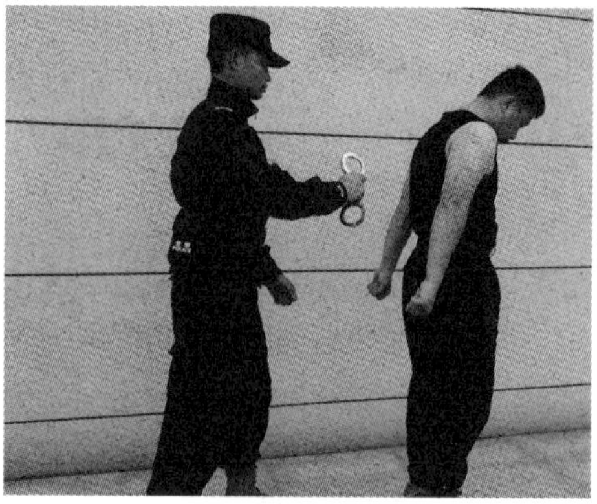

图 5-100

（2）警察持铐由罪犯的右侧后方接近，侧身站立，左手抓住其右手拇指折腕的同时右手迅速上铐。

相关动作见图 5-101、图 5-102。

图 5-101

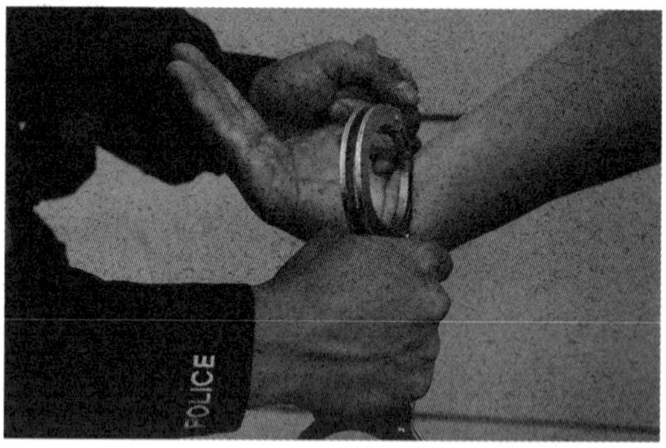

图 5-102

（3）随后左手抓住其左手拇指折腕（或另外四指拧腕）回拉控制上铐。

相关动作见图 5-103。

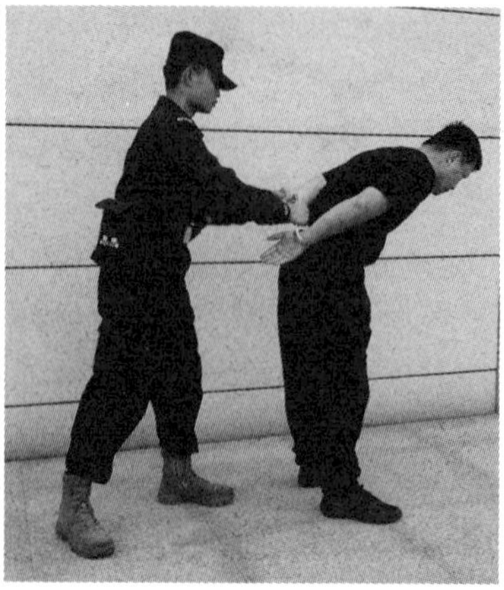

图 5-103

要求：警力优势，语言和武器铐前控制。一般用于抓捕脱逃罪犯。

2）折腕上铐

（1）令罪犯背向警察，两脚开立，脚尖向外，抬头眼睛向上看。

相关动作见图 5-104。

（2）警察由罪犯后侧接近，侧身站立，用右手抓住罪犯的左肘关节，左手抓住其手背。

相关动作见图 5-105。

图 5-104

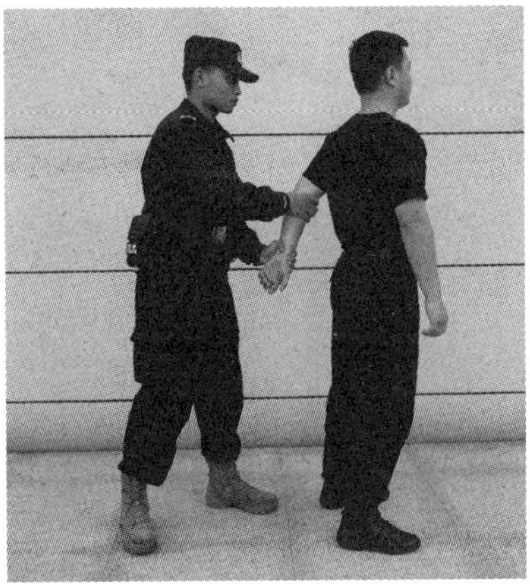

图 5-105

（3）把其左臂别在身后，用左手折压其左手腕，腹部顶住罪犯的左肘，并令其右手抱后脑，控制住罪犯。

相关动作见图 5-106。

（4）警察右手取出手铐，用压铐方式铐住其右手腕。

相关动作见图 5-107。

图 5-106

图 5-107

（5）右手持铐将其右手臂下拉后别，用挑铐的方式铐住其左手腕部。

相关动作见图 5-108、图 5-109。

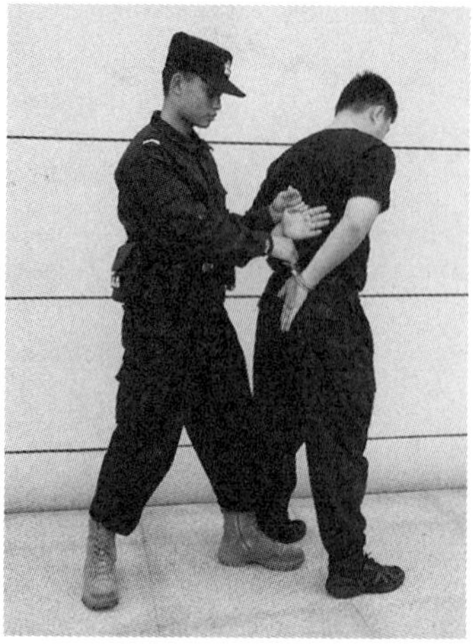

图 5-108

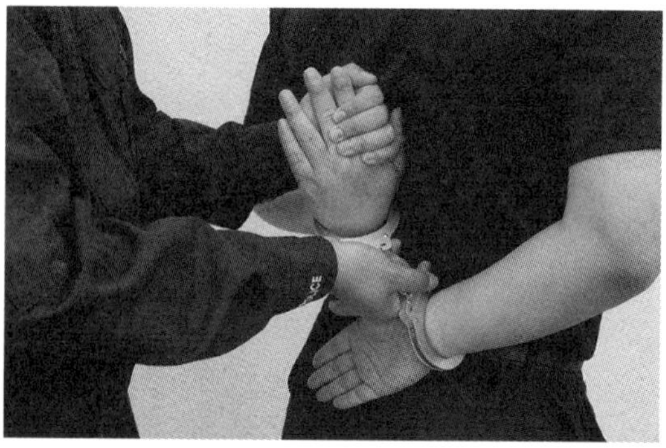

图 5-109

要求：警力优势，语言和武器铐前控制。一般用于抓捕脱逃罪犯。

3）抱头上铐

（1）令罪犯双手抱后脑，背向警察，两脚开立，脚尖向外，抬头眼睛向上看。相关动作见图 5-110。

（2）警察由罪犯后侧接近，侧身站立，用左手抓住罪犯的双手手指，用左肘顶住罪犯的后背。

相关动作见图 5-111。

图 5-110

图 5-111

（3）警察右手取出手铐，用压铐方式铐住其右手腕。

相关动作见图 5-112。

（4）左手抓住罪犯的左手指下拉别于身后。

相关动作见图 5-113。

图 5-112

图 5-113

(5) 右手持铐将其右手臂下拉后别，用挑铐的方式铐住其左手腕部。

相关动作见图 5-114、图 5-115。

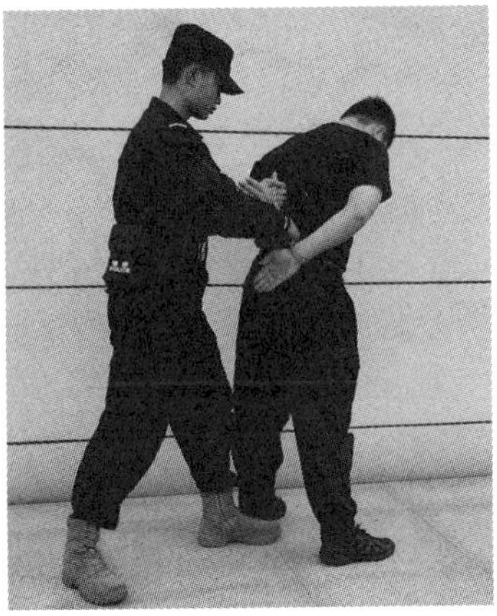

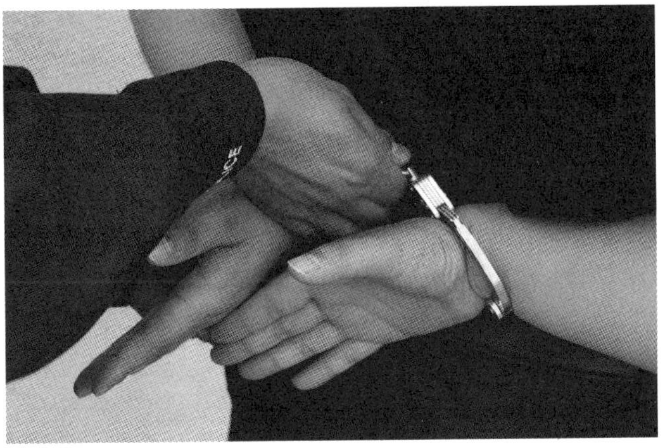

图 5-114

图 5-115

要求：警力优势，语言和武器铐前控制。一般用于抓捕脱逃罪犯。

4) 举手上铐

(1) 令罪犯双手上举，背向警察，两脚开立，脚尖向外，抬头眼睛向斜上看。

相关动作见图 5-116。

(2) 警察由罪犯的左侧后方接近，侧身站立，用右手按住罪犯的左臂后部，左手抓住罪犯的左手背。

相关动作见图 5-117。

(3) 将其左手臂后别于身后，用左手折压其左手腕，左脚抵其左脚，控制住罪犯，并令其右手抱后脑。

相关动作见图 5-118。

(4) 右手持铐用压铐方式铐住其右手腕。

相关动作见图 5-119。

图 5-116

图 5-117

图 5-118

图 5-119

（5）用右手持铐将其右手臂下拉后别，用挑铐的方式铐住其左手腕部。相关动作见图 5-120、图 5-121。

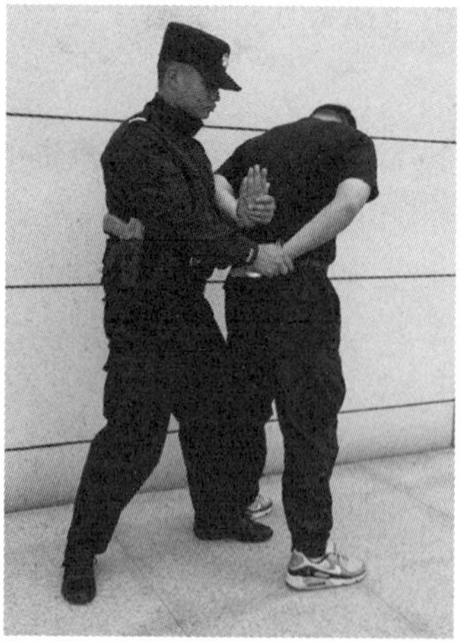

图 5-120

图 5-121

5）俯卧侧展上铐

（1）令罪犯背向警察，双手上举，两脚开立，双膝依次跪地，身体向前趴下，两腿伸直分开，两脚内侧贴地，两手臂伸直侧展，掌心朝上，手指分开。

相关动作见图 5-122。

（2）警察持铐由罪犯的右侧方（偏上方）接近，抓住其右手折腕控制上铐。

相关动作见图 5-123。

图 5-122

图 5-123

（3）迅速跪压其右肩臂，令其将左手上抬。

相关动作见图 5-124。

（4）抓住其左手臂控制上铐。

相关动作见图 5-125。

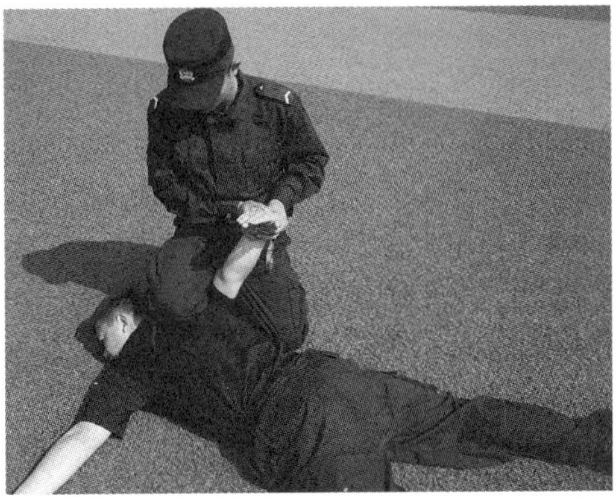

图 5-124

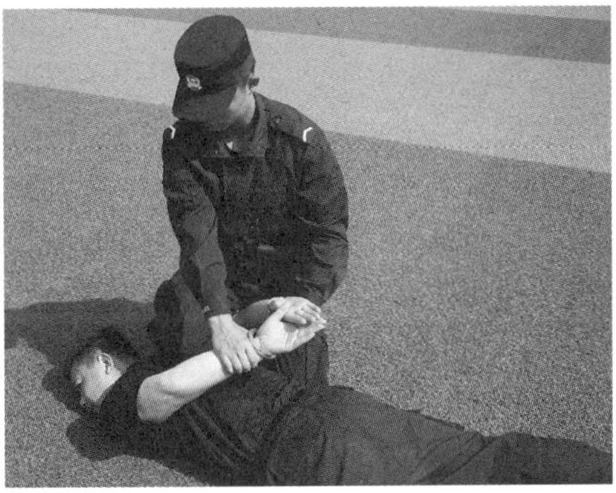

图 5-125

（5）然后将罪犯向左后翻转左腿屈膝跪起，右手抓住其右手折腕，左手抓住其右肘部，控制其右手臂扶起。

相关动作见图 5-126、图 5-127。

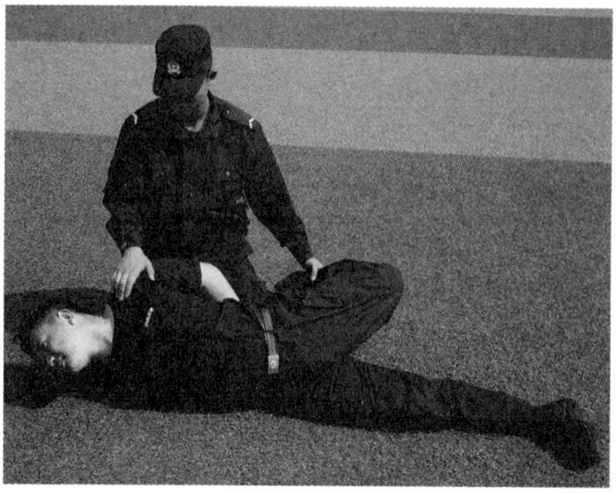

图 5-126

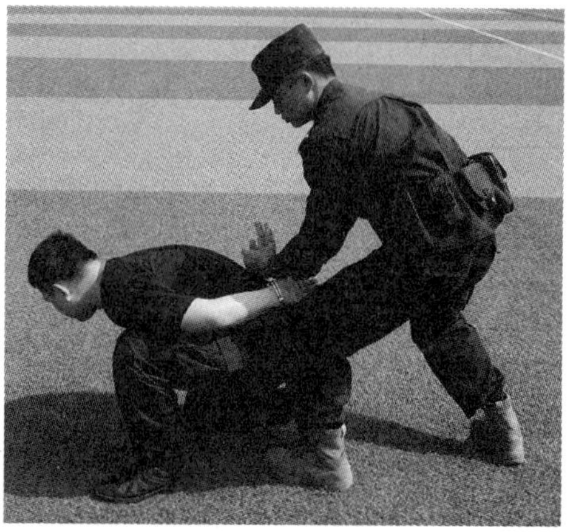

图 5-127

要求：警力优势，语言和武器铐前控制。一般用于抓捕脱逃罪犯。

2. 对消极抵抗的罪犯上铐

1）压点控制上铐

（1）罪犯双臂抱在胸前消极抵抗时。

相关动作见图 5-128。

图 5-128

（2）警察先命令其配合，如果罪犯还是不配合，警察站在罪犯的左侧后，用左手按住其头部，右手拇指掐压罪犯耳垂下方一指距离的部位，迫使其因酸疼而抬头松臂。

相关动作见图 5-129、图 5-130。

（3）警察迅速抓住其右手臂并拧转，右手抓住其手背，左手按压其右肘部，迫使其趴地。

相关动作见图 5-131、图 5-132。

图 5-129

图 5-130

图 5-131

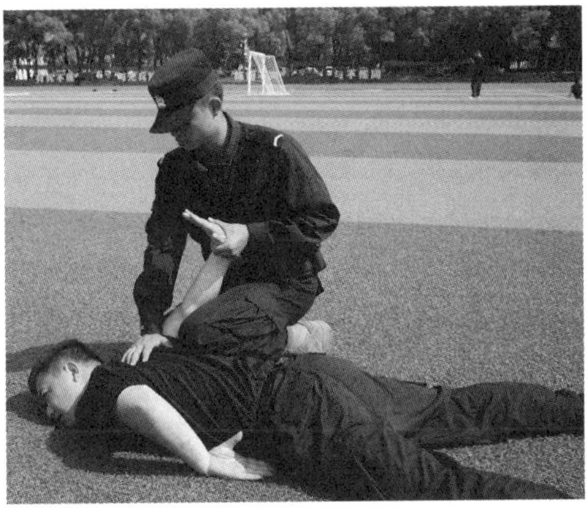

图 5-132

(4) 警察用右膝跪压罪犯的肩胛部（或用左膝跪压罪犯的肩颈部）。相关动作见图 5-133。

(5) 左手折压其右手腕，右手取出手铐，上铐控制右（左）手臂。相关动作见图 5-134。

图 5-133

图 5-134

(6) 再令其将左手上抬，抓住其左（右）手臂上铐。

相关动作见图 5-135。

图 5-135

(7) 将罪犯左后翻转左膝跪起，控制其左手臂扶起。

相关动作见图 5-136、图 5-137。

图 5-136

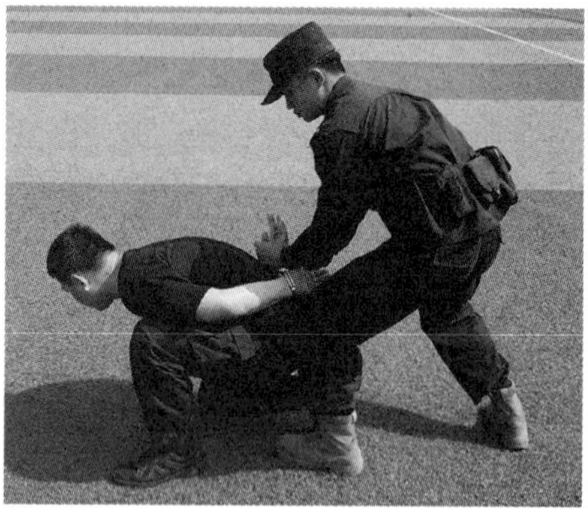

图 5-137

要求：警力优势，语言和徒手擒拿技能铐前控制。一般用于违反监规监纪、屡教不改需要当场控制的罪犯。

2) 别臂控制上铐

(1) 罪犯趴在地上，两手紧缩在怀里，拒绝上铐。

相关动作见图 5-138。

(2) 警察先命令其配合，如果罪犯还是不配合，警察骑坐在其身上，用左（右）手拨其头的侧部（或抓起头发），右（左）手从其右（左）腋下穿入按住其颈部，同时上别其右手臂。

相关动作见图 5-139、图 5-140。

图 5-138

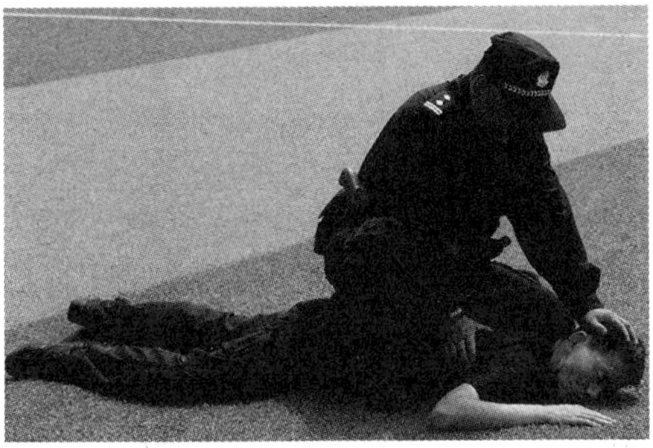

图 5-139

图 5-140

（3）警察左（右）手抓住其右（左）手腕，右手取出手铐，上铐控制右（左）手臂。

相关动作见图 5-141、图 5-142。

图 5-141

图 5-142

（4）再控制其左（右）手臂上铐。

相关动作见图 5-143。

（5）将罪犯右后翻转右膝跪起，控制其右手臂扶起。

相关动作见图 5-144、图 5-145。

图 5-143

图 5-144

图 5-145

要求：警力优势，语言和徒手擒拿技能铐前控制。一般用于违反监规监纪、屡教不改需要当场控制的罪犯。

3）砍肩控制上铐

（1）罪犯双手抓住一固定物不松手。

相关动作见图 5-146。

图 5-146

（2）警察先命令其配合，如果罪犯还是不配合，警察站在罪犯的侧后，警察用双手下砍罪犯的双肩，在罪犯酸疼之际，迅速控制其左（右）手腕，迫使其趴地。

相关动作见图 5-147 至图 5-149。

图 5-147

图 5-148

图 5-149

（3）警察用左膝跪压罪犯的肩胛部（或用右膝跪压罪犯的肩颈部），右手取出手铐，上铐控制其左（右）手臂。

相关动作见图 5-150。

（4）再控制其右（左）手臂上铐。

相关动作见图 5-151。

图 5-150

图 5-151

(5) 将罪犯右后翻转右膝跪起，控制其右手臂扶起。

相关动作见图 5-152、图 5-153。

图 5-152

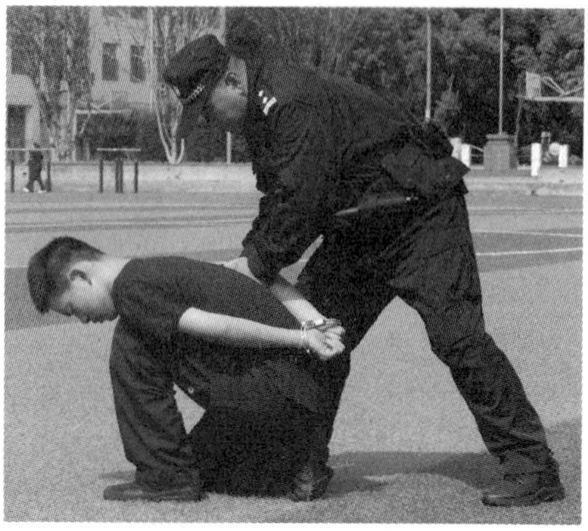

图 5-153

要求：警力优势，语言和徒手擒拿技能铐前控制。一般用于违反监规监纪、屡教不改需要当场控制的罪犯。

3. 对突然袭警的罪犯上铐

监狱人民警察在日常执勤时，可能会遇到罪犯突然袭击，这时警察距离罪犯近，危险大，警察应冷静面对，合理利用周围环境和自身的擒拿技能动作来控制罪犯，再进行上铐。如切别摔控制技术。

切别摔控制技术如下。

(1) 利用擒拿技术躲闪罪犯的袭击，抓住时机用左手挡住罪犯右手腕，右脚进身别住罪犯右脚同时右手向对方颈部后切，切别合力摔倒对方。

相关动作见图 5-154 至图 5-156。

图 5-154

图 5-155

图 5-156

(2) 摔倒后两手控制其右手折腕，顺势向上向前提拉，同时右膝跪压罪犯的肩胛部迫使其翻身受控。

相关动作见图 5-157、图 5-158。

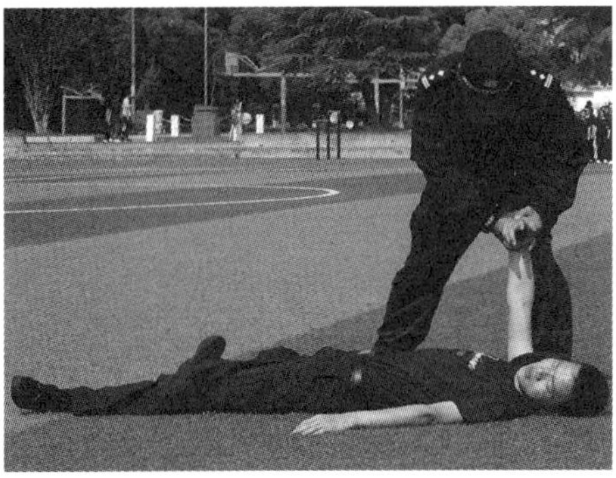

图 5-157

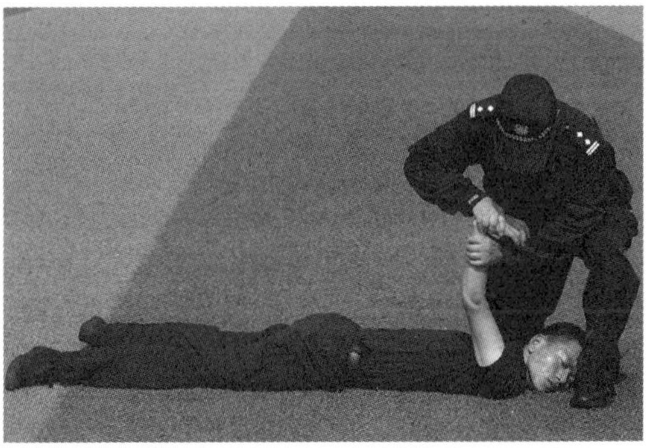

图 5-158

(3) 控制手臂后对其上铐，检查手铐是否安全。

相关动作见图 5-159、图 5-160。

图 5-159

图 5-160

(4) 将罪犯侧身后，命其左膝跪起，控制其左手臂扶起，折腕带离。

相关动作见图 5-161、图 5-162。

图 5-161

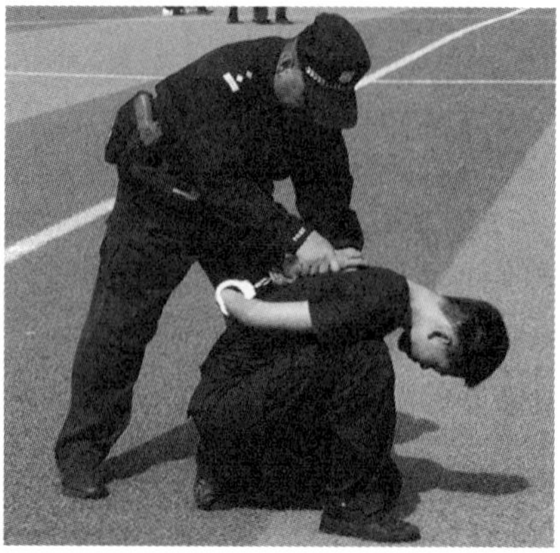

图 5-162

要求：徒手擒拿技能熟练，铐前控制。一般用于对付脱逃、袭警罪犯。

（七）上铐后带离技术

1. 徒手带离

1）折腕带离

上铐后，警察站在罪犯左后侧，右手抓住罪犯的左手并用力折压腕关节，左手抓捏罪犯的左肘部，双手形成合力。抓手折压时用力顺达。

相关动作见图 5-163。

2）别臂带离

上铐后，警察站在罪犯左侧，右臂从罪犯左臂下插入和左手握住，用力向下别压对方的肘关节。别压罪犯肘关节，幅度小，力点准，离身近。

相关动作见图 5-164。

图 5-163

图 5-164

3）抓领带离

上铐后，警察站在罪犯的左后侧，右手从罪犯的手铐下向上穿出抓住罪犯的衣领，同时右手下压，右臂上抬，使罪犯身体前下倾；左手抓住罪犯右臂，辅助控制。抬臂抓领下压时，用力顺达。

相关动作见图 5-165。

4）提铐带离

上铐后，警察站在罪犯左后侧，右手提抓铐链，必要时可以旋转铐链。提抓时靠近重心，根据情况旋转用力。

相关动作见图 5-166。

图 5-165

图 5-166

2. 警棍带离

1）别臂带离

上铐后，警察站在罪犯左后侧，右手握棍把，用力将警棍从罪犯的左手臂内由下往上插入，别压上臂；左手抓住罪犯手臂，使罪犯身体前倾。别压肘关节时，左手辅助控制。

相关动作见图 5-167。

2）别铐带离

上铐后，警察站在罪犯左后，右手握住棍把，将棍斜向插入手铐，使警棍在两臂上方，别转铐链；左手抓住罪犯左臂辅助控制。别转铐链幅度以控制罪犯为依据。

相关动作见图 5-168。

图 5-167

图 5-168

第四节 手枪使用常识

一、手枪使用常识

（一）警用手枪的种类和战斗性能

警用手枪体积小、携带方便、使用灵活，对近距离有生目标杀伤力大，是警察自卫和制止犯罪行为的主要武器装备。

1. 手枪的种类

目前，我国警察列装的手枪主要有 54 式手枪、64 式手枪、77 式手枪、92 式手枪和转轮手枪五种。

2. 手枪的射击诸元和战斗性能

手枪的射击诸元和战斗性能见表 5-4。

表 5-4 手枪的射击诸元和战斗性能

<table>
<tr><th rowspan="3">射击诸元</th><th colspan="6">枪种</th></tr>
<tr><th rowspan="2">54 式手枪</th><th rowspan="2">64 式手枪</th><th rowspan="2">77 式手枪</th><th colspan="2">92 式手枪</th><th rowspan="2">转轮手枪</th></tr>
<tr><th>9 毫米</th><th>5.8 毫米</th></tr>
<tr><td>口径（毫米）</td><td colspan="3">7.62</td><td>9</td><td>5.8</td><td>9</td></tr>
<tr><td>全枪质量（千克）</td><td>0.85</td><td>0.56</td><td>0.5</td><td colspan="2">0.76</td><td>0.65</td></tr>
<tr><td>全枪长（毫米）</td><td>195</td><td>155</td><td>148.5</td><td>190</td><td>188</td><td>186</td></tr>
</table>

续表

射击诸元	枪种					
	54 式手枪	64 式手枪	77 式手枪	92 式手枪		转轮手枪
				9 毫米	5.8 毫米	
瞄准基线长（毫米）	156	117.2	127	152		108
初速（米/秒）	420	305	310	360	460～480	普通弹 220 橡皮弹 100
有效射程（米）	50					
弹头最大飞行距离（米）	1630	800		1100	—	—
射击方式	半自动	半自动/联动	半自动	半自动/联动		单动/联动
战斗射速	30 发/分			35～45 发/分		—
弹匣容弹量	8 发	7 发		15 发	20 发	6 发
使用弹种	7.62 毫米手枪弹	7.62 毫米手枪弹		9 毫米普通弹 9 毫米巴拉贝鲁手枪弹 9 毫米低侵彻手枪弹	5.8 毫米普通弹	专用手枪普通弹和橡胶弹
寿命（发）	≥3000	≥1500		≥3000		

（二）手枪的分解结合、维护与保养、常见故障排除

1. 手枪的分解结合的目的与要求

（1）分解前必须验枪，验枪时严禁枪口对人。

（2）分解结合是为了擦拭上油、检查和排除故障。

（3）分解结合应按正确步骤和要领进行，不能强拆硬卸。

（4）分解下来的部件按顺序放在干净的平台上。

（5）除要求的分解内容外，未经许可，严禁分解其他部件。

（6）结合后应拉动套筒数次，检验功能是否正常。

2. 54 式手枪、64 式手枪、77 式手枪、92 式手枪、转轮手枪的分解与结合

1）54 式手枪的分解与结合

（1）分解。

第一，取出弹匣。右手握握把，拇指按压弹匣卡榫，左手取出弹匣（见图 5-169）。

第二，卸下连接轴。左手握握把，使枪面向内，右手用弹匣盖平齐一端，推连接轴卡片向后（见图 5-170），使其脱离连接轴。然后，左手虎口抵住枪口，中指扣住扳机护圈，稍推套筒向后，食指顶连接轴头部，右手卸下连接轴（见图 5-171）。

图 5-169 取出弹匣

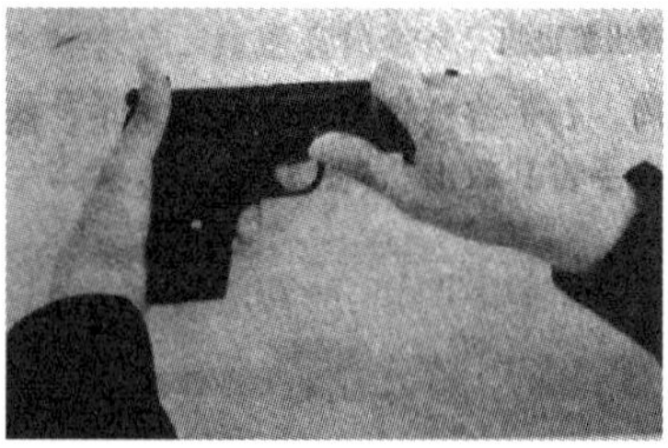

图 5-170 推连接轴卡片向后

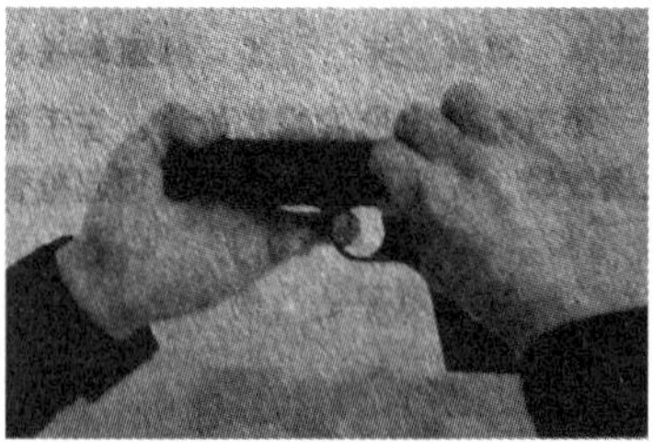

图 5-171 卸下连接轴

第三，卸下套筒。右手握握把，左手握住套筒，并以食指、中指从下面抵住复进机（防止弹出），慢慢向前卸下套筒（见图 5-172）。

第四，取出复进机。左手握套筒，使复进机向上；右手拇指、食指、中指捏住导杆座，压缩复进簧并向上向前取出复进机（见图 5-173）。

图 5-172 卸下套筒

图 5-173 取出复进机

第五，取出枪管帽和枪管。左手握套筒，右手将枪管帽转动半圈取下。然后放倒铰链，左手食指从抛壳口顶起枪管，右手将其取出（见图 5-174、图 5-175）。

第六，取出击发机。右手握握把，左手向上取出击发机（见图 5-176）。

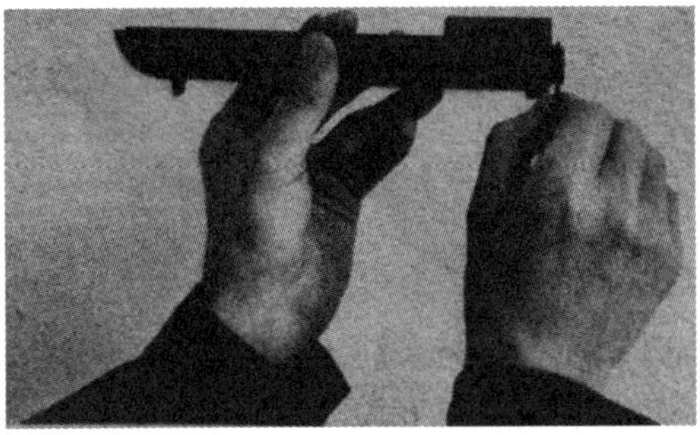

图 5-174　取出枪管帽

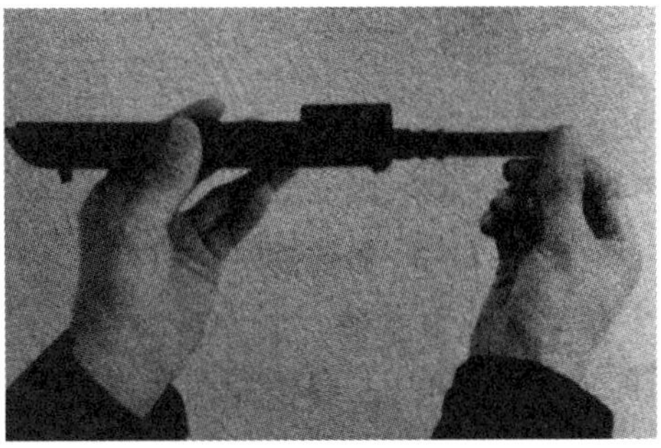

图 5-175　取出枪管

图 5-176　取出击发机

（2）结合。

第一，装上击发机。右手握握把，左手将击发机装在套筒座上。

第二，装上枪管和枪管帽。左手握套筒并使枪面向下，右手握枪管前端将枪管插入套筒内，并使铰链向上，然后将枪管帽装入套筒转动半圈到定位。

第三，装上复进机。左手握套筒并竖起铰链，右手拇指、中指、无名指捏住复进机导杆，食指抵住导杆座，将复进机插入套筒的复进机巢内，压缩复进簧，使导杆座完全卡住枪管凸出部为止，并用左手食指、中指、无名指压住复进机。

第四，装上套筒。右手握握把，将套筒座的导棱对准套筒的导槽，左手将套筒向后推到定位。

第五，装上连接轴。左手虎口抵住枪口，中指扣住扳机护圈，稍推套筒向后，当套筒座和铰链上的连接轴孔对正时，右手将连接轴插入孔内，然后用弹匣盖平齐一端向前推连接轴卡片到卡住连接轴。

结合后，拉动套筒数次，检查机件结合是否正确。然后，装上弹匣，将击锤送于保险位置。

2）64 式手枪的分解与结合

（1）分解。

第一，取出弹匣。右手握握把，拇指按压弹匣卡榫，左手取出弹匣（见图 5-177）。

图 5-177　取出弹匣

第二，卸下套筒。右手握握把，左手将扳机护圈向下拉出（见图 5-178），并稍微推向一侧，抵在套筒上。然后，左手握套筒座向后推到定位，再将套筒后部向上抬起，借复进簧的张力，向前卸下套筒（见图 5-179）。

图 5-178　拉出扳机护圈

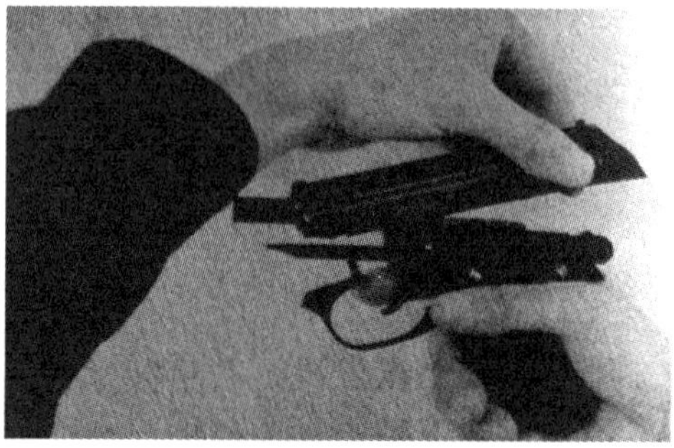

图 5-179　卸下套筒

第三，取出复进簧。右手握握把，左手向前取出复进簧（见图 5-180）。

图 5-180　取出复进簧

（2）结合。

第一，装上复进簧。右手握握把，左手将复进簧较小的一端套在枪管上，并向后推到定位。

第二，装上套筒。右手握握把，左手握套筒，先使复进簧进入复进簧巢内，用力推套筒到定位，稍压套筒后部，使套筒座的导棱进入套筒的导槽，借复进簧的张力，使套筒回到前方位置，然后左手拉起扳机护圈并放入缺口内。

结合后，拉套筒数次，检查机件结合是否正确。然后装上弹匣，关上保险。

3）77 式手枪的分解与结合

（1）分解。

第一，取出弹匣。右手握握把，拇指按压弹匣卡榫，左手取出弹匣（见图 5-181）。

图 5-181　取出弹匣

第二，卸下套筒。右手握握把，拇指将保险机扳到射击位置，左手握套筒向后推到定位（见图 5-182）并松开。左手拇指将保险机推至拆卸位置（见图 5-183），将套筒向后推到定位，后端向上抬起，借复进簧的伸张力，向前卸下套筒（见图 5-184）。

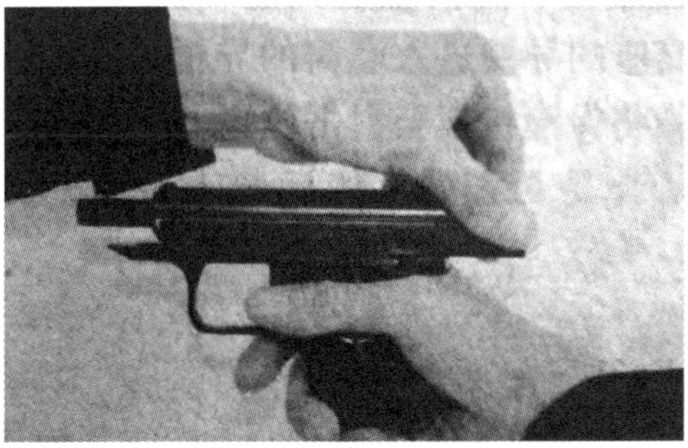

图 5-182　后推套筒到定位

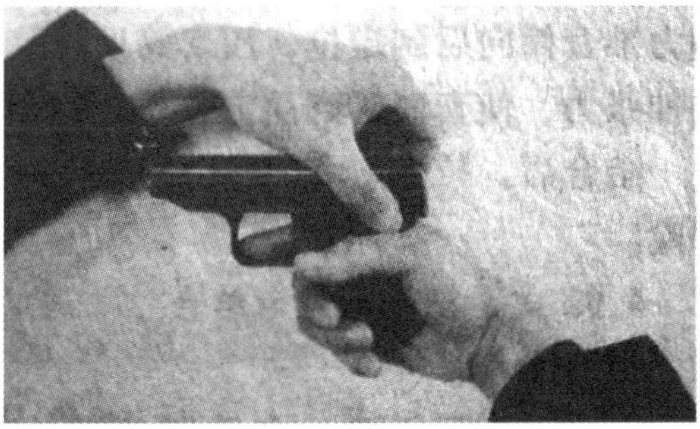

图 5-183　将保险机推至拆卸位置

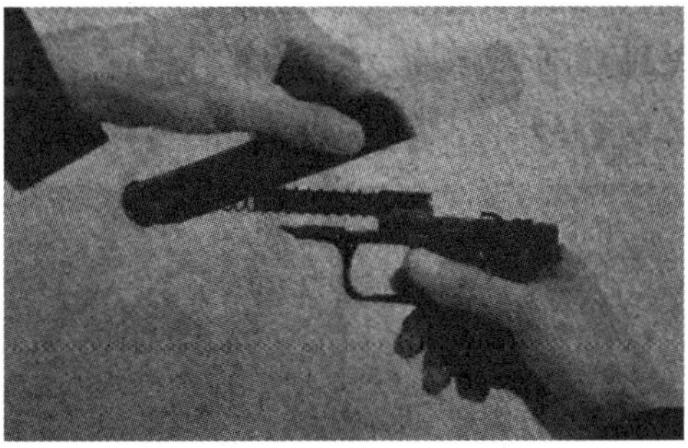

图 5-184　卸下套筒

第三，取下复进簧。右手握握把，左手向前取下复进簧（见图 5-185）。

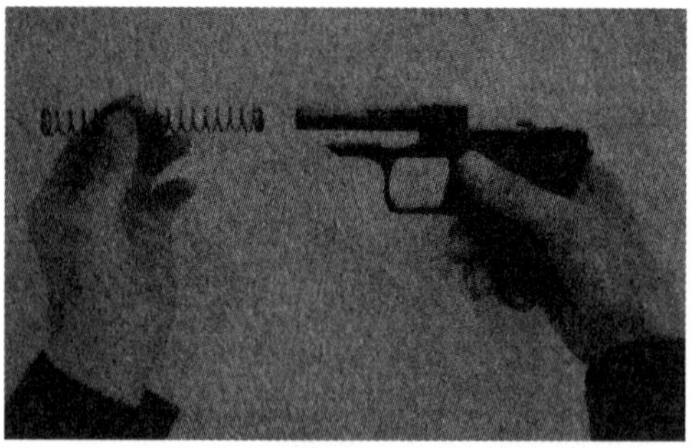

图 5-185　取下复进簧

(2) 结合。

第一，装上复进簧。右手握握把，左手将复进簧套在枪管上，并向后推到定位。

第二，装上套筒。右手握握把，左手握套筒，先使复进簧进入复进簧巢内，用力推套筒向后到定位，压套筒后端使套筒座的导棱进入套筒的导槽，借复进簧的伸张力，使套筒回到前方位置，左手拇指将保险机扳至射击位置。

结合后，拉动套筒数次，检查机件结合是否正确。然后装上弹匣，关上保险。

4) 92 式手枪的分解与结合

(1) 分解。

第一，打开保险。右手握枪，并用拇指将保险机扳到白点处（见图 5-186）。

第二，取出弹匣。右手大拇指按压弹匣扣，左手从握把下方抽出弹匣（见图 5-187）。

图 5-186　打开保险

图 5-187　取出弹匣

第三，验枪。右手持枪，左手拇指和食指捏住套筒后方的防滑槽处，用力向后拉，从抛壳口观察弹膛内有无子弹（见图 5-188）。

第四，卸下连接轴。击锤位于待发位置或联动停机位置时，左手握枪，右手拿弹匣，用弹匣底部平齐端从枪身右侧向左侧用力按压连接轴的凸起部（见图 5-189），迫使连接轴向左侧顶出，然后左手掌抵住枪口部，中指扣住扳机护圈，稍推套筒向后，右手卸下连接轴（见图 5-190），放下连接轴和弹匣。

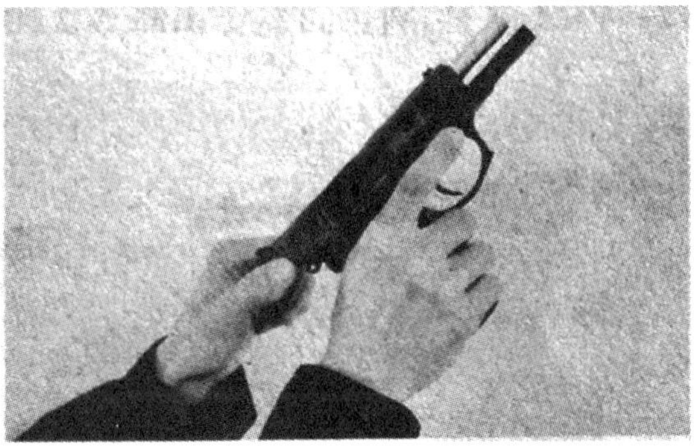

图 5-188 验枪

图 5-189 按压连接轴

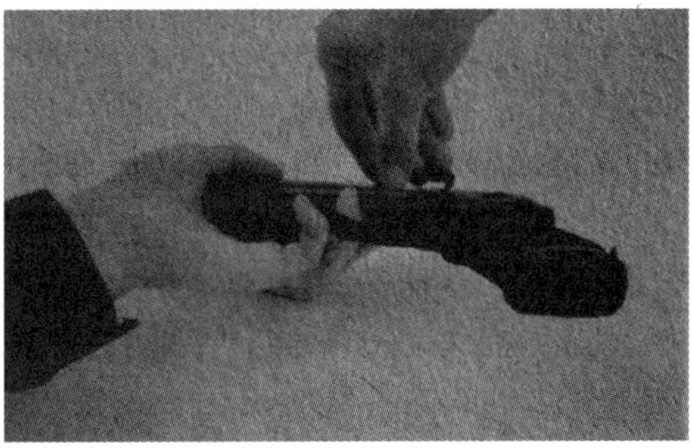

图 5-190 卸下连接轴

第五，卸下套筒。右手握握把，左手食指和中指、无名指握住套筒向前沿导棱导槽平行移动，卸下套筒（见图 5-191），然后将套筒座放下。

第六，取出复进机。左手握住套筒，复进机朝上，枪口朝向自己身体，右手食指和拇指捏住连接座后部，压缩复进簧，同时上抬取出复进机（见图 5-192），再从复进机上卸下连接座，再卸下复进簧导杆，放下复进簧导杆和复进簧。

图 5-191 卸下套筒

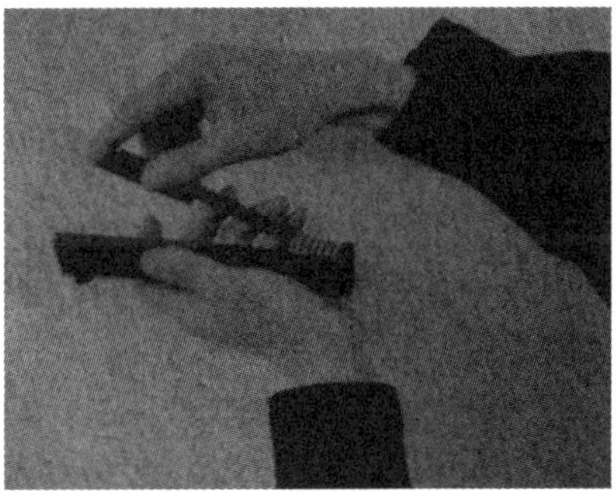

图 5-192 取出复进机

第七，取出枪管帽及枪管。手握套筒使枪机朝上，向左或向右旋转枪管帽 45 度并向前取出枪管帽（见图 5-193），然后把枪管从套筒中取出（见图 5-194），放下枪管和套筒。

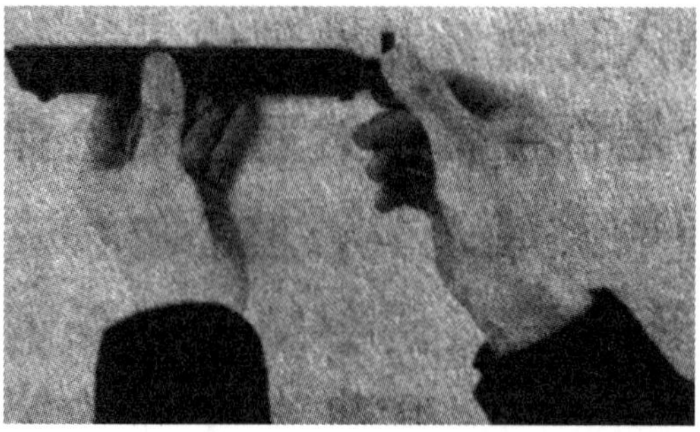

图 5-193　旋转枪管帽 45°并向前取出枪管帽

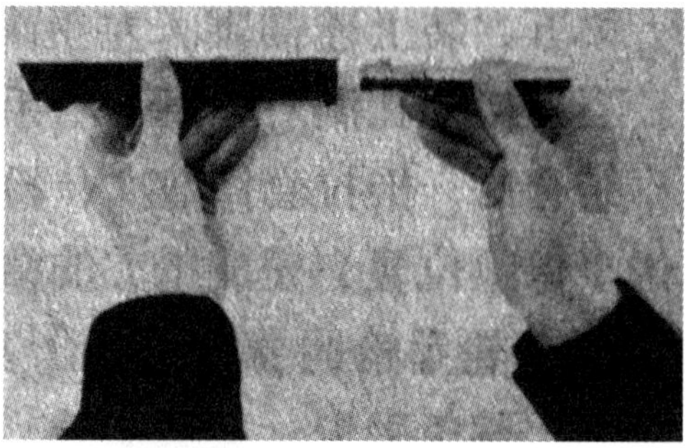

图 5-194　取出枪管

第八，取出击发机组件。右手握枪，左手拇指上顶套筒座的前端（见图 5-195），待击发机尾部脱离握把时，从前上方抽出击发机组件（见图 5-196）。

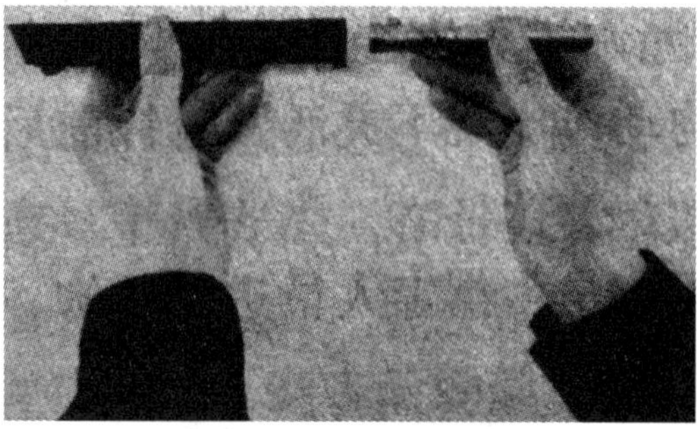

图 5-195　上顶套筒座的前端

图 5-196　取出击发机组件

（2）结合。

第一，装上击发机组件。右手拿起套筒座，左手拿起击发机组件，成 45°角将击发机组件的保险部分放入套筒座尾部凹槽内，并将扳机向下放入套筒座上的扳机槽内，再缓缓地将击发机组件下压，结合好后放下。

第二，装上枪管和枪管帽。左手拿起套筒，右手拿起枪管的线膛，将枪管的弹膛部分从前端装入，装入时必须将枪管上的凸起部从套筒之间插入到定位，旋转后使闭锁齿卡入旋转槽。然后右手拿起枪管帽，从枪管前端 45°角处插入，旋转 45°结合好。

第三，装上复进机。将复进簧导杆装入复进簧内，再将其装入连接座，左（右）手捏住连接座，将复进簧导杆前端的复进机圆孔压缩复进簧，将连接座放入套筒，并使枪管的闭锁凸榫装入连接座凹槽。

第四，装上套筒。右手握握把，左手握套筒，将击锤处于联动停机状态，将击发机组件前部导棱对准复进机导槽缓慢滑入（若中途推不动时，则应检查拉杆轴是否窜出，并在扣压扳机的同时反复推拉套筒，保证各机件顺畅结合），并将套筒向后推到定位。

第五，装上连接轴。左手虎口抵住枪口，中指扣住扳机护圈，稍推套筒向后。当连接轴孔洞对齐时，右手将连接轴插入孔内，并推到位。

结合后，推拉套筒数次，检查机件结合是否正确。然后，装上弹匣，将保险机送于保险位置，完成枪支的结合。

5）转轮手枪的分解与结合

为了避免丢失、损坏零件，不应经常拆卸全枪。9 毫米警用转轮手枪的分解可分为不完全分解和完全分解。

（1）不完全分解。当射弹数量不多并在一般情况下使用时，只擦拭手枪枪管和弹膛。

当水或尘土进入手枪内部，存在生锈隐患或枪械机构动作已经不灵活时，可拆卸转轮组件或取下盖板部件，擦拭进入的水分和灰尘，并涂油。

（2）完全分解。一般情况下，转轮手枪不允许进行完全分解，只有在进行了大量射击或是特种环境下使用后，当枪械机构动作出现不灵活及击针前后运动不灵活时，才进行完全分解和全面清洗、擦拭。

进行完全分解时应该在专业人员指导下或由指定人员进行拆卸，将所有零件清理干净，并涂上适量的枪油后再装配。

3. 手枪的维护与保养

爱护武器是人民警察的重要职责，是一项经常性的战备措施，也是保持武器性能完全可靠和预防故障的有效方法。为此，必须做到“两勤”“五不”，即勤检查、勤擦拭，不碰摔、不生锈、不损坏、不丢失、不转借，使武器、子弹经常保持完好状态。

1）武器维护的要求

（1）对枪弹应妥善保管，防止枪弹受热和受潮，温度一般保持在 10℃～15℃较适宜。在携带中要防止汗水和雨水渗入弹壳，以免受潮变质。

（2）在射击前要认真检查枪弹，射击中防止枪弹丢失。

（3）分清不同枪支应用的不同弹种，实弹领用时应认清标志，避免弄错。

2）保管使用原则

（1）佩戴枪支必须确保枪支处于有效控制状态。在非执勤性质需要时，佩戴枪支可以不暴露，特殊情形下，因佩戴枪支可能造成不良后果时，可以采取其他隐蔽携带方法。在特殊情形结束后，立即恢复佩戴状态。

（2）非任务需要，不得携带枪支进入购物、娱乐场所，不得携带枪支、弹药探亲访友、参加宴会、酗酒。

（3）禁止将枪支交给他人、放在家中，禁止用枪支玩笑取乐。

（4）严禁非法持有、私藏枪支。

3）检查与保养武器

（1）检查时机。执行任务和实弹射击前应对枪支进行安全检查。

（2）检查外部。检查枪支是否有污垢、锈痕、裂缝、碰伤；检查准星、缺口是否紧固；检查机件号码是否一致。

（3）检查枪膛。检查枪膛是否堵塞，如有异物要及时排除；检查枪膛是否润滑，有必要擦拭上油时要擦拭上油；检查枪口、线膛是否有划痕或损伤。

（4）检查附品和子弹。执行任务前，要检查枪套、弹匣、子弹、捅条等附品是否齐全完好。

（5）检查机能。拉动套筒数次检查是否能顺利复位；检查送弹、闭锁、退壳时各部件机能是否正常；检查保险是否可靠。

（6）擦拭上油时机。在实弹射击以后或在潮湿气候情况下，枪支长期不用时，应适时用干布或油布进行擦拭。

（7）擦拭上油方法。在进行枪支擦拭上油时首先要验枪，然后按正确的分解方法对枪支进行分解，准备好擦拭用具。按顺序对枪管、套筒、套筒座、击发机等机件进行擦拭，对表面的烟渣和污垢以及孔、槽、沟等细小部位都要进行擦拭。

（8）预防和排除故障。为了减少枪支使用中故障的发生，平时要经常擦拭枪支，认真保养武器。对有问题的机部件要及时送修，有问题的子弹不准使用。在严寒气候下使用武器时，不能过多上油，防止结冻，影响机件活动。要学习枪械知识，熟知枪械原理与特点，准确判断枪支故障发生的原因，提高排除故障的能力，学会和掌握排除故障的方法。

4. 手枪的常见故障排除

射击中若发生故障，通常拉枪机（套筒）向后，重新装弹继续射击。如仍有故障，应迅速查明原因予以排除。如排除不了，应迅速向指挥员报告。常见故障、原因和排除方法见表 5-5。

表 5-5　常见故障、原因和排除方法

故障现象	发生原因	排除方法
不送弹	（1）弹匣过脏或损坏。 （2）机件过脏，枪机（套筒）后退不到定位	（1）擦拭机件或弹匣。 （2）更换弹匣
不发火	（1）子弹底火失效。 （2）击锤簧弹力不足或击针损坏。 （3）机匣或枪机过脏	（1）重新击发。 （2）更换子弹。 （3）更换击针、击锤簧。 （4）擦拭过脏机件
不退壳	（1）子弹、枪机（套筒）、机匣、弹膛及火药气体通路过脏，枪击（套筒）后退不到定位。 （2）抓弹钩过脏或损坏	（1）捅出膛内弹壳。 （2）擦拭过脏机件。 （3）更换抓弹钩

续表

故障现象	发生原因	排除方法
枪机（套筒）未前进到位	（1）弹膛、弹匣、枪机（套筒）、复进机过脏或枪油凝结。 （2）子弹或弹匣口变形	（1）推枪机（套筒）到定位。 （2）擦拭过脏机件。 （3）更换子弹或弹匣
滑机	（1）击发阻铁磨损或击发阻铁簧弹力不足。 （2）机匣和气体调整器过脏，枪机后退不到定位	及时修理
不连发	（1）导气箍、枪机或机匣过脏。 （2）活塞、调节塞过脏或装定不正确	（1）擦拭过脏机件。 （2）正确装定调节塞
击针弹出	击针插销损坏	更换击针插销

二、子弹的种类、构造、名称与用途

（一）子弹的种类

我国人民警察所用子弹按配备枪械和用途可分为手枪弹、手冲弹、步机弹、机枪弹、防暴弹、空包弹、教练弹等（见图 5-197）。

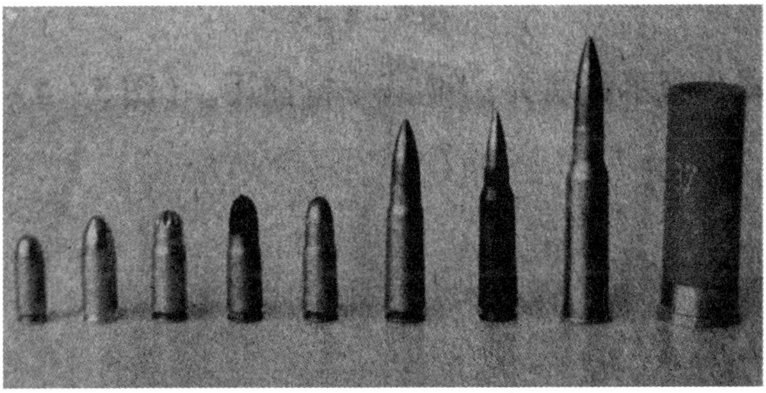

图 5-197

（二）子弹的构造

普通子弹主要由弹头、弹壳、底火、发射药等组成（见图 5-198）。弹头用以杀伤有生目标；弹壳用以容纳发射火药；底火用以引燃发射药；发射药用以燃烧后产生高温高压火药气体，并推动弹头前进。

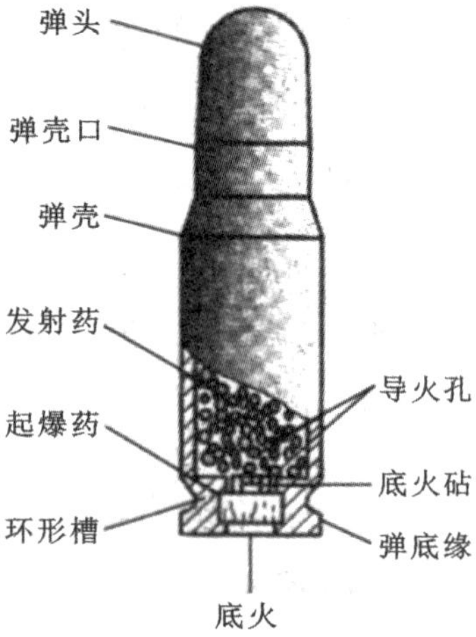

图 5-198

（三）子弹的名称及用途

(1) 64 式 7.62 毫米手枪弹（见图 5-199）：64 式、77 式手枪使用。

(2) 92 式 9 毫米普通弹（见图 5-200）：92 式手枪使用。

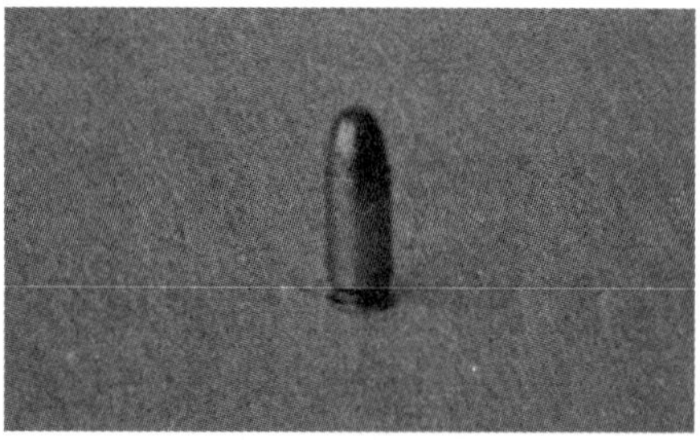

图 5-199

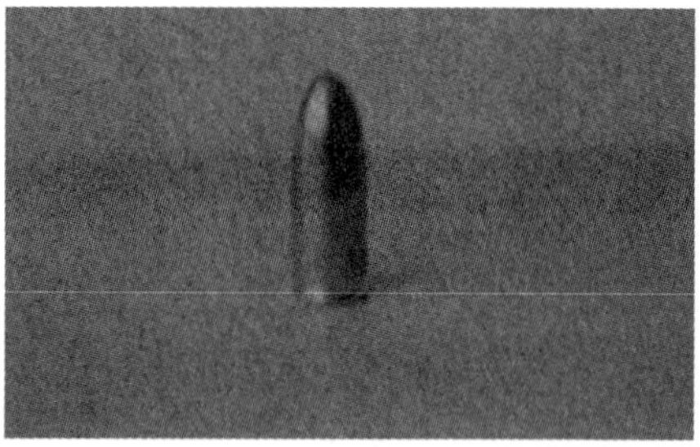

图 5-200

(3) 转轮手枪专用弹（见图 5-201）：转轮手枪使用。

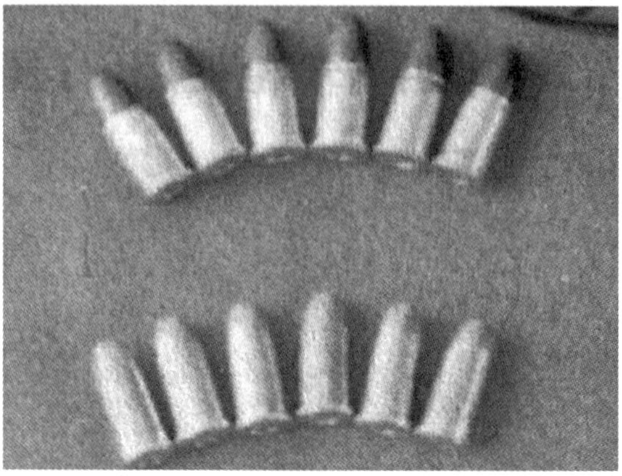

图 5-201

（四）子弹的使用和管理

1. 注意密封保管

枪弹的发射药多为单基药，比双基药容易受潮。在使用时，应尽量少打开密封匣。对于已启封的枪弹若暂时不用，仍可收回金属密封匣内，在启封处涂油，密闭防潮。

2. 防止携带中枪弹的质量下降

在携带中，防止汗水和雨水等渗入弹壳，以免受潮变质。对弹壳表面不得过多过重擦拭，以防磨掉保护层，加快弹壳的锈蚀，降低强度。避免碰撞、弯折，以免造成拔弹力下降、弹头松动、缩头等弊病。

在射击前，要认真检查枪弹。若发现弹头松动、脱落、严重锈蚀等情况，应及时更换。

三、射击学原理

（一）射击学的基本概念

1. 什么是发射

火药气体压力将弹头从膛内推送出去的现象，叫发射。

2. 发射的过程

击针撞击子弹底火，使起爆火药发火，火焰通过导火孔引燃发射火药，产生大量火药气体，在膛内形成很大的压力，迫使弹头脱离弹壳，沿膛线加速旋转前进，直至推出枪口。

3. 后坐的形成和对命中的影响

发射时，武器向后运动的现象，叫后坐。

1）后坐的形成

发射火药燃烧时，产生的气体压力同时作用于各个方向。作用于膛壁周围的压力为膛壁所抵消；向前作用于弹头后部的压力推动弹头前进；向后作用于弹壳底部的压力经过枪机传给整个武器，使武器向后运动，形成后坐。武器的后坐和弹头的运动是同时开始的。弹头脱离枪口瞬间，大量的火药气体随弹头的后部从膛内向外喷出，形成反作用力，使武器后坐更加明显。

2）后坐对命中的影响

后坐对单发（连发首发）射击的命中影响极小。弹头在膛内运动的时间极短（约千分之几秒），并且枪比弹头重得多。弹头在脱离枪口以前，枪的后坐距离只有一毫米多，并且是正直向后运动的，加之身体的缓冲，射手是感觉不出来的。射手感觉到的后坐，主要是弹头在脱离枪口的瞬间，火药气体猛烈向枪口外喷出形成的反作用力造成的。此时，弹头已脱离枪口。因此，后坐对单发（连发首发）射击的命中影响极小。

后坐对连发射击的命中有一定的影响。因为连发射击时，第一发子弹发射后，枪的明显后坐改变了原来的瞄准线，所以对第二发以后的射弹命中有一定的影响。但只要射手握枪要领正确，适应连发射击的后坐规律，就能减小后坐对连发射击命中的影响，提高射击精度。

4. 什么是弹道

弹头运动时，其重心所经过的轨迹叫弹道。

5. 弹道的形成

弹头脱离枪口后，一面受到地心引力的作用，逐渐下降；一面受到空气阻力的作用，越飞越慢。因此，形成了一条不均等的弧线（见图 5-202）。升弧较长较直，降弧较短较弯曲。

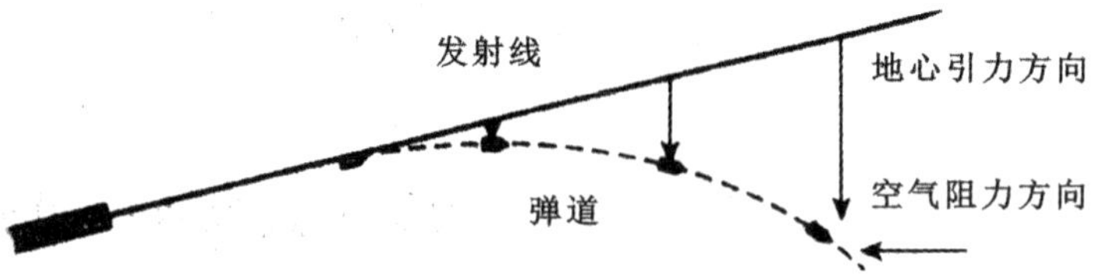

图 5-202

6. 什么是弹道高

弹道上任何一点到瞄准线的垂直距离，叫弹道高（见图 5-203）。

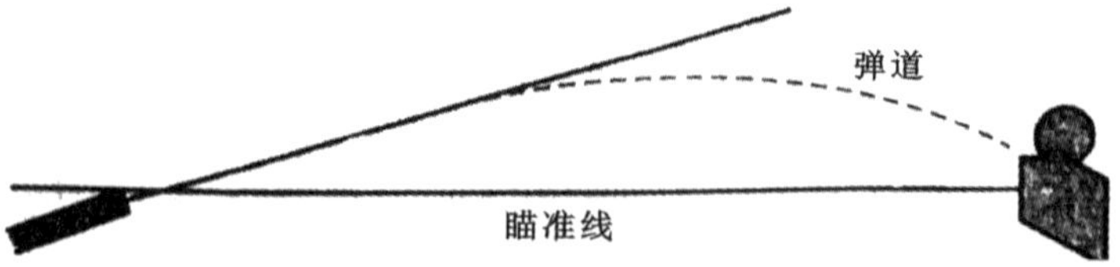

图 5-203

由于手枪通常是近距离射击，在不同的射击距离上弹道和瞄准线并不一致（有弹道高的存在），这就要求射手在射击时必须正确估计弹道高，才能准确命中目标。弹道高表见表 5-6。

表 5-6 弹道高表

距离（米）	弹道高（厘米）				
	54 式手枪				64 式、77 式手枪
	在 25 米距离上弹道高为 12.5 厘米时	在 25 米距离上弹道高为 0 时	散布半径（厘米）		在 25 米距离上弹道高为 12.5 厘米时
			大圆半径（包括 100%的弹着）	小圆半径（包括 50%的弹着）	
10	5.4	0.4	3.5	2.0	5.8
15	8.0	0.5	5.0	3.0	8.3
20	10.4	0.3	6.5	4.0	10.5
25	12.5	0	7.5	4.5	12.5
30	14.7	−0.3	9.0	6.0	14.3
40	18.7	−1.3	12.0	7.0	16.9
50	21.8	−3.2	16.0	8.0	18.4
75	28.3	−9.0	—	—	18.0
100	15.1	−23.0	—	—	7.7

7. 直射和直射距离

瞄准线上的弹道高在整个表尺距离内不超过目标高的射击，叫直射。

直射距离（见图 5-204）的大小是由目标的高低与弹道的低伸程度决定的。目标越高，弹道越低伸，直射距离就越大；目标越低，弹道越弯曲，直射距离就越小。

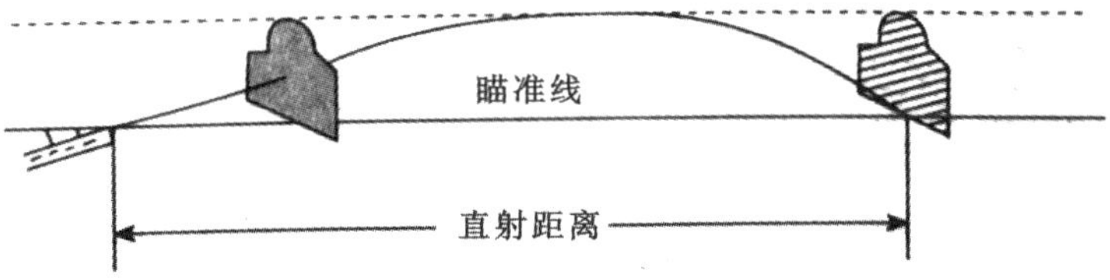

图 5-204

在实战中，直射有以下使用意义。

（1）对在直射距离内的目标射击时，瞄准目标下沿，不变更表尺分划即可连续射击，以增大战斗射速，提高射击效果。

（2）可以弥补测量距离误差对命中的影响。

（3）便于指挥员运用直射的原理，组织侧射、斜射、抵近射击和夜间射击。

（二）选定表尺分划和瞄准点（区）

1. 瞄准具的作用

瞄准具就是对不同距离上的目标射击时，赋予武器一定的射角。弹头在飞行时，由于受到地心引力和空气阻力的作用，会逐渐下降并越飞越慢。如果用枪管瞄向射击目标，射弹就会打低打近（见图 5-205）。

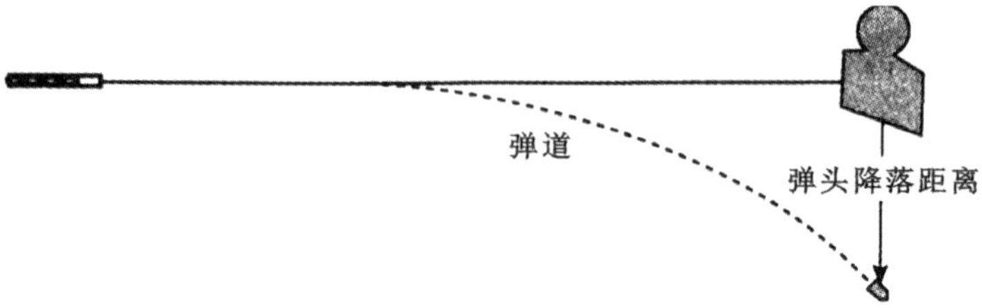

图 5-205

我国人民警察使用的轻型武器在用机械瞄准具进行瞄准时，为了增大直射距离和充分利用弹道升弧杀伤目标，设计的瞄准具缺口上沿到火身轴线的高度都大于准星到火身轴线的高度，射击时，又是通过缺口上沿中央和准星尖的平正关系来对目标进行瞄准的，因此就抬高了枪口，使火身轴线与瞄准线之间形成一定的角度，即瞄准角（见图 5-206）。由于有瞄准角的存在和弹道的抛物线运动，在不同的射击距离上就会产生不同的弹道高。射手应根据目标的距离和武器的弹道高，正确地选择瞄准点，才能准确命中目标。

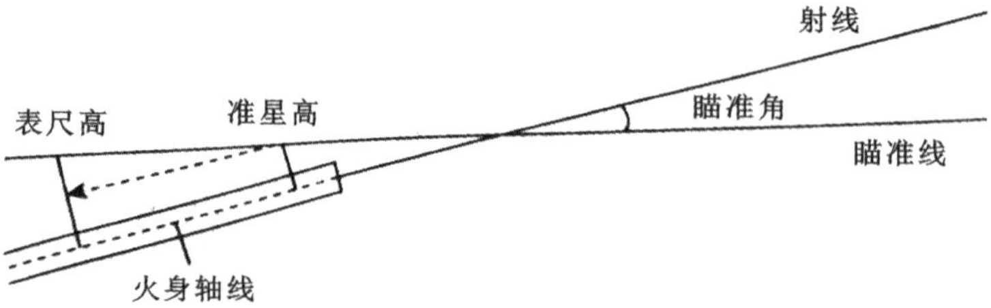

图 5-206

2. 选定表尺分划和瞄准点（区）

为了准确命中目标，有表尺的长枪射击时，射手应根据目标的距离、大小和武器的弹道面，正确地选定表尺分划和瞄准点。其方法如下。

（1）根据目标距离装定相应表尺分划，瞄准目标中央（见图 5-207）。

（2）选定大于或小于实际距离表尺分划，适当降低或提高瞄准点（见图 5-208）。

手枪射击时，射手应根据目标的距离和武器的弹道高，正确地选择瞄准点，才能准确命中目标。但由于手枪射击时通常是单手或双手无依托据枪，稳定性较差，

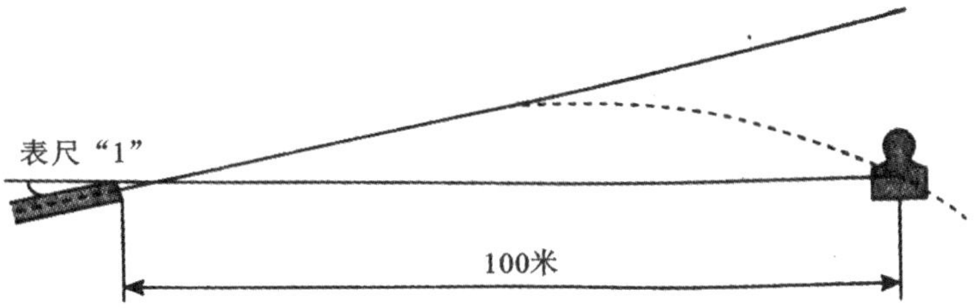

图 5-207

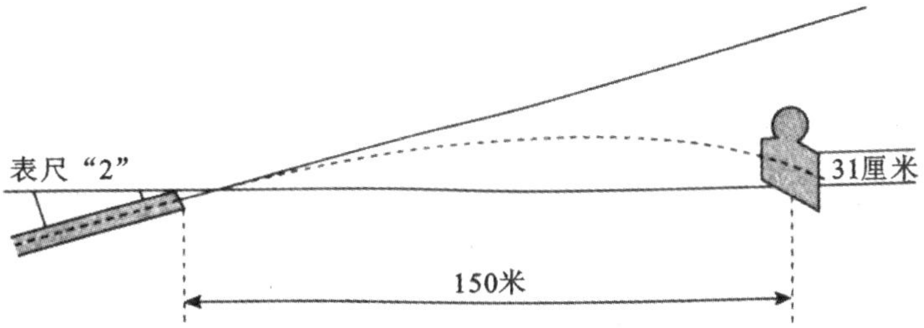

图 5-208

要想瞄准一点非常困难。所以，手枪的瞄准不应强求一点，而应围绕瞄准点选择一定范围的瞄准区。瞄准区的大小应根据目标的大小和射手的技术程度决定。

（三）观察弹着和修正偏差

射击时，由于测距、瞄准的误差和外界条件对射击的影响，以及射手操作不正确等原因，会使射弹产生偏差。因此射手应注意观察弹着，及时修正偏差，以提高射击效果。

1. 观察弹着

观察弹着时，应根据射弹击起的尘土、水花位置，曳光迹和目标状况的变化，判断射弹是否命中目标或偏差量的大小。

2. 判断射弹偏差

判断射弹偏差量应以目标中央或预期命中点为准，判断射弹是否命中目标或偏差量的大小，做出准确的判断，才能进行正确的修正。

3. 修正偏差

发现偏差时，应认真分析，找出原因，正确地进行修正。如是武器、风等造成的偏差，偏差多少就修正多少。修正时，应以预期命中点为准，向偏差相反的方向修正。

（1）修正方向偏差时，可用改变瞄准点的方法进行修正。射弹偏右，瞄准点向左修正；射弹偏左，瞄准点向右修正。

(2) 修正高低偏差时，可用提高、降低瞄准点的方法进行修正。射弹偏高时，降低瞄准点；射弹偏低时，提高瞄准点。

(四)外界条件对射弹的影响及修正

在射击中，射弹有时会出现不同程度的偏差。除了射手操作及武器、弹药的原因之外，还会受到外界条件的影响。外界条件包括雨、雪、风、气温、阳光等，这些因素均会大小不同地改变弹道的飞行轨迹，影响射击精度。

1. 阳光对瞄准的影响

人民警察使用武器主要是近距离射击，一般情况下雨、雪、风、气温因素对命中精度影响不大，可不用考虑，主要应了解阳光对瞄准的影响及克服方法。

在阳光下瞄准，由于阳光的照射作用，缺口部分产生虚光，形成三层缺口：虚光部分、真实部分、黑实部分（见图 5-209）。如不注意辨清真实缺口的位置，就容易产生误差，使射弹产生偏差。

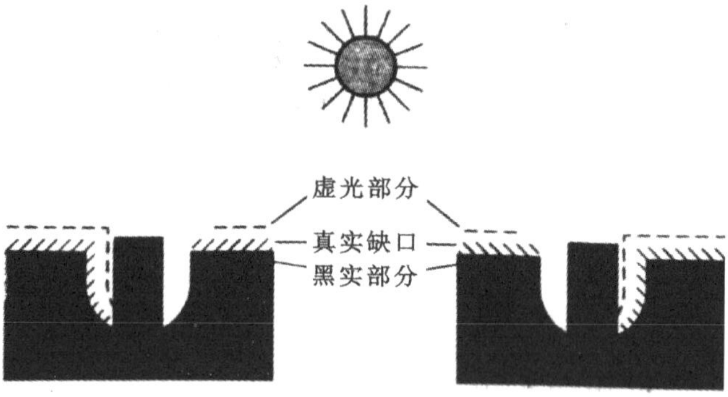

图 5-209

(1) 若用虚光部分瞄准，射弹就偏向阳光照来的方向。阳光从右上方照来时，缺口左边和上沿就会产生虚光，用虚光部分瞄准，准星实际上偏右高，因此射弹偏右上；阳光从左上方照来时，则射弹偏左上（见图 5-210）。

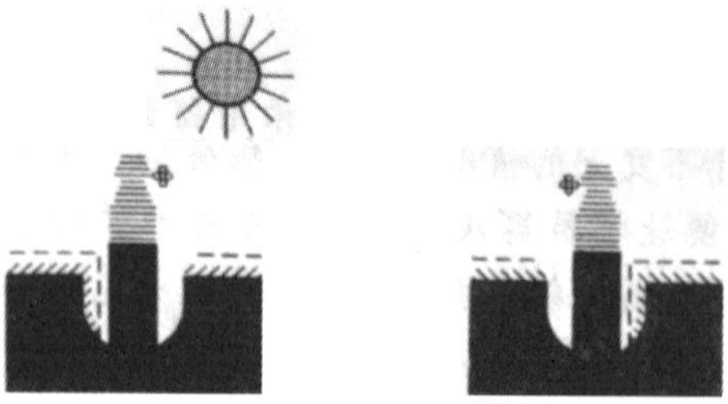

图 5-210

(2) 若用黑实部分瞄准，射弹就偏向阳光照来的相反方向。阳光从右上方照来时，用黑实部分瞄准，准星实际上偏左低，因此射弹偏左下；阳光从左上方照来时，则射弹偏右下（见图 5-211）。

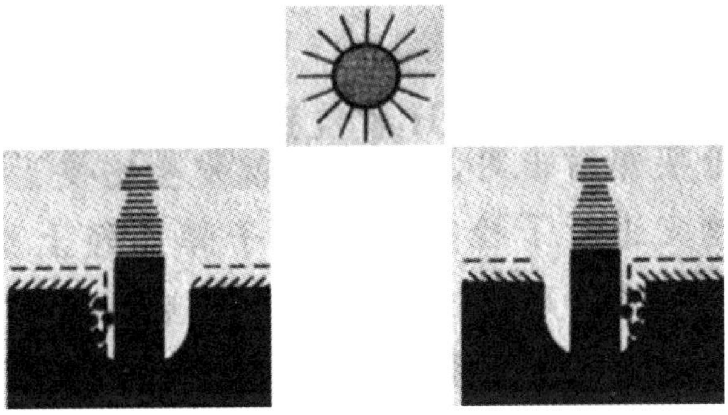

图 5-211

（3）在阳光直接照射下，缺口和准星尖同时产生虚光，若用虚光部分瞄准，则射弹偏低；若用黑实部分瞄准，则射弹偏高。

2. 克服的方法

（1）可在不同方向的阳光照射下练习瞄准。分别采取遮光瞄准不遮光检查和不遮光瞄准遮光检查的方法，反复练习，确实辨清真实缺口的位置和正确瞄准的情况。

（2）在阳光下瞄准的时间不宜过长，避免眼花产生误差。

（3）平时要注意保护好瞄准具，避免因磨光而发光。

第五节 手枪使用基本技术

一、手枪的佩戴、出枪

（一）手枪的佩戴

手枪的佩戴方法，可分为制式装具佩戴和非制式装具佩戴两大类。

1. 制式装具佩戴

在执行站岗、巡逻、队列训练、重大集会等一般公务时，均可使用制式装具佩戴手枪，以保持警容严整、方便使用为原则。制式装具包括配发的枪套、子弹盒、背带等。

1）全套前佩戴

佩戴时，背带左肩右斜并调整至合适长度，使枪套在右，子弹盒在左，各距带扣 5 厘米，随武装带的扎扣固定在警服中线两侧（见图 5-212）。

2）全套后佩戴

佩戴时，背带左肩右肋使枪套位于右股处，武装带压住背带，子弹盒穿在武装带上位于警服中线左侧（见图 5-213）。

3）无背带前佩戴

除解掉枪背带外，其余同全套前佩戴（见图 5-214）。

图 5-212

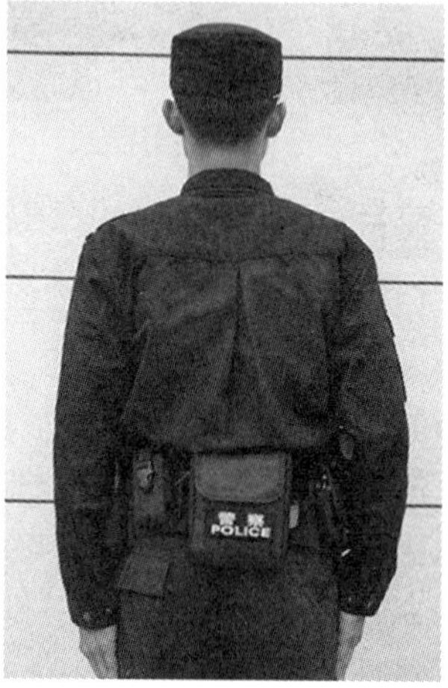

图 5-213

图 5-214

2. 非制式装具佩戴

在执行特殊任务时和根据需要，可使用非制式装具佩戴武器，以不暴露身份、行动意图和使用方便为原则。非制式装具佩戴方法主要有腹前佩戴、腰侧佩戴、腰后佩戴。其他佩戴方法有腋下佩戴、腿部佩戴、衣袋佩戴、衣袖佩戴、包内佩戴等。

1）腹前佩戴

将枪套穿在腰带上，置于腹前（见图 2-215）。其特点是便于出枪，但不利于低姿匍匐。

2）腰侧佩戴

将枪套穿在腰带上，置于腰右侧（见图 5-216）。其特点是出枪速度较慢，但利于匍匐及前滚翻。

3）腰后佩戴

将枪套穿在腰带上，置于腰后侧（见图 5-217）。其特点是便于行动，但出枪不迅速，不便于防护枪支。

图 5-215

图 5-216

图 5-217

（二）出枪

出枪是指人民警察在依法使用武器时，从正常状态下（如站立、行走）迅速将手枪从枪套中抽出、推子弹上膛、形成概略瞄准射击姿势的动作过程。经常使用的出枪方法主要有全枪套出枪、半枪套出枪、快枪套出枪三种。

1. 全枪套出枪

全枪套出枪时，两手取捷径，左手按住枪套中下部，同时右手向上拉开枪套扣，拇指顶住枪套盖，其余四指迅速沿枪套内壁下伸，用力握住枪柄将枪抽出，左手拇指压下击锤（右手拇指打开保险），左手反握套筒，推子弹上膛，随后松开套筒，立即形成双臂立姿无依托据枪姿势，将枪概略指向目标。

2. 半枪套出枪

（1）侧对目标站立，两眼正视前方，射击信号发出，右手快速上提贴于枪套，同时拇指向上挑开搭扣（见图 5-218）。

（2）拇指快速插入枪套内，并以中指、无名指扣握住握把，拔出枪的同时拇指顺势打开保险机（见图 5-219）。

图 5-218

图 5-219

（3）快速指向目标的同时，左手迅速捏握套筒后部，形成“左拉右推”快速上膛动作，并迅速呈双手据枪姿势（见图 5-220、图 5-221）。

图 5-220

图 5-221

（4）在整个出枪过程中，扣扳机用的食指一定要放在扳机扶圈外，左手不允许在枪口前移动。

3. 快枪套出枪

（1）侧对目标站立，两眼正视前方，射击信号发出，快速正确地握住枪靶，同时用拇指打开搭扣（见图 5-222）。

（2）拇指顺势打开保险机，并向上快速抽出手枪（见图 5-223）。

图 5-222

图 5-223

（3）快速指向目标的同时，左手捏握套筒后部，枪面向左，形成“左拉右推”快速上膛动作，并迅速呈双手据枪姿势。

（4）在整个拔枪、上膛过程中，扣扳机用的食指一定要放在扳机扶圈外，左手不允许在枪口前移动。

（三）握枪与持枪

1. 单手握枪与持枪

握枪时，先以右手虎口对正枪的握把后方，拇指自然伸直紧贴枪身，手掌和其余手指合力握住握把，食指伸直贴于扳机护圈外侧，左手扳击锤向后成待发状态。64 式、77 式、92 式手枪先打开保险。持枪于右胸前，右大臂自然下垂，手与肩同高，枪口指向前上方（与身体夹角不得小于 30°），两眼观察目标，成持枪姿势站立（见图 5-224、图 5-225）。

图 5-224

图 5-225

2. 双手握枪与持枪

握枪时，右手同单手握枪要领，左手掌与右手掌一起合抱握把，四指紧贴右手三指指缝，两手大拇指自然前伸，紧贴于枪的一侧，并适当用力握紧（见图 5-226、图 5-227），根据枪的后坐力大小及射速的快慢，可适当加大右手握枪、前推及左手后拉的力量。持枪时，双手与肩同高，枪口指向前上方（与身体夹角不小于 30°）（见图 5-228）。

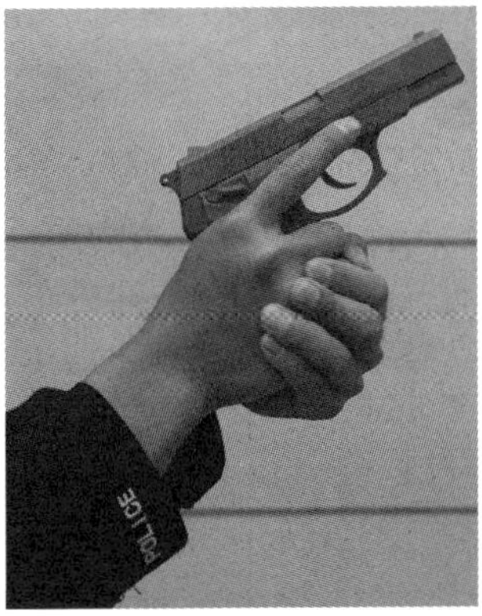

图 5-226

图 5-227

图 5-228

二、验枪、装退子弹

验枪是预防事故、保证安全用枪的一个必要程序，是及时、有效地使用武器的前提。人民警察应养成经常验枪的习惯。在使用武器前后及必要时，特别是与他人交接武器时，均应验枪，认真检查弹膛、弹匣内有无实弹，以及弹药内有无混入辅助弹或其他型号的实弹，使射手对枪支的当前状态做到心中有数。验枪时严禁枪口对人，严防事故发生。装子弹是射击前的准备过程。退子弹是完成任务或实弹射击完毕后检查枪弹、保证安全的重要步骤。

（一）验枪

口令："验枪""验枪完毕"。

动作要领：听到"验枪"的口令后，右脚向前迈出半步（两脚约与肩同宽），身体半面向左转，右手打开枪套，取出手枪屈臂置于体前，枪口指向前上方，成持枪姿势站立。右手拇指按压弹匣卡榫，左手保护（防止弹匣掉落地上）并取下弹匣，将弹匣放在枪柄左侧，用右手大拇指夹握或夹于小指和无名指之间。左手扳击锤向后置于待发状态。左手捏握套筒后部拉送套筒向后到极限位，用眼睛和手指观察、检查枪膛及弹匣有无子弹。验过后，自行松回套筒，装上弹匣。54 式手枪将击锤放在保险的位置，64 式、77 式、92 式手枪击发后关上保险。

听到"验枪完毕"口令后，将枪装入枪套内。

（二）装退子弹

1. 向弹匣内装子弹

左手握弹匣，托弹板向上，弹槽口向右，右手将子弹放入弹匣口，左手拇指压，右手拇指和食指推，协力将子弹装入弹匣内（见图 5-229、图 5-230）。64 式手枪弹匣，可用左手拇指向下按压侧齿，右手放子弹入弹匣内（见图 5-231、图 5-232）。

图 5-229

图 5-230

图 5-231

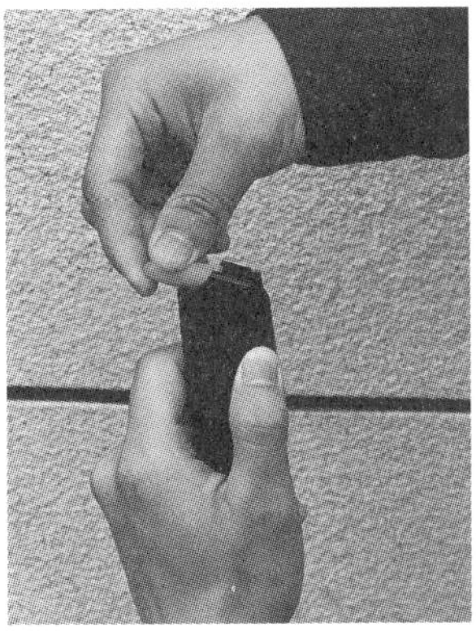

图 5-232

2. 向弹膛内装子弹

口令："立姿——装子弹"。

动作要领：右手握枪，左手拿弹匣，把弹匣送入弹仓中，握枪手向左侧倾，打开击锤成待发状（或打开保险），左手拇指、食指和中指捏住套筒的后半部，双手相向用力，拉套筒到后方定位（77 式手枪还可扣压扳机活动护圈）并松开，推子弹上膛（见图 5-233、图 5-234、图 5-235）。

图 5-233

图 5-234

图 5-235

3. 换弹匣装子弹

1）54 式手枪

当弹匣射击完毕，枪成挂机状后，右手拇指按压弹匣卡榫，取出空弹匣，握于枪的左侧，左手把装有子弹的弹匣送入弹仓，并拉送套筒到前方定位或右手拇指按压套筒阻铁，使套筒利用复进簧张力自行回到前方定位（见图 5-236、图 5-237、图 5-238）。

图 5-236

图 5-237

图 5-238

2）64 式 7.62 毫米手枪

当弹匣射击完毕，枪成挂机状后，右手拇指按一下弹匣卡榫，取出空弹匣，左手把装有子弹的弹匣送入弹仓，拉送套筒到前方定位。

3）77 式 7.62 毫米手枪

当前弹匣射击完毕后，右手拇指按一下弹匣卡榫，取出空弹匣，左手把装有子弹的弹匣送入弹仓，拉送一次套筒或用食指（中指）扣扳机活动护圈向后形成单手装填动作。

4）92 式 9 毫米手枪

当前弹匣射击完毕后，枪成挂机状，右手拇指按一下弹匣卡榫，取出空弹匣，左手把装有子弹的弹匣送入弹仓，左手拉送一次套筒或右手拇指直接压挂机扳把使枪机复进到位。

4. 退子弹

口令："退子弹"。

听到"退子弹"口令后，右手拇指按下弹匣卡榫，左手取出弹匣交给右手，握于枪的左侧，54 式手枪扳击锤向后到待发状态，64 式、77 式、92 式手枪打开保险。

左手拇指和食指捏住套筒，虎口向后（反手拉套筒），向后快拉套筒，左手其余手指从抛壳孔口抓住抛出的子弹，送回套筒，将退出的子弹装入实弹匣内。

三、据枪、瞄准、击发

据枪、瞄准、击发是相互联系和相互影响的动作，稳固持久的据枪、正确一致的瞄准、均匀正直的击发，三者的正确结合是准确射击的关键。因此，必须刻苦练习，熟练掌握动作要领。

（一）据枪

基本据枪动作包括立姿单臂无依托据枪、立姿双臂无依托据枪、跪姿据枪和卧姿据枪。

1. 立姿单臂无依托据枪

1）据枪动作：站、握、挺、伸

（1）站：站立时两脚分开与肩同宽，身体侧线与射向成160°～180°，以保证抬臂时获得最佳自然指向。头平正地向右摆动，使右眼处于“正视”位置（见图5-239）。

图 5-239

（2）握：是指握枪的动作。持枪手虎口中心正对握把后方，虎口上平面与握把后弯曲部上沿平齐，手掌内侧满贴枪体，拇指自然前伸贴于握把与连接轴处，食指置于扳机扶圈外。掌根部和食指以下三指沿枪身轴线前顶回握，合力握住握把，握力的大小以枪身在掌内舒适满把为准。

（3）挺：是指挺腕。保持手腕的适当紧张，使枪身轴线与左臂轴线相平行，并始终保持力量、姿势不变。

（4）伸：是指持枪手臂的动作。伸臂时，以肩三角肌收缩为主，用大臂带动小臂上抬，当枪面抬至与眼睛同一水平线时，固定肩角，肩关节自然放松，让手臂自然伸直。

四个环节动作要求：站得稳固，握得贴实，伸得自然，挺得恒定。在进行多目标转移射击或对运动目标射击时，以腰椎为轴，以上体转动带动手臂平行移动。

2）易犯错误动作及纠正方法

（1）握枪方法不对。包括：① 握位低，虎口上沿与握把后弯曲部留有空隙，由于改变了原定的力臂量而使射弹偏低；② 枪轴偏，枪身轴线没有对正虎口中心，易使射弹产生偏移；③ 拇指向下压枪，易使射弹偏向右下方；④ 握枪力量不均匀或方向不对，易增大射弹散布量；⑤ 食指靠扳机的位置有偏差（指位偏），偏向第一指节根部，则射弹偏左，偏向指尖部，则射弹偏右。

纠正时，强调：①“正”，枪轴正对虎口；②“含”，握枪力量以前后为主并使掌内侧贴住握把即可；③“靠”，食指第一节中部靠在扳机上，具体位置以扣扳机时准星在缺口内不摆动为准；④“平”，虎口上沿与握把后弯曲部对齐，使枪身轴线与手臂轴线相平行。检查者握住枪口并轻轻向后推拉，枪与手能够形成整体运动。检查者在练习者无准备的条件下，沿枪口正直向后拍击，练习者持枪臂整体向后上方跳动，则动作正确。

（2）自然指向偏差。射手自然用力举枪后，瞄准线应自然指向瞄准区，否则应调整两脚的位置（站立角），以保证方向指向准确，并调整“折腰动作”（站姿）以保证高低指向正确。如单纯用移动手臂或扭动手腕的方法来调整瞄准线，则击发时，特别是在高度紧张或疲劳状态下，枪口会自动向偏离方向移动（恢复自然指向状态），造成射弹偏差。如此时射手保持原姿势不动，射弹就会有规律地向偏离方向一侧散布。纠正的方法是：射手大致站好位置后，闭上眼睛，将枪概略指向目标并调整姿势至舒展时，再睁眼检查瞄准线是否指向瞄准区，否则需调整站立姿态，直至获得准确指向，并通过练习使这种指向成为习惯动作。

（3）据枪时缩肩或提肩。这是射手因畏惧后坐或强行稳定举枪动作而经常出现的毛病，是实弹射击中意外弹和脱靶的重要原因。纠正时，射手据枪后，先做类似体操中的伸展动作，将肩关节放松，而后进入整体练习。检查者在练习者无准备的条件下，沿枪口正直向后拍击（模拟后坐），如练习者整个手臂同时向后，大部分力量消失在肩部，则动作正确。

2. 立姿双臂无依托据枪

1）正面双臂据枪

身体面对射击方向，两脚左右自然开立与肩同宽，两臂向前自然伸直。右手握枪，左手托握右手腕或与右手合握枪柄，使枪口概略指向目标（见图 5-240、图 5-241）。其特点是：正面对等三角形双臂据枪，射击动作形成较快，稳定性好，但射击中身体暴露面积大。在实战中采用此动作时必须迅速、敏捷。

2）侧身双臂据枪

身体侧对射击方向，两脚前后开立与肩同宽，身体重心落于两脚之间，肩轴线与两脚平行，成 45°角侧对射击目标。右手握枪，自然伸直，左手托握或与右手合抱枪柄，左臂弯曲成 45°角，左肘向下约与地面垂直，用右手前推、左手后拉的合力稳定手枪（见图 5-242）。其特点是：出枪迅速，稳定性好，射击中便于观察、隐蔽和姿势变换，暴露面小，是目前警察射击实战中最常用的动作。

图 5-240

图 5-241

图 5-242

3. 跪姿据枪

跪姿据枪在应用射击中运用较多，特别是警组持枪配合时，主要有跪姿单臂据枪、跪姿双臂据枪两种。

1）跪姿单臂据枪

选好射击位置后，眼睛注视目标，右脚向前迈出一步（或左脚向后撤一步），身体侧对射击方向，两腿迅速弯曲，左膝跪地，上体正直，微向前倾，以左右脚掌和左膝盖对身体形成稳定的三角形支撑，右臂伸直，自然指向目标（见图 5-243）。

2）跪姿双臂据枪

跪姿双臂据枪时，眼睛注视目标，左脚向前迈出一步（或右脚向后撤一步），身体侧对射击方向，左膝弯曲，右膝跪地，根据情况可交换跪地脚。可分为高姿跪地据枪和低姿跪地据枪（见图 5-244、图 5-245）。

图 5-243

图 5-244

图 5-245

4. 卧姿据枪

卧姿据枪常用于开阔地射击，可分为单臂侧卧据枪（见图 5-246、图 5-247）、双臂侧卧据枪、双臂正卧据枪等（图 5-248）。

图 5-246

图 5-247

图 5-248

（二）瞄准

为了使瞄准基线指向目标所做的各种动作叫瞄准。瞄准的正确情况是（以右手持枪为例）：眼睛通视缺口和准星，准星的上沿与缺口的上沿平齐，准星在缺口的正中央。平正的准星与缺口构成正确的瞄准基线，使这条基线指向瞄准区域。

1. 正确瞄准

1）确定平正关系，选定瞄准区域

瞄准要求缺口和准星的平正，而常用的 54 式、64 式、77 式手枪硬件的结构上准星略低于缺口，造成射击时的射角。所以，瞄准时必须考虑平正误差和弹着点偏差量的关系。例如，平正误差 1 毫米，在 25 米距离上弹着点偏差量：54 式手枪为 16 厘米，64 式手枪为 21.3 厘米，77 式手枪为 20 厘米。距离加倍，偏差量也加倍。

因此，瞄准时应将视觉注意力放在准星与缺口的平正关系上，做到平正清晰、目标模糊（见图 5-249）。

不正确的瞄准见图 5-250。

另外，瞄区不瞄点，瞄准时受身体和环境因素的影响，要瞄准一点非常困难。实战中手枪射击一般以击中对方目标区域为主。因此，手枪的瞄准不强求精确到点，而应围绕瞄准点选择一个有限范围的瞄准区。

还有，正确理解据枪晃动的必然性，了解和认识晃动的规律，在瞄准时加以运用，并根据目标距离、目标大小、个人习惯、训练水平和弹道高等因素来选择瞄准区（见图 5-251）。

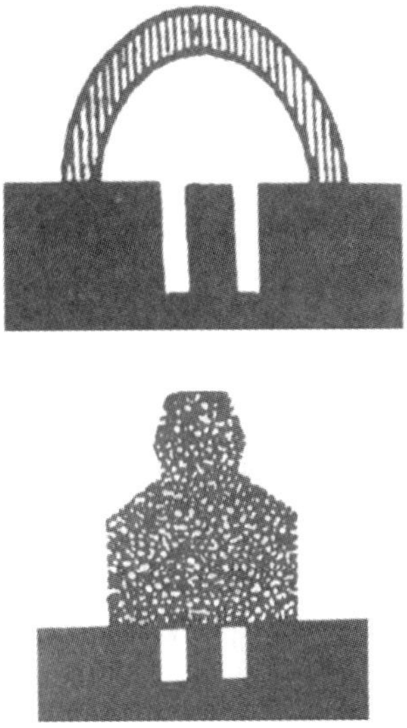

图 5-249

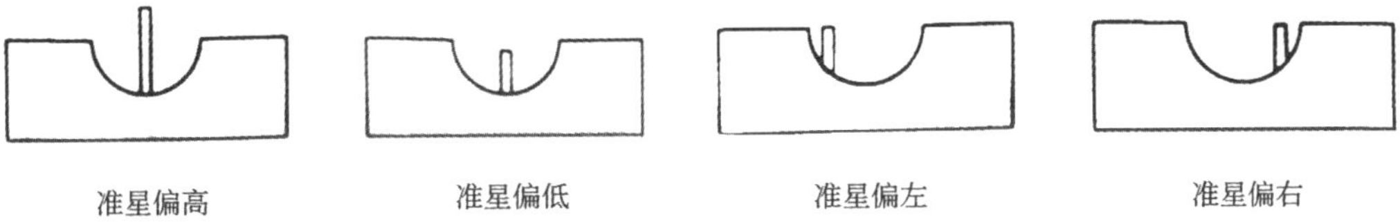

图 5-250

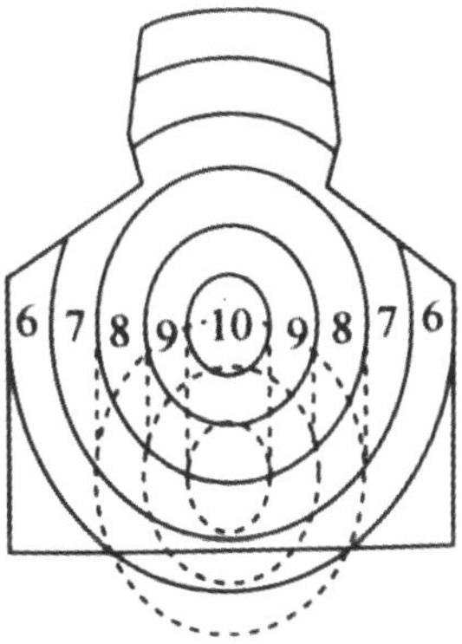

图 5-251

2）调整呼吸

瞄准如果有充裕时间，在举枪前可做深呼吸，形成良好的有氧状态，据枪时吸气，手臂上升（自下而上）同时缓慢呼吸 2～3 次，进入瞄准区后，精力高度集中，调整力量构成准星、缺口平正关系，在保持“力量、姿势、瞄准线”三不变的同时“视力回收”，始终把平正关系看得清楚。这时的感觉应该是既不呼吸，也不觉得憋气，维持这种状态并在瞄准区内保持自然、协调、有规律的晃动，直至击发。

3）瞄准规律的掌握

（1）放大瞄准区。手枪射击时，初学射手对瞄准区的要求往往超过其实际的“稳定”能力，尤其是在考核时，瞄准是在心情紧张、枪支晃动的情况下进行的，射手若把精力过分集中在瞄得“准”上，势必会分散对整套动作的注意力和形成苛求瞄准。因此，应适当放大瞄准区，抓好“收视”和击发瞬间的力量保持这个主要矛盾。

（2）晃动中平正准星、缺口。平正准星、缺口的“平”，就是指准星尖与缺口上沿在同一平面线上；“正”，就是准星要位于缺口正中央。在晃动中正确平正准星、缺口是无依托射击和有依托射击的重大区别，“晃动不可避免”是手枪射击的重要特点。因此，射手在瞄准时一定要将主要精力放在保持准星、缺口的平正关系上，注意保持枪和手臂的晃动频率一致，掌握晃动的规律，力争在相对稳定期击发。

4）移向瞄准区方法的掌握

（1）自下而上。在瞄准区的下方平正好准星缺口，然后自下而上缓慢地向瞄准区运枪，边瞄（注重平正关系）边预压扳机，在瞄准线指向瞄准区中心附近时完成击发。此方法左右晃动小，射手容易掌握运枪速度，便于射手在运枪过程中（或晃动中）完成击发。

（2）由上而下。将瞄准线由上而下接近瞄准区，运枪、瞄准和击发的方法同“自下而上”，但此方法由于惯性作用，初学射手不容易保持枪的运枪速度和正确瞄准。

（3）直接指向。将瞄准线直接指向瞄准区。此方法枪左右晃动较大，并且容易使射手抢瞄点，形成猛扣扳机击发。

根据上述情况，手枪射击时，初学射手一般采用由下而上将瞄准线指向瞄准区的方法，并注意运枪速度均匀、平正关系和均匀正直预压扳机；训练程度好的，也可采用将瞄准线指向瞄准区的方法（快速射击必须采用此方法）；自上而下的运枪方法初学者一般不采用。

2. 概略瞄准

概略瞄准在实战过程中运用较多，通常在情况紧急、来不及进行精确瞄准或不易精确判定射击距离、目标大小等情形时使用。

动作要领为：两眼盯紧目标，使枪位于两眼之间的视平线上或略低于视平线，并利用眼睛的余光和人体的本体感觉、空间感觉，将枪支概略指向目标。射击时眼睛盯住期望命中区域的中心部位，并及时观察弹着修正偏差。也可采取对小目标瞄下沿、对大目标瞄中央的方法进行概略瞄准。

（三）击发

击发时，用右手食指第一节中部均匀正直地向后扣压扳机，余指力量不变，当瞄准线接近瞄准区时，应预压扳机，并减缓呼吸；当瞄准线指向瞄准点或在瞄准区内轻微晃动时，自然停止呼吸，继续对扳机增加压力，直至击发。击发瞬间应保持正确一致的瞄准。若瞄准线偏离瞄准区或不能继续停止呼吸时，不要勉强击发，待修正或换气后，再继续扣压扳机。击发的正确感觉是：有意识扣，无意识响。

1. 易犯错误动作及纠正方法

1）握枪用力不当

射击时，射手强力控制枪的晃动，造成肌肉紧张，使枪产生角度摆动，增大射弹散布。纠正时，应强调握枪要自然，用力不宜过大。击发时，注意保持握手枪握把和挺手腕的力量不变，不要因扣扳机而扭动手腕或增加握枪力量。

2）击发时机掌握不好

无依托据枪稳定性较差，射手想使瞄准线停在瞄准点上，必然增加瞄准时间，造成枪的更大晃动。纠正时，应强调瞄准线在瞄准点附近轻微晃动时适时击发。练习时，可用加强臂力锻炼和逐步缩小瞄准区的方法，摸索晃动规律，掌握击发时机。

3）猛扣扳机

射击时，由于射手内心紧张或捕捉瞄准点，形成猛扣扳机、眨眼和耸肩等错误动作，影响命中。纠正时，应强调按要领操作，把主要精力、视力集中在准星与缺口的正确关系上，达到自然击发，要求在击发瞬间能看清瞄准线指向的情况。训练中，射手可在据枪后，放一小石块在套筒上，体会既要完成击发动作，又要使石头不掉下的击发用力方法。

4）枪面倾斜

瞄准时，若枪面偏右（左），由于瞄准角和弹道的关系，致使射弹偏右（左）下。纠正时，应强调射手据枪保持枪面平正。

5）停止呼吸过早

射击时，停止呼吸过早，造成憋气，使肌肉颤动，据枪不稳或猛扣扳机（勉强击发）。纠正时，应使射手掌握在何种情况下自然停止呼吸的要领，剧烈运动后，应进行深呼吸或深吸一口气，再停止呼吸。

2. 正确击发的要求

1）手指的最佳位置

不论是拇指贴压击发片，还是食指扣压扳机，都有一个最佳位置。右手食指扣压扳机时，以第一节中央部位为最好。食指内侧与枪之间应有不大的空隙，拇指（或虎口）与食指合力击发。如果用食指尖部或根部贴压扳机，击发时就容易使扳机与发射线角度向右偏移。扣扳机的食指贴压位置无论过左还是过右，都会导致枪口的摆动，引起射弹偏差（见图 5-252、图 5-253）。

图 5-252

图 5-253

2）用力要均匀正直

均匀正直击发与猛扣扳机是有区别的。手枪的扳机引力一般在 0.9～1.5 千克之间，扣压扳机的力量贯穿于开始预压扳机到解脱击锤（或枪机）的全过程中，而这个用力过程完成得好与坏，直接影响射击精确度。击发要均匀正直，快扣而不猛扣。

3）预压扳机要协调

在用力正直的同时还要注意预压扳机的协调。有经验的射手熟悉武器的扳机引力，击发前预压扳机，待瞄准线指向瞄准点或在瞄准点附近轻微晃动时，再有知有觉地逐渐增大对扳机的压力，完成击发，整个动作协调自然。经验不足的射手则往往因害怕预压扳机走火，或“抢”瞄准点而一扣到底，或由于情绪紧张而不自觉地耸肩、眨眼和猛扣扳机。这达不到理想的射击效果。

4）保持姿势、力量和瞄准线三不变

正确击发的全部要领都是为击发瞬间保持瞄准线的不变。要做到这点，就必须从扣扳机开始到弹头脱离枪口的全过程中，保持手、肘、肩和整个射击姿势与力量的相对稳定，做到不憋气、不眨眼、不耸肩、不猛扣扳机，在枪响瞬间能看清瞄准线的指向。

（四）快速射击技术

1. 快速射击技术的概念

快速射击技术是指手枪快速从枪套中完成出枪、上膛、瞄准、击发动作的技术。动作要领为右手食指或拇指挑开枪套的同时快速拔枪；枪从枪套中拔出的同时枪口指向目标，右手持握将枪从腰际推向肩平据枪的同时左手辅助推拉套筒使子弹上膛，概略瞄准后扣扳机开枪射击。动作过程可概括为：“挑、拔、推、拉、扣”五个字。要求动作协调连贯，速度快，不能犹豫和停顿，快速射击技术需通过反复训练才能形成自动化动力定型。

2. 快速射击技术的要求

快速反应射击大多应用于近距离作战，要求以最短的时间、最快的速度向目标完成射击。具体要做到“三快一中”。“三快”即判明目标快、出枪反应快、完成射击快；“一中”即首发命中。

在实战中快速射击根据目标的情况和技能决定射击的顺序：

（1）先射击危险程度大的目标；

（2）先射击大目标；

（3）先射击近距离的目标；

（4）根据射击技术的好坏选择目标。

3. 快速射击易犯错误及纠正方法

（1）猛扣扳机，破坏准星与缺口的关系，造成较大射弹偏差。

纠正方法：应强调快速均匀、正直向后用力扣压扳机。

（2）枪支颤动。

纠正方法：应强调握枪时不要用力过大，两臂肌肉用力要协调。

（3）手腕挺不住，造成射弹偏低。

纠正方法：多练习臂力、腕力，握枪时强调手腕用力挺直。

（4）左手用力不当。

纠正方法：强调左手拉握右手与右臂形成前推后拉之势，注意左手后拉不要用力过大，保持枪的稳定性。

（5）射击姿势不正确，重心不稳固。

纠正方法：强调正确的站姿、跪姿角度，保持身体稳定性。

（6）握枪一致性差。

纠正方法：强调右手前后捏握枪柄和左手的拉握力度。不要打一枪松一下，要连续射击完毕后再调整。

（7）据枪时构成基线不正确，用眼睛找准星。

纠正方法：强调头部要摆正，用瞄准基线找眼睛的水平线。

（8）据枪时不到位，构成瞄准基线慢，影响首发射击速度。

纠正方法：强调双臂握枪要快度、到位，不要忽高忽低。

（9）射击时，扣扳机的食指不灵活，松开扳机时离开扳机。

纠正方法：强调多加强食指“两快 慢”练习，松扳机时向前的引力松开，食指不要有意识地向前弹开。

（10）射击时，弹与弹之间的连续性不好，忽快忽慢，没有节奏感。

纠正方法：按规定的时间分配每一发子弹的时间，做到心中有数，节奏明显。

（11）出枪或更换弹夹时眼睛看枪。

纠正方法：强调眼睛始终看向目标方向，动作时要全凭手感来完成。

四、射击训练方法

（一）射击安全意识训练

树立手枪使用的安全意识，并使这种意识在日常训练中内化为自己的行为习惯。用枪安全意识主要包括以下几个方面。

1. 安全知识教育

主要是通过对枪支构造、性能的介绍，使学员知道枪支故障引发的安全隐患；通过射击场的规格、设施的介绍，使学员了解在什么情况下容易出现场地安全隐患；通过对枪支持有、保管使用过程的安全常识和规则的介绍，使学员形成安全观念。

2. 动作安全训练

经过规范训练，养成规范的验枪、持枪、据枪习惯，以防止在训练过程中因用枪动作不规范而发生事故。

3. 习惯养成训练

经过安全思想和行为的规范训练，使学员形成安全用枪行为习惯，保证在任何情况下把安全用枪放在第一位。

4. 非安全用枪动作

（1）非指向目标射击时食指扣于扳机上（见图 5-254、图 5-255）。

图 5-254

图 5-255

射手在装退弹匣、上膛、排故、退弹验枪、初始举枪及间歇调整等非指向目标射击时，食指往往习惯扣于扳机上。

（2）枪口指向超过安全射界（见图 5-256、图 5-257）。

图 5-256

图 5-257

射击时，射手在调整耳罩、手臂疲劳、枪支故障、停止射击等情况下，往往不自觉地将枪口指向超过安全射界。

（3）左手位置错误（见图 5-258、图 5-259）。

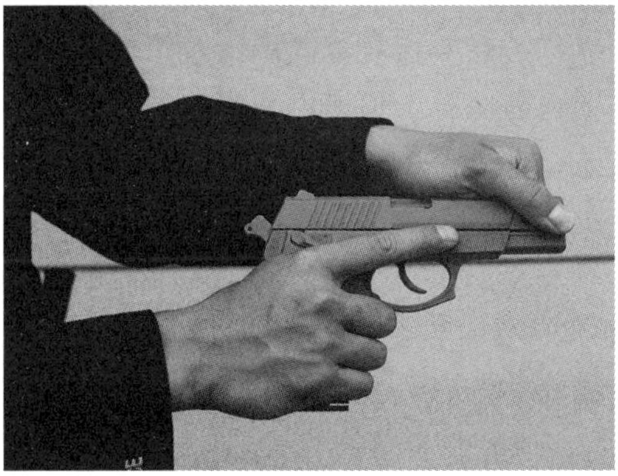

图 5-258

图 5-259

（二）射击技术训练

手枪射击技术训练，是一种动作养成训练，这种训练有其自身的规范性要求和技术训练方法。

1. 射击技术训练要求

1）稳定性

稳定性是指整个射击训练要划分为不同的训练阶段，每一个训练阶段的训练内容、动作要求保持稳定不变，便于学员形成稳定、正确的动作概念。

2）一致性

一致性是指每一个训练阶段中，要求阶段训练的基本动作不仅要正确，而且要高度的一致。通过动作的一致要求，使动作符合规范，并养成正确的动作习惯。

3）渐进性

渐进性是指训练阶段的过程和射击成绩的要求，要遵循动作有反复的规律，训练的难度和强度都要由低到高、循序渐进地进行。

4）平稳性

平稳性是指学员每一阶段实弹体会成绩，要保持在相对平稳的成绩阶段上，不能上下浮动太大。只有这样才能使学员一步步树立起信心。

2. 射击技术训练方法

1）白靶练习法

这种练习的目标是白靶纸、白墙或空地，没有明确的瞄准点，注意力容易集中，可以纠正视力前移苛求瞄准的毛病，也可以纠正扣扳机动作中出现的不敢预压扳机或抢扣扳机的毛病。对不同距离的白靶进行空枪瞄准练习和实弹射击体会，最有利于建立正确的动作概念，可以增强学员的扣扳机动作意识，掌握正确的扣扳机动作方法和扣瞄动作协调配合的能力，从而大大地提高学员手枪射击动作一致性和命中目标精度的成绩。

2）密度射击训练法

密度射击训练就是对目标（胸环靶等）一次性射击一定数量的子弹，在射击过程中不看弹着点（不看成绩），集中精力做好每一发子弹的动作，尽可能使每一次动作相一致。密度射击训练能够强化和巩固正确动作要领，提高动作的一致性。通过密度射击训练，可以检查动作的质量，增强完成动作的自信心。

3）体会射击训练法

体会射击就是对目标（胸环靶等）实弹射击，通过实弹射击检验技术动作的练习效果，训练中要求每打一发子弹，都要明确目的，以正确的动作进行射击，强化每打一发子弹的动作感受；通过弹着点的反馈，建立起经过实弹检验的正确技术动作概念，并能进一步熟练动作、强化定型、提高技术，反复探索技术方法；通过动作的成功或失败，会找到一套适合自己的合理的技术动作程序，以利于形成自己的技术动作特点和技术动作风格。

（三）射击心理训练

手枪射击受心理因素影响较大，通过射击心理训练能帮助射手自我控制情绪，自我暗示，养成良好的用枪心理倾向。

1. 表象训练法

表象训练法是指有意识地积极主动利用自己头脑中形成的表象进行训练的方法，不做肢体动作，而是在头脑中详细描述动作的全部过程或部分动作的细节。有时又是唤起在实战中或训练条件下的感觉的一种训练方法。

2. 放松训练法

初次参加实弹射击的人，一般都会出现紧张、恐慌、焦虑和不安等情绪。语言上的安抚，射击动作的示范，亲身感受枪声和后坐，都有助于建立直观感受。在射击过程中，首先不要追求射击速度，而应把主要精力放在准星与缺口的平正关系上，注意击发动作平稳，另外，做深呼吸可以使肌肉放松，情绪放松。

3. 心理暗示法

1）直接暗示

直接暗示是教师以技巧性的语言或表情给学员以引导和暗示。学员接受教师的暗示过程，就是内心的逻辑活动过程，从而改变原有的不良感觉和动作，提高射击精确度。如在实弹射击教学过程中，教师发现某学员面部肌肉僵硬、泛白，双手发抖，射击动作无法进行，就对其言语提示："把注意力集中到平正关系上；食指均匀加压，其余手指力量不变；注意控制腕部力量等。"学员按照要求调整自身动作的过程，就是接受直接心理暗示的过程。

2）自我暗示

自我暗示是学员用简短、正面、肯定的语言反复默念，从而产生一种心理影响，使自己不加思考地接受某种意念的过程。射击中用自我暗示法可以稳定情绪，建立正确动作概念，防止错误动作产生，也可以排除紧张，保证技术水平的发挥。例如，实弹射击前学员可以根据自己的状态或技术弱点有针对性地"自言自语"。比如针对紧张引起的心慌、腿软、手心出汗等可以说："我不紧张，我很放松。""头部放松、肩部放松、腹部放松……"以此来调整自己。针对据枪问题可以用"枪面要平，扣落第一道火，压实第二道火"来暗示自己，检查自己的动作。对于瞄扣配合上的问题可以用"平正准星、边瞄边扣，边晃边扣"的语句提醒自己。击发时可以反复默念"食指单独用力，均匀加力，正直向后扣扳机"，"不管什么时间，盯牢平正关系，保持住力量，直到扣响为止"，等等。

4. 模拟仿真训练法

射击训练的仿真程度越高，越接近实战，训练效果就越好。利用仿真枪和激光模拟训练系统进行强化训练，加强对移动目标和乘车、船等交通工具的射击训练，使心理状态和技术动作不断强化，逐渐贴近实战。

五、实弹射击组织方法

实弹射击组织程序如下。

1. 射击前组织程序

（1）领取枪弹。教练员核对枪弹型号、数量，验枪完毕后出库。

（2）加强对枪弹出库途中的安全防范意识。

（3）排除靶场安全隐患。

（4）明确落实发弹、记录、检靶、安全监督人员的工作任务。

2. 射击中组织方法

（1）当指挥员下达“射手就位”口令后，射手可进入射击位置，并面对目标呈立正姿势。

（2）当指挥员下达“验枪”口令后，射手取枪按动作要领自行验枪。听到“验枪完毕”口令后，将枪放置在射击桌上，并面对目标呈立正姿势（见图 5-260）。

（3）当指挥员下达“发子弹”口令后，弹药员发放子弹，射手确认子弹数量；“压子弹”口令下达后，射手将子弹压入弹匣内，并将弹匣置于射击桌上，面对目标呈立正姿势。

（4）当指挥员下达“装子弹”口令后，射手根据不同射击姿势的要求，在右脚或左脚后撤半步的同时，半面转体呈站立准备姿势，并取枪在“低戒备位”持枪姿势状态下完成上弹匣、拉套筒上膛动作（见图 5-261、图 5-262）。

图 5-260

图 5-261

图 5-262

（5）当指挥员下达“射击”口令后，射手按动作要领自行射击（见图 5-263、图 5-264）。

图 5-263

图 5-264

第六章

警务战术

第一节　警务战术概论

人民警察肩负着维护国家安全，维护社会治安秩序，保护公民的人身安全、人身自由和合法财产，保护公共财产，预防、制止和惩治违法犯罪活动的重要任务。人民警察在执法过程中制止违法犯罪活动的行为是职务行为，可以依法采取强制手段，根据需要依法使用警戒具与武器。监狱人民警察是人民警察的重要警种之一，它是国家实施刑罚的主体，是保障监狱安全、维护监管秩序的主要力量，受国家法律保护。警务战术是执行临战处置决策最基础的行动方法，其目的是在执法活动中合理地运用警力资源、技术资源和情报资源，安全高效地预防和制止暴力侵害、控制危机局势、制胜武力对抗、缉捕犯罪嫌疑人。

一、警务战术的概念

在我国警务战术研究的发展历程当中，相继出现了“查缉战术”“缉捕术”“临战战术”“警察战术”“警务战术”等一系列学术概念。2002 年，相继出现“警察战术”“警务战术”的概念，警务战术的主要作战环境往往是城市，其战术目的是以抓捕和控制为主，因此，警务战术训练的原则为：以法为本、循序渐进、立足实战、精讲多练、理论联系实践，侧重速度、力量和爆发力；训练方法则以理论讲授、战例分析、模拟训练和演练演习为主，在制订对抗演习计划时，应通盘谋划，要紧紧把握案件性质、警务实战类型、警务实战规模、双方的技术装备、对抗的形式、指挥条件、指挥方式、通信与交通工具、场地设施、受训者的能力和训练目的等因素，安排推演时间和内容。要使训练计划严谨，步骤清晰，协调及时，保障有力，以提高受训者在指挥、组织和实施警务实战以及灵活应变等方面的能力。随着世界警务改革的加快和国际警务合作、反恐演练的增多，警务战术逐渐被广泛运用。

警务战术的运用，对于保障执法活动目的的有效性，打击犯罪，保障警务人员的行动安全，以及合理规范执法行为，都有着非常重要的作用。警务战术在促进人民警察职业素质与战斗力的提高，以最小代价获取最大执法效益等方面，都有着奠定基础与实现效果的较大作用。警务战术的实质在于通过高水平的“斗智”活动，以最小代价、最佳方式，合法高效地打击违法犯罪活动，达到维护与建设良好社会治安秩序的目的。

二、警务战术的定义

警务战术，是指警察在警务活动中，针对危害警察执法安全和公共安全的暴力对抗行为所采取的有关临场处置的技能、技巧、方法、措施、指挥以及工作模式的总和。

通过定义可以看出：首先，警务战术行动是一种警察执法活动，属公务行为；其次，警务战术行动的运用对象是针对已经或正在发生的暴力抗拒执法或危害公共安全的行为；再次，警务战术行动是具有鲜明针对性的一种临场处置行为，而前期调查与后期侦查并非我们的研究范畴；最后，警务战术是一种方法与机制的集合体，包含众多手段、措施与技能的综合运用。警务战术，是指导警察依法采取武力对抗活动的科学方法，是人民警察为预防制止暴力侵害，控制危机局势，制胜武力对抗，缉捕犯罪嫌疑人进行战斗时所遵循的原则，以及以必要武力使用为基础的策略方法的总称。

三、警务战术的基本要点

开展警务技能、警务战术训练，应贯彻以下三个基本要点。

（一）战术思想

战术思想，即战术理论、制定战术方案的思路等。其中，战术理论是对警察长期现实斗争经验的总结和升华，它对战术方案的制定起指导作用。战术方案是进行实战的总体规划、战术部署等，是直接指导参战人员作战的依据。一般制定战术方案应依据以下几个要素。

（1）信息要素。制定战术方案必须考虑敌我双方的人数、人员素质、武器装备以及可利用的地理环境等。做到信息量大、信息来源准确。

（2）缜密筹划要素。要全方位、多角度地考虑问题，尽量不要有疏漏，并且能够预料到可能发生的情况变化。一般来说，制定战术要从可能发生的情况入手，备出 2～3 个甚至更多的战术和方案。

（3）简捷、实用要素。战术方案在步骤上、层次上要清晰，在人员布置上要明确，在战术结构上要简单，便于协调配合。

（4）效益要素。当出现两难的情况时，要权衡利弊以达到最佳效果。最佳效果是指以实现首要目标为主，严密控制，把握主动权，用最小的代价换取最大的战果。

（二）战术意识

战术意识是指参战人员的战术观念。战术意识一般是靠实战经验的积累或受战术思想的熏陶以及平时训练而养成的，它突出反映在临场作战中的战术运用和应变能力上。参战人员的战术意识对战术方案的正确实施及在突发事件中能否果断处置起着关键的作用。一般来说，战术意识强的人，在突发情况下，不需多思考就知道该如何去做。

（三）战术行动

战术行动是指通过战术思想指导的综合技术运用。它是整个战术训练中最为重要的组成部分，它是实现战术方案的具体运作。它主要是通过作战小组的战术配合和警察单兵技战术操作来完成。警察的战术能力是实现战术方案、完成战术行动的关键。

第二节　警戒具使用管理

在警戒具中，手铐和脚镣被称作戒具，它们是用来对有危险行为的罪犯的人身所使用的防御性器具，在使用时有具体的规定。我国监狱中警戒具统一规定为警笛、电警棍、手铐、脚镣、警绳五种。其中在监内使用的戒具仅限手铐、脚镣，警绳只用于追捕逃犯或押解犯罪分子，在监内禁止使用。2008 年，司法部出台《监狱人民警察警用装备配备标准（试行）》，警戒具的种类和数量得到了更新。

一、警戒具的适用要求

（1）对象要求。监狱人民警察使用警戒具的主要对象是监狱中的罪犯。

（2）法律要求。监狱人民警察使用警戒具应依据《监狱法》《人民警察使用警械和武器条例》等法律法规以及监狱关于警戒具使用的具体规定。

（3）装备要求。警戒具是监狱人民警察按规定装备和使用的警械。监狱使用警戒具时，不准使用土制的戒具，不准将戒具当作刑具使用。随着科技的发展和装备的精良，警戒具的种类和数量在不断变化。一种新工具成为警戒具，必须被列入规定装备，并有具体的使用规范。

二、警戒具使用的管理流程

有关部门或系统关于警戒具与武器使用的相关管理和使用规定，有《监狱关于对警戒具使用的具体规定》《××省司法行政系统公务用枪使用管理办法》《××省省属监狱枪支弹药管理规定》等。警戒具使用的管理流程见表 6-1。

表 6-1　警戒具使用的管理流程

操作流程	操作标准
开始 ↓ 警戒具配发 ↓ 警戒具保管 ↓ 警戒具使用 ↓ 结束	警戒具是指监狱民警执勤时所佩戴的单警装备及狱政科、特警大队、高度戒备监区所配发的防暴装备等；其他各单位不配发警戒具装备
	民警执勤时配发的单警装备由民警个人保管使用，狱政科、特警大队、高度戒备监区所配发的防暴装备由各部门调配使用，集中由专人保管，其他各单位不配发警戒具装备
	警戒具的使用范围仅限于押解罪犯及制止打架斗殴、群体事件、袭警等，处置各类有现实危险因素的罪犯。警戒具的使用实行严格审批程序和严格报告备案制度。对罪犯使用戒具一律报狱政科审核、监狱主管领导批准。对处理紧急事件等特殊情况时，可先行电话或口头请示，及时补办相关手续。警戒具一律由民警亲自使用
	罪犯的危险性消除后应停止使用警戒具

第三节　明确法律法规对警务战术行动的保障

监狱人民警察是指依法从事监狱管理、执行刑罚、改造罪犯工作的人民警察，是我国人民警察的重要组成部分。《人民警察法》第二条规定：人民警察包括公安机关、国家安全机关、监狱、劳动教养管理机关的人民警察和法院、检察院的司法警察。监狱人民警察同其他警种的人民警察一样，都是国家治安行政力量一部分，都是肩负一定职责的人民警察。

一、监狱人民警察的地位

《监狱法》第十二条规定：监狱的管理人员是人民警察。这在法律上进一步明确了监狱的管理人员的人民警察身份和地位。

监狱人民警察依法对罪犯实施惩罚和改造，是刑罚的执行者。监狱对罪犯的惩罚和改造，最终必须通过监狱人民警察的具体执法活动去实现。监狱人民警察执行公务的活动，是执法活动。只有监狱人民警察，才能在监狱内执行刑罚和改造罪犯，其他任何单位和个人都不能在监狱内执行这种公务。

《监狱法》第五条规定：监狱的人民警察依法管理监狱、执行刑罚、对罪犯进行教育改造等活动，受法律保护。这就是说，监狱人民警察履行职责、依法行使权利的活动，不是个人行为，而是执法行为，国家强制力确保监狱人民警察的执法活动。任何无视甚至公然对抗监狱人民警察依法执行公务的行为都是违法行为，都是不允许的，都将视情节轻重，给予严肃处理，直至法律制裁。

二、监狱人民警察的职权

监狱人民警察的职权是指监狱人民警察所享有的法定权利。《监狱法》以国家法律的形式，第一次向全社会公布了赋予监狱人民警察在执行刑罚和改造罪犯活动中的职权，并为其行使这种职权提供了切实有力的法律保障。这体现了监狱人民警察肩负的神圣职责，具有很高的法律地位。具体包括以下四点。

（一）刑罚执行权

刑罚执行权是国家法律赋予监狱人民警察依法代表国家对罪犯执行刑罚、实施惩罚、进行改造的权利。主要体现在对罪犯的关押、监督控制、严格管制、限制自由、规范行为、制裁违规、强迫劳动、强制改造，以及为保障监狱安全和监狱行刑活动的正常进行，在法定权限内对罪犯所必须采取的其他强制性或惩罚性措施的权利，主要包括收监权，对罪犯提出的申诉、控告、检举的处理权，暂予监外执行审批权，减刑、假释的建议权，释放权等。

（二）狱政管理权

对监狱的管理，对罪犯日常生活的组织、安排，对罪犯行刑活动的组织、指挥，以及对监狱安全保障等职权，统称监狱人民警察所享有的管理权。依此职权，监狱人民警察负责对罪犯日常生活的严格管理以及对行刑活动的安排、组织和指挥。主要包括分押分管权、武装警戒权、戒具和武器使用权、通信和会见管理权、生活卫生管理权、行政考核奖惩权、狱内侦查权等。

（三）教育改造权

我国的行刑目的和行刑制度决定了我国行刑基本活动都是围绕着对罪犯的教育改造展开的，因此，监狱人民警察的教育改造权即根据行刑目的、行刑制度和罪犯的实际情况对罪犯行使的各种形式的教育改造权。它是监狱人民警察依法所享有的较重要的职权之一，凭此职权，由监狱人民警察对罪犯实施强制性教育改造活动，主要有思想政治教育权、文化教育权、技术教育权、心理矫治权、个别教育权、社会帮教权等。

（四）劳动改造权

对罪犯进行劳动改造是我国监狱改造罪犯的基本手段之一。监狱采取强制措施组织罪犯进行劳动，劳动改造的法定对象是监狱中的罪犯，监狱组织的劳动是罪犯在人身自由受到限制、行动自由受到约束的条件下必须从事的法定活动。监狱组织罪犯劳动的根本目的是使罪犯通过劳动转变犯罪思想，矫正恶习，养成劳动习惯，学会生产技能，为释放后就业创造条件。

第四节 警务战术运用的原则与要求

警务战术是一种智谋的运筹艺术，无论从策略的产生，到每一案件中具体的战术方案的运用以及有关战术策略的理论形成，都需遵循一定的机制与原理。

一、警务战术运用的原则

（一）加一评估

指挥员在进行现场形势评估时，要至少加多一个危险因素进行筹划。比如，在发现一个犯罪嫌疑人时，要考虑可能还有第二个出现；第二个出现时，要考虑可能还有第三个；以此类推，进而保证现场的所有危险点都能得到有效控制。加一评估原则应当从以下几个方面予以考虑。

（1）作战目标的选择。在选择了对于战术实施具有重要或决定意义的目标予以实现的同时，还应充分考虑到可能出现的作战目标，要增加至少一个目标进行战术设计。

（2）我方的作战空间。应当有相当大的回旋余地，作战的内线与外线、进攻与防御、整体与具体等方面都应留有余地，以便视情形灵活变更战法。

（3）执法行动时限的规定。既要考虑到必要性，又要考虑到可能性。战术协同动作的时间、作战各阶段的时间都应当从最短时限和最长时限这两个方面来考虑，从中优化出合理的时限。

（4）执法行动的警力、武器装备的部署。应视战场情况变化，既要考虑优化组合，又要考虑从这一行动阶段到下一行动阶段的应变组合的变化。应变组合的目的，在于通过加一评估科学地调整自己的力量使之更具打击威力。经过反复估量，精心筹划，正确计算，以变制变，充分发挥谋略的运转效果，为夺取战术行动的最终胜利奠定坚实基础，达到“妙算”而后胜的谋略运筹与运转的目的。

（二）规范设计

规范设计，要求警察对常规的、典型的战术行动具有格式化的设计，以便操作。主要包括：抓捕犯罪嫌疑人，需要多少警力，要不要其他警种和部门协同；装备的种类、数量；了解情况的途径、方式、方法；抓捕的方式、方法；任务分工；行动程序；指挥关系；通信方式；意外情况的应变措施，等等。

（三）防控为先

控制论产生于对复杂性及疑难性的探索。通过对系统的各种复杂的因果反馈关系及其控制机制的研究，产生了控制论。控制论又提供了研究复杂系统的有效方法。警务战术行动的实施过程中，正是借鉴了控制论在复杂系统智能运用的理念，要求以防控为先，而非以给予战术目标毁灭性的打击为最终目的。控制为先，即指挥员在指挥部队接近危险前，要先做好安全防控措施。

（四）慎重优选

所谓慎重优选，就是要符合事物或现象运动、变化的一般规律，从实际出发，周密慎重，同时要讲求实效，优化策略选择，以达到预期效果。要充分实现慎重优选的理念，警务战术行动在执法活动中的谋划与应用要做到因案制宜、慎重周密、因势利导。

（五）弹性处置

弹性处置，是指警察在设计战术方案、选择行动方式时要有回旋余地。比如，战术方案的制定，可由安全到危险、由便于实施到难以实施，设计多套方案，前一个方案的失败不影响下一个方案的实施。

二、警务战术运用的一般性原则

警务战术运用的一般性原则是警察在盘查、搜查和缉捕等执法活动中必须遵循的原则。这些原则的确立，主要根据三个方面的指导思想：一是必须贴近实战；二是必须对实战具有普遍指导意义；三是所制定的原则应是警察临战处置过程中必须遵循的，贯穿于实战的全过程。这些原则包括：有备无患原则；优势原则；因案施策、相机制敌原则；攻防结合原则；快速反应原则；合理、有效使用武器原则。

三、警务战术的协同原则

（一）防护意识

防护意识实质上是一种心理活动，其核心是指警察实战时的心理准备。警察增强自我防护意识的关键在于实战时的心理准备是否充分。特别是在处置涉枪等严重暴力性犯罪案件时，警察具有对付这类案件的强烈意识和良好心理准备，是擒获、制服犯罪分子，有效进行自卫的重要前提。集中反映在以下三个方面：

（1）先期估计，“知己知彼，百战不殆”；

（2）要保持高度的警惕性；

（3）要树立必胜的信心。

（二）临战语言

临战语言，主要是指警察在与犯罪分子的斗争中，为完成特定的工作任务并争取良好的处置效果所使用的具有针对性的口头语言。正确使用临战语言的作用，主要体现在以下四个方面：

（1）正确使用临战语言可以在心理上战胜罪犯或犯罪嫌疑人；

（2）临战语言使用得当，可降低危险发生的可能性；

（3）临战语言的正确使用为正当防卫、依法执法创造了条件；

（4）正确使用临战语言有利于警察协作配合，共同打击犯罪分子。

（三）临战控制

临战控制的目的，是在依法处置严重暴力犯罪分子和犯罪嫌疑人的过程中，降低危险发生的可能性，减少或避免警察遭受犯罪分子或犯罪嫌疑人的不法侵害，为实施最后的抓捕行为提供安全保证。

四、警务战术的构成要素

警务战术的目的是最大限度地发挥警察战斗力，以最小的代价获取最佳的行动效果。警务战术的内容要素包括以下几项。

（一）组织形式要素

组织形式是警察战斗力单元间的相互作用关系和协同配合关系，这是警察战斗力生成的最基础层面。组织形式反映了警察内部各战斗力量要素间的关系，不同的组织形式会产生不同的战斗力效果。

（二）武力手段要素

警察的武力手段是警察在法律保障下，使用武器、警械等强制手段制止不法侵害行为的方式方法。

（三）基本队形要素

基本队形是警察战斗力量在战斗过程中的展开和部署，以保证各战斗力量在战斗时密切配合、有效协同，生成整体战斗力。

（四）一般程式要素

警察临战处置行动的实施在时间维度上有一个逐步展开、分阶段进行的过程，这样才能将已组织、部署生成的潜在战斗力逐步转化为现实的战斗力。

（五）谋略运用要素

谋略运用强调战术设计必须与具体的战斗情况相结合。

第五节　警务实战战术训练模式及方法

警务实战战术训练是将警务实战理念、知识、技能、意识等要素转化为实战能力的最主要途径。通过有效训练，可以使警察在执勤、处置突发事件中强化战术安全意识，规范战术动作，提升战斗心理素质，从而极大增强警察的实战能力。

一、训练模式

警务实战战术训练模式灵活多样，主要包括以下几种。

（一）整体、分组训练

在组织警务实战战术训练时，可采取整体训练或分组训练的方式。整体训练强调对战术动作的整体协同，分组训练体现小组战术的灵活机动。

（二）连贯演练

连贯演练主要指对多个科目进行连续性的演练，以考察受训对象综合运用实战战术的能力。

（三）情景模拟演练

警务战术情景模拟演练是指以实例的形式向学员提供若干特定的情景，引导学员迅速做出临战反应，分析情境中的实际问题，进而采取合理、有效的处置措施，综合运用所掌握的技能战术，完成情景设置的任务。

（四）示范（评比）训练

示范训练是以示范方式来检验训练质量好坏，通过评比来发现训练中存在的主要问题的训练方式。

（五）抽查评议训练

抽查评议训练是通过选择性检查受训对象的训练效果，再经讨论而给予评定的训练方式。

二、训练方法

警务实战战术训练方法是指有意识地改变受训对象的战术素养、能力而采用的方法。

（一）导入方法

训练中合理使用导入方法可以使受训对象尽快进入训练状态。根据训练内容的不同，可采取问题导入、案例导入、情景导入、综合导入等方式，即通过提出问题、案例讨论、设置情景、综合运用多种手段来引导受训对象进入训练主题。

（二）示范方法

训练中，可采取探讨示范、体验示范、对比示范、规定示范等方式对受训对象进行示范。

（三）实训方法

实训方法主要包括案例训练、作业训练、推演训练、分解训练、体验训练、研讨训练、模拟训练、激励训练、对抗训练、综合训练等。

1. 案例训练法

将国内外警务实战中鲜活的、具有典型性的案例进行收集与整理，以案例重演、案例评析、案例训练、案例讲座等方式用于教学训练中。

2. 想定作业训练法

根据实战中已经或极易发生的各种情况，结合不同训练内容与目标，编制带有实战情形的训练想定（情况），运用到不同的训练过程中，使受训对象根据所掌握的理论知识和自身能力进行处置，重点解决实战中的疑点、难点问题。

3. 推演训练法

依据实战过程的一般规律、变化的特殊现象，围绕训练内容分阶段、分内容、分目标地进行层层推演，不断给受训对象以新的情况，诱导其采用合理、合法和安全的方法与手段予以处置，以实现“训练再现实战、实战体现训练”的教学效果。

4. 研讨训练法

针对每个训练课题、处置方法、适用法律、重点与难点等问题，以启发引导的方式让受训民警充分发表自己的观点，或者自主决定、实施处置，充分发挥其自身的主观能动性，使其在互动、思考、处置中寻求最佳方法，达到理论联系实战和学以致用的目的。

5. 对抗训练方法

可运用训练手段、环境条件、情况显示、学员分组等方式组织对抗训练。

6. 综合训练法

综合训练法是实战训练的最高形式，是教官根据学员基础、培训对象、训练目标等因素，在一定时间、空间、区域和限制条件下，组织学员进行近乎实战对抗训练的方法。

三、评议方法

评议主要采用启发、商榷、总结等方式展开，对训练手段及效果进行评价、议论，以发现不足，改进训练方法，提高训练绩效。

四、心理方法

心理行为能力，是指行为个体在完成具体的行为动作上或行为活动过程中，受其心理因素以及相应生理因素的影响而表现出来的特定的行为能力状态。通过刺激条件的影响作用使得个体充分发挥自主性，对其行为动作进行自我引导、控制和改变等操作。

第六节　战术行动中的基本安全常识

安全，是执法执勤的基础，是确保警察完成任务的前提，也是战术行动达成目标的前提条件。安全，意味着行动前应做好心理、装备、方案等方面的充分准备，不提倡仓促应战；意味着行动中应根据环境、势态灵活调整策略，不追求盲目进攻；意味着行动结束时应保持足够的警惕性和行动能力，以做好再次行动的准备。

一、警察在行动中的安全要求

（一）警察自身的安全

首先应该确保人民警察自身的安全，以确保自身有完成任务的能力，并向公众传递解决危机的能力。面对危险，可以具备自我牺牲的勇气和精神，却不应提倡有勇无谋、风险过高的行为。当然，在特定条件下应以履行职责为首要条件。

（二）执法对象的安全

执法过程中应谨遵法律规定，尊重执法对象的基本权利，采取积极措施保护其人身安全。不应因其身份、行为而故意采取过度武力措施或将其置于危险境地。

（三）受害者的安全

受害者往往遭受到身体和心理的双重伤害，警察到现场后应采取保护性措施，在采取战术行动时应充分考虑如何减少和防止受害者遭受二次伤害。

（四）公众的生命及财产安全

任何情况下，警察的战术行动都应以保护公众生命、财产安全为先，不得以牺牲公众生命、财产安全为代价。在执法现场要特别留意围观群众、记者等人员的安全。设计战术行动方案时要充分考虑可能引发威胁公众生命财产安全的因素，行动过程中要及时排除威胁公众生命财产的可能性。

（五）证据的安全

证据对于案件的后续办理具有重要的意义，并能够为战术行动提供法律层面的支持。行动中应充分利用人力和技术手段保护证据安全，如将收缴的凶器置于证据袋，抓获嫌疑人后需让其指认现场及赃物等。

（六）装备的安全

警用装备是完成任务的基本保障，因而在行动中应注意防止警用装备丢失、损坏，特别要保护好警械、武器、急救用品的安全。

安全，是战术行动追求的重要目标，要求人民警察在战术行动中应采取积极的措施主动规避和降低风险，而非消极地回避、逃避风险。任何战术行动都有风险，但只要经过科学分析、合理规划，都能够实现安全最大化。

安全，是实战的基础，是组织战术行动的核心，是战术行动成功的保障。安全的战术不一定都能化解危机，但不安全的战术只会让行动者面临更高的风险。

二、实现安全的基本途径

从行动者的角度看，战术行动的安全与警察自身的行为习惯、操作流程，以及现场的评估息息相关。

（一）习惯

习惯，即长期养成的行为方式。习惯是确保安全的首要途径。安全的执法执勤行为源于良好的习惯。执法执勤中发生的一些意外、事故往往不是因为客观环境太复杂，或者装备性能不稳定，而是因为操作者自身的习惯不好。例如，在不需开枪时将食指放在扳机上、用枪前不做安全检查等。

良好的习惯包括以下几种。

(1) 警械武器操作习惯。能够始终遵守安全守则操作警械武器，并始终将警械武器置于安全状态。

(2) 现场行为习惯。在现场应始终保持仔细观察、小心戒备、举止文明的行为习惯，以确保自己的执法过程安全、规范。

(3) 与队友配合的习惯。行动中应与队友主动沟通、互相补位，切忌孤军深入、单枪匹马。

良好的习惯来自训练场。为使受训者养成良好的习惯，教官必须在战术教学的最初阶段就向其强调习惯的重要性，并在整个训练过程中帮助其养成良好的习惯。

（二）流程

操作流程是实战经验的总结，也是规避风险的步骤。规范的操作流程既包括流程的完整性也包括准确性。警察应按照规范的操作流程组织实施战术行动，从而将危险因素逐步排除。

（三）评估

行动前必须对形势、风险进行科学、合理的评估，以使自己明确将要面临的处境。评估的步骤依次如下。

第一步：收集信息。

到达现场前应尽可能仔细了解以下信息：

（1）案件发生的地点、时间；

（2）嫌疑人的数量及持有的凶器；

（3）是否有受害者，受害者数量及目前的状况；

（4）是否有目击者。

如果时间紧迫，可在到达现场后再对上述信息进行收集。

第二步：考虑问题。

（1）我是否以寡敌众？

（2）我的装备是否符合现场要求？

（3）我是否有支援？

（4）现场是否有掩体或藏匿物？

（5）嫌疑人是否还在现场，如果已经逃走，他可能向何处逃跑？

（6）是否有人质（如果有，则先不采取攻击行动，同时封锁现场）？

（7）是否有围观群众（做最坏打算：不能开枪。警告群众离开或蹲下）？

第三步：策划行动。

（1）确定进入现场的路线（最直接的路线可能不是最可靠的。考虑从安全的路线接近现场，避免独自进入发生案件的建筑试图寻找嫌疑人）。

（2）有组织地进入现场（应以小组或队伍形式抵达现场，避免以一对多）。

（3）与指挥中心或同伴保持联络（时刻知道同伴的位置，也让同伴知道自己的位置）。

（4）了解支援警力何时到达、从哪进入现场。

（5）观察现场是否有掩体或藏匿物（掩体可抵挡子弹，藏匿物只能掩护行踪）。

（6）尽量避免与嫌疑人正面交锋（但要保持警觉）。

（7）隐蔽地观察及埋伏（不可贸然行动）。

战术行动中应始终坚持“OODA”循环，即“观察—调整—决策—行动”的循环程序。基于观察，获取相关的外部信息；根据感知到的外部威胁，及时调整系统，做出应对决策，并采取相应行动。己方的目标应该是，率先完成一个 OODA 循环，然后迅速采取行动，干扰、延长、打断对方的 OODA 循环。

三、安全五要素

（一）戒备

戒备，是一种心理状态，也是一种行为状态。要求人民警察在现场要保持足够的警惕，同时要做好使用警械和武器的准备，如将强手扶于警械或武器。保持戒备是为了将自己的心理、行为调适至“一触即发”的应急状态，在危险未解除时应始终保持戒备状态。

（二）掩体

掩体，即能够起到避弹作用的物体，通常包括大石块、建筑物、厚金属物等。到达现场后首先应选择合适的掩体。选择掩体时主要考虑以下因素：厚度（越厚防弹效果越好）、高度（太矮的不利于隐蔽）、面积（以能够容纳身体为佳）。

通常在现场还要寻找藏匿物，即只能掩藏身体但不能防弹的物体，如垃圾堆、小推车、杂物堆、垃圾桶等。

学会利用掩体和藏匿物对保护自身安全至关重要，它是现场提供的一道安全屏障。

（三）距离

任何时候都应与执法对象保持一定距离，以避免其对自己造成伤害。有距离才有反应空间。但不应刻板地认为要与对方保持多少米的距离，应根据对象和冲突等级保持相应的距离，“最佳距离＝保护自己的距离＋控制和攻击对方的距离”，既让自己有反应空间，又便于控制和攻击对方。距离过近会失去反应空间，距离过远则不利于控制。

（四）位置

位置包括与掩体（藏匿物）的位置；与同伴的位置；与目标的位置。理想的位置＝安全到达的位置＋观察的位置＋射击的位置＋撤退的位置，即能够方便自己安全进出、方便自己观察和射击的位置。但很多现场不可能同时具备上述条件，此时应保持足够的警惕，同时还要做好使用警械和武器的准备，如将强手放于警械或武器上。保持戒备是为了将自己的心理、行为调适至“一触即发”的应急状态，在危险未解除时应始终保持戒备状态。

（五）沟通

保持沟通是为了与同伴共享信息并组织协同，以避免各自为战。沟通的方式既包括语言，也包括手势、眼神、肢体动作等。每种沟通形式都有自己的局限性，因此应熟练掌握多种沟通形式，并根据环境灵活使用。沟通前应对信号、暗语等加以明确，以确保沟通对象完全理解。

第七节　单警装备的配置及佩戴

人民警察单警装备是人民警察各警种单警在执勤、执法等任务中所配备的个人基本装备，它具有救助、防护、约束、制服、杀伤、通信等基本功能，也是为警察提供不同层级武力手段的重要依托和条件。

一、单警装备的种类

《人民公安单警装备配备标准》将单警装备分为7类。

（1）警服类：依照法律法规穿用的制式服装、鞋、帽、标志等。

（2）武器类：依法配备的枪支、弹药，也包括使用致命性弹药时的防暴枪。

（3）警械类：依法配备的驱逐性、制服性警械。

（4）防护类：用于抵御枪弹袭击、刀斧砍杀、棍棒打击等侵害的防护装具和服装。

（5）通信类：用于沟通的装备，如对讲机、警务通等。

（6）装具类：用于满足勤务活动所需的装备，如多功能腰带、警用装备包等。

（7）其他类：用于生活、卫生等保障的装备，如警用水壶、急救包等。

二、单警装备各组件的功能

（1）警服（含警察执勤反光服）：是警察的基本标志，具有象征国家权力、法律尊严，表明身份，警示威慑等作用。

（2）警用多功能腰带：是基本的警察装具，具有集成装备、必要时应急自卫等功能。常见的警用多功能腰带分为牛皮质、人造革质和尼龙编织质三类。可根据各地实际情况、任务需要配备不同材质的腰带。

（3）警用催泪喷射器：属于驱逐性、制服性警械，具有警示、驱散、制服犯罪嫌疑人的作用。

（4）枪支：属于武器，是警察武力使用的最高等级的物质体现，具有警示、杀伤等作用。

（5）警用制式刀具：该装备具有一定杀伤性，主要用于自卫和攻击，具有杀伤、制服、辅助救援等作用。

（6）警棍：属于驱逐性、制服性警械，根据需要可选择佩戴伸缩警棍、橡胶警棍、警拐等，具有警示、驱散、制服、辅助押解等作用。推荐选用伸缩警棍，建议在配备伸缩警棍时，选择棍体钢质较好、棍头不易松脱、棍柄材质为环保橡胶或高密度绝缘材料的伸缩警棍。

（7）警用急救包：急救装备，具有辅助开展 CPR 急救、轻微或轻度创伤急救的作用。

（8）警用防割手套：基本防护装备，按照防护效能，有轻型、基本型和加强型三种，具有防刃器割划的作用，但不能防穿刺、劈砍和削切。

（9）警务通：通联及查验装备，主要用于核查人员信息、警察内部通联等。

（10）警用水壶：合金质，具有储水、辅助救护、催泪警械使用后的安抚救助功能。

（11）警用强光手电：合金 LED 灯手电，节能高亮防水，可根据任务需要调节为强光爆闪状态，具有夜暗条件下的搜索、照明、辅助震暴制服、破窗救援等作用。

（12）对讲机：须人民警察内部设置频段，用于通信联络及报警。推荐配备 350 兆警用多模对讲机（TC-890GM），集公网通话、信息查询、卫星定位等功能于一体。

（13）手铐：约束性警械，用于约束控制犯罪嫌疑人，也可用于紧急情况时的防卫。常用的手铐包括链式手铐、板式手铐和塑料手铐（一次性使用），各单位可根据需要按照相关规定选用。

（14）防刺服/防弹服：防护装备，用于防护锋刃器具或子弹的伤害。一般的防刺服不具有防弹功能，防弹服也不具备防刺功能。正常环境下使用保险期 5 年。一有损伤应立即更换，如被锋刃武器穿刺或割划过，则须更换。

（15）警用装备包：尼龙质，保障勤务装备，用于放置单警装备组件及其他警用装备。

三、单警装备及佩戴

人民警察单警装备的实战使用应严格遵守《人民警察法》《人民警察使用警械和武器条例》《公安机关人民警察现场制止违法犯罪行为操作规程》等法律法规。

1. 单警装备的佩戴原则

单警装备的佩戴主要兼顾三点：便于武力层级转换、便于取放（符合个人习惯）、根据警种与任务性质按需选用。

2. 单警装备的佩戴顺序

以右手为强手示例，按照佩戴自动手枪状态和不佩枪状态两种佩戴方法，推荐如下佩戴顺序。

佩戴自动手枪状态时，以腰带扣为起点，从左到右的佩戴顺序依次为：备用弹匣、伸缩警棍、警用强光手电、对讲机、警用水壶、手铐、多功能警务工作包（内装警用急救包、警务通、防割手套等）、警用制式刀具、手枪、警用催泪喷射器。

不佩枪状态时，以腰带扣为起点，从左到右的佩戴顺序依次为：警用强光手电、对讲机、警用水壶、手铐、多功能警务工作包（内装警用急救包、警务通、防割手套等）、警用制式刀具、警棍、警用催泪喷射器。

配 2005 式警用 9 毫米转轮手枪时，以腰带扣为起点，从左到右的佩戴顺序依次为：警用催泪喷射器、警棍、对讲机、警用强光手电、警用水壶、手铐、多功能警务工作包（内装警用急救包、警务通、防割手套等）、警用制式刀具、手枪、备用弹轮。

如果单警同时携带枪支、电击枪/催泪枪时，建议弱手侧配电击枪/催泪枪，且枪柄朝向强手方向；枪支配于强手侧。如果只携带电击枪/催泪枪时，携带方法与携枪方法相同。如果双警执勤，可一人携带枪支，另一人携带电击枪/催泪枪。

3. 单警装备的佩戴部位

单警装备需有正确的佩戴部位，以方便使用。

右手为强手，佩戴自动手枪时的佩戴部位：手铐佩戴在正后腰位，警棍和手枪分别佩戴在正左侧位和正右侧位，备用弹匣和警用催泪喷射器分别佩戴在左腹前位和右腹前位，警用水壶和多功能警务工作包分别佩戴在左后腰位和右后腰位，警用强光手电佩戴在左侧位警棍后，对讲机佩戴在左侧位警用强光手电后，警用制式刀具佩戴在右侧位手枪后。

右手为强手，不佩枪时的佩戴部位：手铐佩戴在正后腰位，警用强光手电和警用催泪喷射器分别佩戴在左腹前位和右腹前位，对讲机和警棍分别佩戴在正左侧位和正右侧位，警用水壶和多功能警务工作包分别佩戴在左后腰位和右后腰位，警用制式刀具佩戴在右侧位警棍后。

左手为强手时，佩戴位置与上述相反。

4. 单警装备的佩戴要求

（1）齐：装备齐全，配套可靠。

（2）好：扣好袋扣，装备完好无损坏。

（3）牢：蹲下、左右跳起晃动，腰带牢固，不阻碍运动。

（4）紧：腰带扎紧后仅能容纳两个大拇指的空间，使所有配件、挂件能够稳固于腰间。

第八节　警察行动中的武力使用理论

依法使用武力是法律赋予人民警察的重要权力，是正确履行法定职责的重要保障。依法使用武力是法律赋予警察的一种强制权，使用前无须征得相对人的同意，但必须符合法定程序，如有确定的目标、明确的警告、达成采取某一级武力措施的行为、可靠而充足的证据支持。

一、警察依法使用武力的目的

警察依法使用武力的目的包括：

（1）维护法纪，保障警察权的执行，从而有效打击违法犯罪活动；

（2）维护警察自身合法权益，确保在执法执勤中不受或少受不法侵害；

（3）产生震慑和控制力，而非剥夺生命。

依法使用武力是规范化执法的客观要求，也是培养受训者依法使用警械、武器的基础，是培养警务战术基本技能和意识的重要途径。

二、武力使用的基本原则

（一）合法性原则

警察使用武力的行为是执行职务的行为，是根据法律授权行使法定职责的行为，与普通公民的正当防卫有本质区别。其目的在于让警察能够更有效地履行法定职责。合法性原则意味着依法使用武力的行为受法律保护，违法使用武力的行为受法律追究。《人民警察使用警械和武器条例》第五条规定：人民警察不得违反本条例的规定使用警械和武器。

因此，训练中要有意识培养受训者依法使用武力的意识，侧重于使用武力的程序、限度，即警察在采取武力措施前先要考虑“使用武力手段的行为是否有法律依据”。

（二）必要性原则

执法对象的行为多种多样，但并非所有的行为都需警察使用武力手段解决。警察的武力手段只在特定条件下对特定目标使用，即只针对正在实施违法犯罪行为的人员，且其行为达到需使用武力手段予以制止的程度时才能依法使用武力手段。必要性原则严格限定了武力使用的对象和范畴，使武力手段具有明确的指向性，避免了武力手段给执法对象或其他人造成不必要的损失或侵害，即警察在采取武力措施前要考虑“是否有必要使用武力手段”。

（三）武力相适应原则

警察应根据违法犯罪嫌疑人的暴力程度决定采取何种武力措施，从而做到警察的武力措施与嫌疑人的暴力程度相对等。同时，应根据嫌疑人暴力行为的改变而灵活升高或降低武力手段的级别，做到动态平衡。必要时应采取高一级武力措施予以控制。如面对持刀嫌疑人，警察可以直接使用武器控制手段，以更有效地遏制嫌疑人的暴力行为。警察必须慎重使用武力，过度约束和放任武力手段都不值得提倡，即警察在使用武力时要采取“与对方暴力程度相对等或略高的武力手段”。

（四）最低限度使用武力

武力手段本身具有一定的伤害性，可能会对使用对象的心理和生理造成一定的损伤。为保护犯罪嫌疑人的人身权利，要求民警必须合理使用武力，不得故意造成相对人的人身伤害。因此，力求以较轻的、非致命的手段解决问题，但不放弃使用致命手段的权力。

三、武力控制的方法

武力控制的方法分为威慑控制、语言控制、徒手控制、警械控制和武器控制。需强调的是，警察到达现场时应首先判断嫌疑人的暴力等级并采取相应措施，但不应故意激怒对方以提高自己使用武力的等级。在处置过程中应尽可能采取多种手段，力争和平解决危机。

警情分为一般警情、重要警情、重大警情三类，狱内指挥中心110接处警工作实行“统一指挥、分类处置、分级负责”的原则。及时接收警情，正确处理警务，严格贯彻警令，做到接警、预警、出警、处警迅速果断而规范有序，记录详细完整。《公安机关人民警察现场制止违法犯罪行为操作规程》将警察的武力分为四级，即实战中警察应根据违法犯罪嫌疑人的反抗程度实施升级或降低武力层次，口头制止、徒手制止、使用警械制止、使用武器制止，即四种不同程度的武力手段。武力使用层级见表 6-2。

表 6-2　武力使用层级

行为人的抵抗程度	具体的行动表现	相应武力戒备程度	可采用的强制手段
心理抵触	没有语言的抗拒，只是心理有抵触的态度表现	口头规劝/口头控制	警察口头命令
语言抗拒	口头表现出不服从，用恶言对抗或威胁	口头规劝/口头控制，使用徒手戒备控制	警察口头命令/请求支援
消极抵抗	用行为阻碍警察执行职务，但程度未危及任何人	温和控制，使用徒手戒备控制	由 2 名或 4 名警察（强行带离）搬移对抗者；采用温和的徒手控制方法（压点控制、带离）
顽强抵抗	用实质性行为抗拒警察的控制，其行为可能伤及警察或其他人员	强硬控制，使用警械戒备控制	胡椒催泪喷液/强硬徒手控制技术（拳、掌、踢）/倒地控制技术（上铐）
暴力攻击	采用殴打的行为，但没有对他人造成严重伤害的故意	强硬控制，使用警械戒备控制	胡椒催泪喷液/强硬徒手控制技术（拳、掌、踢）倒地控制技术（上铐）、警棍戒备及使用
致命攻击	有致使他人重伤及死亡的故意	致命武力，使用枪支戒备控制	使用武器控制

《人民警察法》明确了人民警察的职权、义务和纪律、组织管理、警务保障、执法监督、法律责任等，赋予人民警察使用武器、警械的权力。

第九节　口头制止、程序及注意事项

口头制止，是指人民警察为制止违法犯罪行为而发出的强制命令。它不仅是针对违法犯罪嫌疑人做出的威慑性、命令性语言告知，也是对现场无关人员发出的通报，还可作为执法行为的证据。口头制止是最常使用的武力手段，是使用其他武力手段的必要程序。恰当使用口头制止，有利于降低冲突，便于建立沟通渠道，并为改变武力等级创造空间和条件。

一、口头制止的法律依据

《公安机关人民警察现场制止违法犯罪行为操作规程》规定：口头制止，是指公安民警为制止违法犯罪行为而发出强制命令。口头制止可能导致违法犯罪行为人逃跑、毁灭证据或者其他严重危害后果的，民警可以根据本规程的有关规定，采取徒手制止措施。

二、口头制止的适用对象

《公安机关人民警察现场制止违法犯罪行为操作规程》第十五条规定，口头制止适用于正在以非暴力方式实施违法犯罪行为的人员。

执法过程中口头制止适用的对象较为宽泛，既包括只有心理抵触但没有行为冲突的违法犯罪行为人，也包括以污言秽语、非肢体接触方式谩骂、纠缠、干扰民警履行职责或有激烈言行但尚未伤及他人或民警的违法犯罪行为人。

当违法犯罪行为人有逃跑、毁灭证据或采取更高级暴力行为时，警察可升级武力手段，改用徒手控制。违法犯罪行为人员不听警察的口头劝告，以谩骂、纠缠等行为阻碍警察履行职务时，虽未危及任何人的安全，但如果使用口头制止可能发生不利于执法办案的情形，可采取徒手制止。

三、口头制止的内容

《公安机关人民警察现场制止违法犯罪行为操作规程》将口头制止的内容限定为以下五项。

（1）命令违法犯罪行为人停止实施违法犯罪行为，即明确要求违法犯罪行为人停止某一违法犯罪行为的命令，如“放下刀”“住手”。

（2）命令违法犯罪行为人按照要求接受检查，即要求违法犯罪行为人按照警察要求接受检查的命令，如“请出示身份证”“慢慢打开行李”。

（3）告知违法犯罪行为人拒不服从民警命令的后果，即明确告诉违法犯罪行为人不服从警察命令将承担的后果，如“放下刀，否则使用武器”“把手举起来、往后退，否则使用催泪剂”。

（4）根据警情需要，要求在场无关人员离开现场或应急躲避，即向现场无关人员发出的各种警告，如“散开”“趴下”“无关人员请让开”。

（5）其他能够达到有效制止目的的口头命令，即对违法犯罪行为人能够产生有效制止作用的命令，如“蹲下”“往后退”等。

四、口头制止的程序

通常建议按照以下程序实施口头制止。

（一）表明警察身份

《公安机关人民警察现场制止违法犯罪行为操作规程》第六条规定：采取处置措施前，公安民警应当表明身份并出示执法证件，情况紧急来不及出示执法证件的，应当先表明身份，并在处置过程中出示执法证件；着制式警服执行职务的，可以不出示执法证件。

表明身份是执法的必经程序，目的在于向执法对象和现场群众准确地表明执法者身份。在非紧急情况下可较详细地介绍自己的单位、职务、姓名，情况紧急时只需表明警察身份即可。通常与出示警官证、执法证动作相配合，如：

“您好，我是××监狱的×××。”（语气较和缓）

“您好，我是警察×××。”（语气较和缓）

“警察！”（语气较重）

（二）发出首要指令

向执法对象发出停止违法犯罪行为的命令，明确命令当事人立即停止某一动作，或立即采取某一动作。目的在于尽快制止违法犯罪行为，如：

“住手！”（声音洪亮而清晰）

“趴下。”（声音清晰，语气坚决）

“放下刀！”（声音清晰，语气明确）

（三）要求当事人配合警察执法

要求当事人按照警察的指令做，给其造成压迫感。应明确地向当事人表明“必须配合警察执法，否则将会采取进一步行动”的意思，如：

“我们正在例行检查，请你配合。否则我们将依法对你采取措施。”（正常语速，语音清晰）

“不要动，请按我的要求做。”（语速适中，语气坚定）

五、告知后果

根据当事人当前的行为，评估其可能引发的后果，继而告诉对方警察将要采取的武力措施和对方可能面临的处境，以形成警告和威慑。需明确告知违法犯罪行为人不听从警察命令的后果，如：

“住手，否则将对你实施徒手控制！”（后半句的语气应加强）

“放下刀，否则将对你使用武器！”（后半句的语气应加强）

六、发出后续指令

根据警情需要向违法犯罪行为人发出有明确意义的指令，使其能够理解警察的意图，如“把包放在左脚边”“摇下车窗”等。

七、当事人不服从口头制止的后果

《公安机关人民警察现场制止违法犯罪行为操作规程》第十八条规定，违法犯罪行为人不听从公安民警口头制止的，公安民警可以将其传唤至公安机关处理；违法犯罪行为人不听从公安民警口头制止，并实施暴力行为的，公安民警应当根据本规程的有关规定，采取相应处置措施。

上述程序是常规情况下遵循的程序；情况紧急时可先发出首要指令，再表明身份以及告知后果、发出后续指令。

八、口头制止的注意事项

口头制止的实质，是在短暂的执法过程中，警察和当事人之间建立沟通渠道的形式。警察的用词、语气都可能引起当事人甚至无关群众的情绪反应。加之人在紧张时容易出现语言迟钝、表达不清晰等情况，因而需要加强口头制止的训练。

（一）用语应当明确、简洁、易懂

警察应使用违法犯罪行为人听得懂的语言实施口头控制，以便其理解。实施口头制止时，应采用明确的语言，避免模棱两可、含混不清的语言，如“向左走三步”而不是“向左走一点”。明确的命令可以加强控制力，也能避免因不理解而导致的误会。

（二）禁止使用侮辱性、歧视性语言

口头制止的目的是让行为人听从警察的命令，是法定程序。因此需体现法律的权威性，不能使用有损人格尊严的语言，也不能使用宣泄情绪的语言。

（三）注意语气、语速

在情况紧急时实施口头控制应避免出现语气较重、语速较快的情形。清晰的语言指令便于违法犯罪行为人理解警察意图，也便于执法记录仪取证。要防止发出的语言指令带有个人感情倾向，不得使用容易激起围观群众、当事人情绪的语言。如果是多人执法，应避免多人发出不一致的指令，建议由一人发出语言控制，其余人员实施警戒。但情况紧急、有突发危险时，现场警察都可实施口头控制。

九、用语规范

为确保口头制止的法律效力，应使用规范性语言，如“我将对你采取武力措施”要比“我要对你动手”更符合法律要求。

盘查时警察需向被盘查人表明身份、法律依据、具体要求等。此时的口头指令要言简意赅，开门见山。如“你好！我是警察×××，现依法对你实施盘查，请配合”。不必强调“依照什么法律第几条之规定”。若对方询问时，再可告知具体法律规定。通常盘查的法律依据是《公安机关人民警察盘查规范》第二条：本规范所称盘查，是指人民警察在执行勤务过程中，为维护公共安全，预防、发现、控制违法犯罪活动而依法采取的盘问、检查等行为。《人民警察法》第九条只针对具有违法犯罪嫌疑的人员。

第十节　单警接敌运动与紧急避险动作

徒手防卫与控制是指警察使用身体强制力对违法犯罪行为人实施控制的手段，是高于口头制止的武力手段，既可单独使用，也可与其他武力手段配合使用。

一、徒手控制与防卫基本常识

（一）徒手防卫与控制的适用对象

徒手防卫与控制适用于有轻微暴力的行为人，如以徒手方式推搡、斗殴、辱骂等不足以造成人身伤害的行为人。

（二）徒手防卫与控制的法律依据

《公安机关人民警察现场制止违法犯罪行为操作规程》第十九条规定：对正在以轻微暴力方式实施违法犯罪行为，尚未严重危及公安民警人身安全，经警告无效的，公安民警可以徒手制止；情况紧急，来不及警告或者警告后可能导致更为严重危害后果的，可以直接使用徒手制止。

（三）徒手防卫与控制的程序

（1）发出警告。根据口头制止的要求向违法犯罪行为人发出明确的指令，命令其停止违法犯罪行为。

（2）徒手控制。警告无效或来不及警告时，使用身体强制力将对方有效控制。

（3）救护伤员。使用徒手控制后，若有人受伤，应立即采取医疗救助措施。

（四）徒手防卫与控制的限度

《公安机关人民警察现场制止违法犯罪行为操作规程》第二十条规定：公安民警徒手制止，应当以违法犯罪行为人停止实施违法犯罪行为为限度；除非必要，应当避免直接击打违法犯罪行为人的头部、裆部等致命部位。

必须明确，警察使用徒手控制的目的是为制止违法犯罪行为，而非给对方造成直接伤害。因此使用时应注意控制手段的力度、幅度以及使用部位。若不对其致命部位实时控制就难以消除危险，此时才能对其致命部位实施徒手攻击。如对方顽强对抗，或实施更严重的攻击行为，警察在来不及使用警械、不便动用警械、不至于动用警械等情形下可攻击其头部、裆部等致命部位。警察徒手防控使用的限度还受到一些具体因素的影响，如侵害者的暴力强度、侵害者的年龄性别、侵害行为的缓急、侵害的损失利益强度。

（五）徒手防卫与控制的基本原理

徒手防卫与控制是基于人体生理特征的控制技术，并非完全以力度产生作用，而是利用神经反应、肢体结构等人体自身特点产生作用。主要原理包括：

（1）制造痛楚使对方服从；

（2）利用震击使其眩晕；

（3）让对方失去平衡；

（4）分散对方注意力；

（5）使对方技能失效。

（六）徒手防卫与控制的主要部位

（1）重要防护部位。警察在控制违法犯罪行为人时应重点保护自己的头部、眼睛、鼻子、耳朵、下颌、咽喉、胸部、腹部、两肋、裆部、膝盖、迎面骨、脚趾、后脑勺、颈椎、肛门等要害部位。

（2）常用的控制关节。为达到徒手控制的效果又不至于给违法犯罪行为人造成不必要的伤害，警察应重点控制违法犯罪行为人的指关节、腕关节、肘关节、肩关节、膝关节、踝关节。

（七）徒手戒备的等级

按照紧张度由弱到强，徒手戒备的等级分成1～3级。

1. 侧身垂手戒备（一级戒备）

动作要领：两脚前后开立，脚间距稍比肩宽，约成45度侧身站立，重心在两脚之间，两膝微曲，两脚跟微提，双手自然在两侧下垂，神态自然，呈自然戒备状态，目视对方（见图6-1）。

使用前提：戒备等级最低，属于基础警戒体态，面对的危险最低，只要进入处警状态就至少要使用此戒备等级。

2. 搭手戒备（二级戒备）

动作要领：两脚前后开立，脚间距稍比肩宽，约成45度侧身站立，重心在两脚之间，两膝微曲，两脚跟微提，左手在腹前轻轻搭扣在右手腕部，神态自然，呈自然戒备状态，目视对方（见图6-2）。

使用前提：在入户访查等日常警务活动中常用的姿势，比较轻松自然。

3. 提手戒备（三级戒备）

动作要领：在搭手戒备的基础上，两手成掌，屈臂抬起，置于胸前，两手掌心向前，拇指张开，余指自然并拢，略弯曲，呈自然戒备状态，目视对方（见图 6-3）。

使用前提：对方有逼近的态势或动作，以及在人员较多的人群中处警时，也常用于盘查过程中。

图 6-1　一级戒备

图 6-2　二级戒备

图 6-3　三级戒备

二、使用武器的安全要求

（一）安全规则

（1）将所有枪支视为子弹已上膛待发状态；

（2）除非得到命令射击或决定射击，击发扳机的手指应贴靠于扳机护圈外面；

（3）除非得到命令射击或决定射击，否则不能将枪口指向任何一个不能射击的人或物件，更不能将枪口指向身体某一处；

（4）除非得到命令射击或执法行动需要，否则不能拔枪、拉枪机上膛、据枪（转轮手枪不能下压击锤）；

（5）如果没能确定目标，切勿开枪；

（6）验枪、退弹和交收枪时，必须检查弹膛内以确认已无子弹；

（7）使用枪支时不能粗心大意，一定要熟悉使用枪支的规范程序，必须严格按照使用枪支的规范程序操作，严防意外情况出现。

（二）枪支的性能检查

枪支的性能检查是保证枪支安全使用的必要环节和重要措施。

检查程序（以 64 式手枪、77 式手枪和左轮手枪为例）如下。

第一步：将枪指向安全的方向，并检查弹膛是否有子弹，安全后再进行具体检查。

第二步：检查枪身表面是否有裂痕、生锈或损坏（在没有将枪涂上过量的枪油时）。

第三步：卸下套筒（打开子弹轮），检查弹膛、枪管内是否有过量的油垢、裂痕或阻塞物。

第四步：检查退弹突榫（退弹杆帽）是否坚固，有无磨损，确保机件完好。

第五步：检查抓弹钩（退弹钩）及簧是否完整，确保抓弹钩（退弹钩）里面没有污垢或阻塞物。

第六步：确保弹夹卡榫（子弹轮卡榫螺丝）稳固，确保弹夹能顺利装卸（子弹轮能顺利地打开或锁上）。

第七步：击发前，应检查击锤或击针是否能正常运作，同时应检查击针尖是否断裂（检查子弹轮能否正常转动，并与弹膛和枪管成一条直线）。

第八步：扣动扳机，看清击针是否能够正常穿过击针孔，并检查击针槽内的击针簧是否完好，有无污垢。

三、警务战术中持握姿势、错误动作及纠正方法（64 式、77 式手枪）

（一）手枪的基本持握

（1）单手持握；

（2）双手持握。

（二）双手据枪射击姿势（平肩戒备）

适合控制已锁定的目标，双手持枪向前保持和肩水平稍下位置，不阻碍视线，可迅速提升到视线射击水平位置，视线与身体转向一致，时刻留意嫌疑人的双手。

（三）高姿持枪（高戒备）

适合较狭窄及向高点地方，双手持枪向上微向前，肘、肩弯曲，肘及大臂内侧紧贴侧肋部，手腕固定，离面颊 10～15 厘米，视线与身体转向一致，不要过高及阻碍视线（见图 6-4）。

（四）低姿持枪（低戒备）

适合较宽阔地方，双手持枪指向前方约一米处，腕、肘固定，肩关节活动，有较大观察范围，视线与身体转向一致（见图 6-5）。

（五）双手腰间持枪（双手抵腰戒备）

适合近距离及较长时间持枪，双手持枪在强手边腰前，枪的上平面和前臂平行于地面的位置，视线与身体转向一致（见图 6-6）。

图 6-4　高戒备

图 6-5　低戒备

图 6-6　双手抵腰戒备

（六）单手腰间持枪（单手抵腰戒备）

适合近距离及接近嫌疑人，单手持枪在强手边腰侧（如没有其他办法，但必须要接近嫌疑人，可将枪贴近髋旁），枪的上平面平行于地面的位置（见图 6-7），可用弱手作其他用途（如格挡、推开或开门等）。

（七）立姿射击

1. 等腰三角射姿

相关动作见图 6-8。

2. 侧身双手射姿

相关动作见图 6-9。

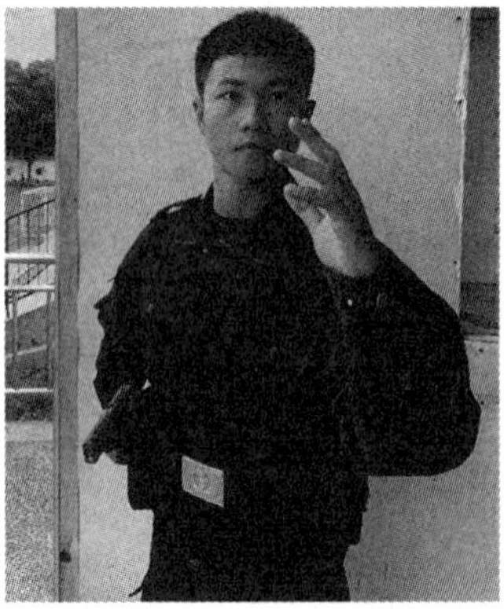

图 6-7　单手抵腰戒备

图 6-8　等腰三角射姿

图 6-9　侧身双手射姿

（八）跪姿射击

1. 高姿

相关动作见图 6-10。

2. 低姿

相关动作见图 6-11。

图 6-10　高姿

图 6-11　低姿

（九）仰姿射击（略）

（十）常见的据枪错误动作

（1）耸肩：为了保证射击姿势的自然和舒服，应该放松肩部，做到既稳固又持久地保持好射击姿势。

（2）手腕松动：持枪手腕的不稳往往影响准星平正的构成，击发时也容易产生干扰的附加力量。

（3）握枪力度过大或过小：手握枪把的力量过大会造成据枪手臂的肌肉紧张，击发时会使枪支产生角度摆动，增大射弹散布。握力过小、松弛、握不实，不仅枪面不正，难以进行精确瞄准，且击发时也不易做到食指单独用力，所以，基础射击时的握枪力度应适中。

（4）拇指过于用力“夹枪”：拇指过于用力夹压会对枪支形成侧面的压力，使枪面不平。

（5）持枪瞄准时过于低头收下颌（用眼睛找枪的高度）：在持枪准备射击时，应首先看好目标，然后举枪用枪去找眼睛的高度。

（十一）常见故障及排除

1. 警察自己能排除的故障

发生以下故障时，在判明情况后，慎重予以处置。

1）不发火

往往由于子弹受潮、底火不敏感所致。在训练时，一般重新扣动扳机就能击发；如果仍不能击发，应拉套筒向后，弹出子弹，重新装弹再击发。在实战中，直接排除不能击发的子弹，重新装弹击发，以节省射击时间。

2）不抛壳

不抛壳的主要原因是子弹或套筒过脏、弹膛或抓弹钩过脏，将子弹或机件上的污垢擦拭干净即可解决问题。对膛内未抛出的空弹壳可以拉套筒用抓弹钩抓出，也可以卸下弹匣、用通条捅出膛内弹壳。

3）子弹不能自动上膛

子弹不能自动上膛主要是由于弹匣过脏、弹匣损坏或子弹变形等原因所致。针对不同情况，可分别采取擦拭弹匣脏物、拉套筒人工上膛或更换弹匣排除以及更换子弹等方法予以解决。

4）套筒前进不到定位

如果是弹膛、套筒、复进机簧过脏或复进机簧弹力不足，向前推套筒或推枪机到定位即能排除，可以重新射击，但应尽快擦拭过脏的机件或更换复进簧；如果是子弹或弹匣口变形，则应更换子弹或弹匣。

2. 警察自己不易排除的故障

发生以下故障必须送修械所修理或更换零件：

（1）击锤断裂；

（2）击针断裂；
（3）击针损坏或击锤簧弹力不足；
（4）抓弹钩损坏；
（5）弹壳卡死；
（6）弹头留膛，枪管被堵；
（7）压杆折断、击发阻铁磨损或击发阻铁簧弹力不足；
（8）缺口松动。

（十二）易犯错误动作及纠正方法

第一，猛扣扳机，破坏准照关系，造成射弹（弹着点）偏差太大。应强调快速均匀、正直向后用力扣压扳机。

第二，枪支颤动。应强调握枪时不要用力过大，两臂肌肉用力要协调。

第三，手腕挺不住，造成弹着点偏低。应多练习臂力、腕力，握枪时，强调手腕用力挺直。

第四，弱手用力不当。应强调弱手拉握强手与强手臂形成前推后拉之势（强手臂前顶），注意弱手后拉不要用力过大，保持枪的稳定性。

第五，射击姿势不正确，重心不稳固。应强调立姿和跪姿的正确角度，保持身体稳定性。

第六，握枪要领不正确。应强调强手前后捏握枪柄和弱手的拉握力度，不要击发一次调整一下，要连续射击完毕后再调整。

第七，射击姿势所构成瞄准基线不正确，用眼睛找准星。应强调头部要摆正，用瞄准基线找眼睛的视平线。

第八，成射击姿势后，构成瞄准基线慢，影响首发射击速度。应强调射击姿势的快速形成、稳固定位，不要忽高忽低。

第九，射击时，扣扳机的食指不灵活，松开扳机时离开扳机。应强调多加强食指“两快一慢”的练习，松扳机时随扳机向前的引力松开，食指不要有意识地向前弹开。

第十，射击时，弹与弹之间的连续忽快忽慢，没有节奏感。应根据需要和可能，合理分配每次击发时间，做到心中有数，节奏明显。

第十一，出枪或更换弹匣时眼睛看枪。应强调眼睛始终盯准射击目标，通过反复练习，形成凭手感完成动作的习惯。

四、战术行动中手枪应用射击及紧急避险动作

（一）切实掌握快掏枪技术

快掏枪技术是指警察在正常状况下，迅速将枪从枪套内抽出，推弹上膛并立即

举枪瞄准这一过程的操作技巧。快掏枪技术是警察进入特殊战斗状态的第一步，也是决定性的一步，谁掏枪快，谁就能尽早进入战斗状态，从而争取主动权。一般情况下，当你用枪指住对方时，对方尚未拔出的枪就失去了效能。因此，掏枪动作快慢是枪战（尤其是突发性枪战）取胜的首要因素。

快掏枪技术动作主要由打扣和据枪两部分组成。打扣方法有拇指上挑法和食指后拨法两种，打开枪套扣后，应用力握紧枪柄，取最捷径的路线出枪，右手握枪直指目标的同时，左手快速打开保险或拉套筒使子弹上膛，完成最后举枪瞄准姿势。快掏枪时，不要低头看枪，眼睛要盯着目标或者快速寻找目标的位置，整个过程应全凭手感来完成。

（二）精确瞄准射击与概略瞄准射击并重

精确瞄准射击是指右眼通视缺口和准星，使准星尖位于缺口中央并与上沿平齐，指向瞄准点而击发的射击方法。瞄准时，应熟练运用各种实战射击方式。

所谓实战射击方式，是指带有战术性质的射击方式。主要包括抵近射击、移动式防卫射击、短停顿射击及非移动式防卫射击等。

（1）抵近射击。一种近距离攻击性射击方式。通过连续射击，压制或控制对方，使自己始终保持主动。多用在一对一或多对一的近距离抓捕行动中。特点：① 采用概略瞄准方法；② 不间断移动逼近对方射击；③ 受弹量限制，时间不宜过长。

（2）移动式防卫射击。一种较近距离的攻防技战术射击方式，如闪身射击、侧翻射击、滚动射击等。多用于突发性遭遇战。特点：利用地形、地物保护自己，消灭对手。

（3）短停顿射击。一种在行进间突然停步据枪射击方式。多在追击时使用。特点：① 瞬间保持身体平稳；② 以精确瞄准射击为主。

（4）非移动式防卫射击。一种在极近距离内防止对方抢夺武器的射击方式，也称为贴身射击。特点：枪口随身体移动对准目标。

（三）把握实战射击要点

警察使用武器射击应严格遵守有关法律规定，在符合开枪的条件下射击，要把握以下要点。

1. 瞬间识别，正确判断

在缉捕过程中，面对复杂的情况，警察要善于去发现最危险的对手，选择开枪射击的第一目标。一般来讲，罪犯或犯罪嫌疑人有持枪持械的，持枪的最危险；有远有近的，距离近的最危险。警察对发现的一切，要做出快速而准确的判断，这对于赢得宝贵的时间，有效保护自己，打击犯罪，有重要意义。

2. 快速响枪，先发制人

抢先响枪，利用枪响对罪犯或犯罪嫌疑人造成心理压力，占据对抗优势。临战时，快速响枪，先发制人，主要对付那些手持武器企图拒捕反抗的顽固分子。如果对方不听劝阻，且有异常举动时，警察应快速掏枪射击或抢先开枪先发制人，切不可低估罪犯或犯罪嫌疑人行凶的可能性，以免措手不及，失掉战机。

3. 连续射击，保持优势

面对开枪拒捕的罪犯或犯罪嫌疑人，警察不要去猜测自己打响第一枪后会发生什么样的效果，也许第一枪根本没有击中目标，也许对方受伤了但仍继续反抗，所以，警察要保持住火力优势，连续射击，直到对方彻底失去反抗能力。

4. 迅速隐蔽，利用掩体射击

迅速隐蔽并射击，才能有效保护自己，打击犯罪分子。警察是否具备隐蔽射击的意识，反映了警察在处置犯罪分子时的临战心理准备、对危险的认识、对发生暴力对抗的预见以及制定处置对策等诸多方面是否充分，这直接关系到战斗的成败。实施抓捕时，要根据地形地物，寻找有较好掩体的地方接近目标，一旦对方开枪，即可迅速隐蔽，依靠掩体射击。

（四）射击移动基础动作训练

移动是射击进攻和防守的基础。在实战射击中，迅速、隐蔽地接近犯罪分子或犯罪嫌疑人，躲避对方的袭击，都要靠适宜的移动来完成。主要包括以下内容。

1. 直身移动

直身移动，是在距目标较远，地形易于隐蔽，而对方观察不到、无法射击时采用。移动时，右手持枪大步或快步运动。

2. 屈身移动

屈身移动，是在掩蔽物略低于人体时采用。移动时，上体前倾，头部略埋低，不要高出掩蔽物，两腿弯曲，使身体不暴露在对方的射线之下，可采取右手单手或双手举枪或提枪式持握手枪，大步或快步运动。

3. 低姿匍匐

低姿匍匐是在掩蔽物高约 40 厘米时采用。移动时，腹部贴于地面，屈回右腿，伸出左手，以右脚内侧蹬地和左手扒地使身体前移，然后再屈回左腿，伸出右手，以左脚内侧蹬地和右手扒地使身体继续前移，依次交替前进。前进时，可用右手持枪。

4. 高姿匍匐

高姿匍匐是在掩蔽物高约 60 厘米时采用。用左右前臂和两膝部位支撑身体，交替用力前进。前进时，可用右手携枪。

5. 侧身匍匐

侧身匍匐是在掩蔽物高约 60 厘米时采用。身体左侧及左前臂着地，左上臂向前斜撑上体，左腿弯曲，右腿回收，靠近臀部着地，向后用力蹬地，同时，左前臂支地，使身体前移，依次交替。移动时，右手持枪。

6. 高姿侧身匍匐

高姿侧身匍匐是在掩蔽物高 80～100 厘米时采用。左手和左小腿外侧着地，以左手的支撑力和右脚掌蹬地使身体前移。移动时，可用右手持枪。

7. 滚进

滚进是指在卧姿时，身体向左或向右翻滚，以避开对方观察或射击时所采取的移动方法。持握手枪滚进时，先关上枪的保险，双手握枪收臂并夹紧，将枪置于胸前，或者双手持握手枪，两臂伸直并夹紧。持握微型冲锋枪滚进时，左右手分别持握枪的两端，枪面向右，顺置于胸、腹前把紧，两臂尽量内合，两脚并拢，全身用力翻滚移动（见图 6-12）。

8. 跃进

跃进是避开对方火力威胁，选择有利地形，迅速通过开阔地带时采用的移动方法。跃进前，要先观察前方地形，选择好行进路线和暂停位置，做到起动快、移动快、卧倒快。为达到迷惑对方的目的，跃进前，可先采用其他方式移动（见图 6-13）。

图 6-12　滚进

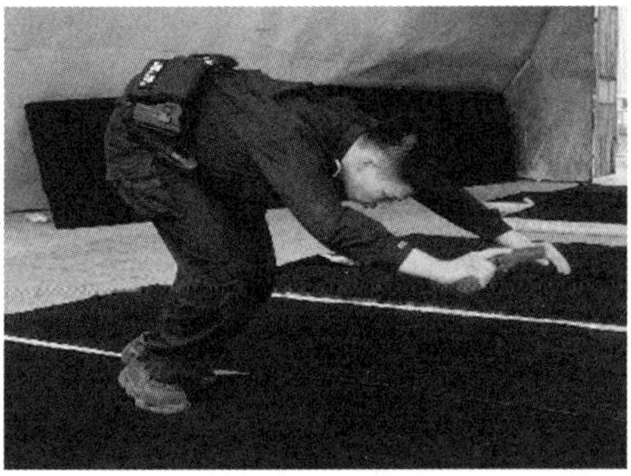

图 6-13　跃进

（五）利用掩蔽物射击的训练

掩蔽物是指能有效遮掩对方的视线和射击的、具有屏障作用的物体。正确地利用掩蔽物，对于保护自己，采取合理的射击姿势，发挥火力优势，及时打击和制服犯罪分子及犯罪嫌疑人，有重要作用。使用微型冲锋枪时，可参考手枪的方法。

1. 对墙壁的利用

墙壁可作为隐蔽物和掩体。利用墙壁时，要根据其高度，采取适当的身体姿势。矮墙可利用墙顶端观察和射击，墙体高时，可垫高身体或挖掘洞孔进行观察和射击。

2. 对墙角的利用

利用墙角时，可采用背靠墙面或脸朝墙面的身体站立姿势。观察时，稍向外探出头部即可（见图 6-14）。为了避开对方的注意视线，反复观察时，要注意变换观察点，不要重复出现在同一观察点，可采用两腿弯曲，低姿从墙角下部探头观察。

图 6-14　快速窥探

利用墙角射击有两种形式：

（1）利用右墙角射击，可采用单臂据枪和双手据枪射击；

（2）利用左墙角射击，可采用两脚开立、双手据枪射击的姿势。

3. 对门窗的利用

（1）对门，应根据其不同的开关方向，选择适宜的一侧，采取双手据枪、半蹲射击姿势。视线要随枪口移动渐渐扩大观察面。

（2）对窗户，可利用其左下角或右下角，视其高度采取适当的射击姿势。

4. 对树木、电线杆的利用

树木、电线杆属于柱型物体，要根据其粗细，选择适宜姿势，通常利用其右侧进行观察和射击（见图 6-15）。

（1）采取站立姿势时，应尽量将身体左侧紧靠树干或电线杆，右脚稍向后蹬，单手握枪射击。

（2）采取跪姿时，应将左脚和左小腿紧靠树干或电线杆后侧，左肘放在左膝上，右脚向后，右膝稍向里合跪地，单手握枪射击。

（3）采取卧姿时，两腿自然并拢，身体尽量隐蔽在树干或电线杆后侧，头微抬起，从两侧观察。射击时，可从掩体右侧单手或双手据枪射击。

也可利用草丛掩护物射击（见图 6-16。）

图 6-15　树木掩护物

图 6-16　草丛掩护物

5. 对房顶、阳台的利用

对房顶，通常利用护墙、屋脊或其他突出部位观察和射击；对阳台，通常利用栏杆底部或围栏顶端，并根据可利用的部位，采取适当的姿势观察和射击。一般主要采取蹲姿、跪姿和卧姿射击（见图 6-17）。例如，利用阳台跪姿俯式射击。

图 6-17　拐角掩护物

6. 对邮筒、垃圾桶的利用

利用邮筒、垃圾桶，一般从两侧进行观察，尽量不要从物体顶端冒头。射击时，可采用深蹲单手握枪射击姿势和单腿跪姿双手据枪射击姿势，均从物体右侧射击。

7. 对车辆的利用

不同类型的车辆可利用的部位也不同。实战中，要根据车辆停放位置和射击方向，采取相应的观察和射击姿势。通常，在车体侧面车轮部位处是进行掩蔽观察和射击的较好部位。如果车体与射击方向是竖直关系，应选择车头或尾部前后车轮后面的位置作掩蔽观察和射击。

五、手势联络动作

（一）小组抵近侦查的情况反映手势动作

小组抵近侦查的情况反映手势动作，主要用于反映侦查中发现的犯罪嫌疑人目标、可疑人目标、目标人数、目标位置、目标现实活动状态、目标持有凶器或武器状态以及目标劫持、控制人质的情况和人质的位置及目标周围环境等基本情况，其手势动作的意图由单一手势动作和组合手势动作构成，其反映内容如下。

反映人或物的数量。

手势动作：右手持枪，左手屈臂于左肩侧，握拳的同时，伸出食指表示一，通过手指的变化表示一至十（见图 6-18）。

图 6-18　手势动作

（二）小组战斗指挥与协同动作手势

小组战斗指挥与协同动作手势是手势联络最重要的组成部分，主要用以反映小组指挥员战斗指挥意图以及小组与小组内各战斗员之间的战斗动作协同。其手势动作由单一手势动作与组合手势动作构成。具体手势动作与反映内容如下。

1. 反映战斗人员之间关系称谓的手势动作。

1）你

手势动作：右手持枪，左手屈臂向联络对象抬起，食指指向联络对象，其他四指半握成拳，拳眼朝上（见图 6-19）。

2）我

手势动作：右手持枪，左臂向联络对象抬起，拇指、中指、无名指、小指动，示意同伴做好战斗准备（见图 6-20）。

图 6-19　你

图 6-20　我

3）行动

手势动作：右手持枪，左臂斜下方伸直，五指并拢，摆动小臂，示意同伴开始行动（见图 6-21）。

4）没问题

手势动作：右手持枪，左臂提起于胸前，拇指与食指捏成圆圈，中指、无名指和小指伸直，手心向前，手背向后（图 6-22）。

图 6-21　行动

图 6-22　没问题

2. 运动动作要求

1）安静

手势动作：右手持枪，左手握拳，食指伸直，指尖朝上放于双唇前，做出吹气状，左肘自然下垂，双眼注视同伴（见图 6-23）。

2）看

手势动作：右手持枪，头稍侧，左手五指伸直并拢，手掌稍屈，手背上，手心向下，遮于自己的眉前，双眼向前平视（见图 6-24）。

图 6-23 安静

图 6-24 看

3）听

手势动作：右手持枪，头稍侧，左手五指内屈成弧形扣于自己的耳后侧，双眼注视前方（见图 6-25）。

4）轻慢

手势动作：右手持枪，左手伸出食指和中指，其他手指成半握拳状，右手小臂前伸，左手两指在右小臂上前后慢慢交替（见图 6-26）。

图 6-25 听

图 6-26 轻慢

5）快速

手势动作：右手持枪，左手握拳，屈左小臂，拳面指向上，拳心朝内侧，快速上下移动数次（见图 6-27）。

6）很好

手势动作：右手持枪，左手屈臂于体前，拇指向上伸直，其他四指半握成拳，拳心向内，拳背向外，双眼看着同伴做鼓励手势（见图 6-28）。

图 6-27 快速

图 6-28 很好

7）不好

手势动作：右手持枪，左手屈臂，四指半握成拳，拇指伸直朝上，转手腕指尖向下，拳心向外，拳背向内。告知同伴不能这样做或不好（见图 6-29）。

图 6-29 不好

3. 反映小组战斗动作协同的手势动作

1）运动动作

（1）前进。

手势动作：右手持枪，左手五指并拢伸直，大拇指朝上内扣，呈立掌手臂伸直，手掌高于肩，向前摆动小臂，五指指向前方（见图 6-30、图 6-31）。

图 6-30 前进（一）

图 6-31 前进（二）

（2）后撤。

手势动作：右手持枪，左手五指并拢伸直，手背朝外，手心向内，掌指朝上，屈臂以肘关节为轴向手背外侧方向挥动（见图 6-32、图 6-33）。

图 6-32 后撤（一）

图 6-33 后撤（二）

（3）卧倒。

手势动作：右手持枪，左手屈臂，保持水平，五指并拢伸直，手心向下，手背朝上，左手向下轻按两次（见图 6-34）。

（4）起立。

手势动作：右手持枪，左手屈臂，身体左上侧转，左臂斜下方后伸，小臂微屈，左手外翻，手背向下，手心朝上，以腕关节为轴，左手向上轻提两次（见图 6-35）。

图 6-34 卧倒

图 6-35 起立

（5）靠拢。

手势动作：右手持枪，左手屈臂，左手握拳并略高于头，以腕关节为轴在头上画圆圈（见图 6-36）。

（6）隐蔽。

手势动作：右手持枪，左臂后伸，五指伸直，呈立掌向前后摆动，示意同伴快速隐蔽（见图 6-37）。

图 6-36　靠拢

图 6-37　隐蔽

（7）停止。

手势动作：右手持枪，左臂上提，拇指内扣、四指伸直，掌心向前，手高过肩，示意同伴立即停止（见图 6-38）。

图 6-38　停止

2）掩护协同动作

（1）掩护。

手势动作：右手持枪，左手屈臂，拇指内收，食指、中指、无名指、小指伸直，同时以左肘关节为轴，掌心向下，放在右肩（见图 6-39）。

（2）保护。

手势动作：右手持枪，左手屈臂，拇指内收，其他四指伸直，以左肘关节为轴，掌心向下扣于右肩，右手臂与左臂交叉（见图 6-40）。

图 6-39　掩护

图 6-40　保护

（3）交叉掩护。

手势动作：右手持枪，双手伸直，两手手腕在面部前方交叉（见图 6-41）。

图 6-41　交叉掩护

3）表示武器弹药种类手势

（1）催泪弹。

手势动作：右手持枪，左手屈臂上提，左手手指并拢成弧形，罩住口鼻处，告知同伴需要催泪弹（见图 6-42）。

（2）烟幕弹。

手势动作：左手屈臂上提，手指并拢成弧形，罩住口鼻处，持枪右手在面前扇动，告知同伴需要烟幕弹（见图 6-43）。

图 6-42　催泪弹

图 6-43　烟雾弹

（3）爆震弹。

手势动作：两手屈臂上提于胸前，右手持枪，左手抓紧右手同时双手迅速向两侧张开，告知同伴需要爆震弹（见图 6-44、图 6-45）。

图 6-44　爆震弹（一）

图 6-45　爆震弹（二）

（4）狙击步枪。

手势动作：右手持枪，左手屈臂，拇指与食指连成圆圈，其余四指半握拳放于自己的右眼前 10～20 厘米，通过拳眼向前观察，右手持枪前伸，呈射击状，告知同伴需要狙击步枪（见图 6-46）。

图 6-46　狙击步枪

（三）战术移动射击技能

1. 踹门突入立姿射击

警察双手持枪立于门外侧，送弹上膛，做好突入准备。踹门时，左脚先挪一小步向外闪身，身体随即向左转体，同时，猛起右脚将房门踹开，顺势落脚站立，成双手持枪立姿向房间内射击。

2. 前滚翻突入房门跪姿射击

警察双手持枪立于门外侧，送弹上膛，做好突入准备。抓住战机，首先向外闪身，双手持枪，立姿向房内目标射击，然后就势向房内滚翻进入，成跪姿射击第二目标。

3. 交换掩体射击

警察隐蔽在一棵树后，单手握枪向目标射击，根据枪战需要，就势鱼跃前滚翻，隐蔽到右侧不远处的障碍物后面，成跪姿双手握枪向目标射击，然后采用低姿快速跃进到前方一土堆包前，立即卧倒，单手握枪向目标射击。

4. 跳越障碍物反身射击

警察跃进中跳越一处矮墙后，立即反身，利用矮墙成跪姿双手握枪射击。

5. 跳出汽车卧姿射击

驾车进入射击地点后，在急刹车的同时，将枪上膛，打开车门后滚翻下车，顺势成卧姿，双手握枪向车前方目标射击。

6. 驱车行驶中单手握枪射击

驱车追击目标，射击方向主要有正前方和侧方两种。由于警察处于运动之中，射击时机不易把握，会影响命中率。因此，射击时尽可能使用单手握枪，要握枪平稳，姿势稳固，击发果断。在向车前方目标射击时，右手握枪迅速伸出车窗外，指向目标，果断击发。向侧面目标射击时，将右手伸于车窗外，枪口指向目标方向，左手握住车内扶手，固定身体，果断向目标击发。

六、警务战术射击时电筒的应用

常规下以强手持枪、以弱手持手电筒（简称“电筒”）。

注意：一般持握电筒的方法，用拇指控制开关，电筒尽量伸前、指向前方。反握手持电筒，电筒要放在肩前水平位置。

（一）持枪状态下、弱手持电筒

情形危急时必须拔出手枪做戒备，持电筒弱手与持枪强手互相贴靠、相交叠锁紧。

（二）警用战术手电使用方法

1. 在一个有照明的区域内移动

当一名警察在一个有照明的区域内移动，而附近黑暗的环境下极可能有人在该处埋伏，在此情况下本身极容易受到袭击，这时可将电筒光照向周围黑暗区域发现和排除危险来改善自己的劣势。

2. 在一个黑暗的区域内移动

当一名警察在一个黑暗的区域内移动时，本身及敌人都同样受到黑暗的掩护。因此，警察必须有限度使用电筒以免暴露本身位置。除非以下三种情况，否则熄灭电筒：

（1）寻找行进路线；

（2）寻找或确认有威胁的位置；

（3）需要射击。

3. 闪光及移动技巧

在黑暗中利用可见光来搜索和确定目标，很容易打草惊蛇，令对方有机会抢先发现警察，因此在搜索中应先利用现场微弱光线、听觉、嗅觉来感觉对方的位置。使用手电时，须运用闪光及移动技巧，可使警察暴露于危险中的程度降低，并减少敌方瞄准时间，从而降低本身被击中的机会。

（三）警用战术手电使用时的注意事项

（1）尽量利用掩护物掩护；利用掩护物时，在确定目标和瞄准阶段才能亮起电筒照向目标。

（2）亮电筒灯光时，每次不可超过 2 秒。

（3）判断位置错误时，立即熄灭灯光，立即移往另一位置。

（4）室内搜索时，可将灯光射向天花板，利用反射光源照亮房间每个角落，增加照射搜索范围。

（5）当两人搜索时，一人可担任照明工作；另一人可在照明范围外隐蔽搜索，避免在队友背后照明，产生出的影子暴露队友位置。

第十一节　掩体利用与警务战术行动

一、掩体利用

掩体是警务实战中能有效隐蔽并保护民警安全（防枪击）的各种地物的总称。在警务实战中，掩体的选择与利用对于行动者个人的安全起着至关重要的作用。有效的掩体利用也是战术中的“防身三宝”之一。

（一）选择掩体的原则

选择掩体应符合防弹、就近、选高三大原则。

1. 防弹原则

根据掩体的密度、形状、体积大小，选择最有利于保护自己、有抵挡子弹能力的物体。如选择较粗的树木，坚固的砖块，电线杆，消防栓，邮政信箱，汽车发动机和轮胎，比选择普通的木制门、车窗玻璃、塑料制品等要安全和有效。

2. 就近原则

就掩体的位置而言，最近的掩体是第一选择。选择最近的掩体能够争取在最短时间内尽快到达掩护物的影区，保护自己。如选择较近的电线杆与较远的建筑物相比较，虽然建筑物比电线杆更能起到防护作用，但是选择就近的电线杆会更加安全。

3. 选高原则

就掩体的体积、形状而言，选择高的掩体要优于选择低的掩体。主要考虑到更有效地利用掩体，转移掩体，如选择高墙比选择土坎更有利于防护、机动和打击犯罪嫌疑人。

（二）利用掩体的原则

正确利用掩体的三大原则：首先要充分利用掩体保护自己；其次要充分利用掩体打击犯罪嫌疑人；最后要充分利用掩体进行机动转移。

1. 充分利用掩体保护自己

把自己的大部分身体隐蔽在掩体的后面，尽量减少身体暴露面和被动打击的可能性，如利用树木根部。

2. 充分利用掩体打击犯罪嫌疑人

根据持枪的习惯，正确选择好据枪和射击的位置。例如，以右手持枪为例，通常会选择拐角的右侧，窗户的左下角以及高层建筑的顶端。

3. 充分利用掩体进行机动转移

依据情况变化，适时更换隐蔽位置，机动灵活转移掩体。

注意：尽量不要两人共用一个掩体，如只有一个掩体时，可选择不同射击姿势占领掩体。

（三）利用掩体观察

1. 观察技巧——斜角观察法

斜角观察法，又称切饼观察法，“切饼”是一种对建筑物拐角进行观察和搜索的技巧（见图 6-47）。

图 6-47　斜角观察法

其动作要领为：以墙角为轴心，眼睛和枪口呈垂直线，眼睛通过墙角边缘观察拐角的另一面。警察利用墙角逐渐扫视隐蔽区域，脚步慢慢地向危险区域做圆弧运动，直至将整个拐角切完或发现嫌疑人为止。

“切饼”运动中应注意的几个问题：

（1）身体重心落于要“切饼”方向的脚下；

（2）持枪的手要 45 度角向下，以保没有盲点；

（3）眼睛要不停地改变焦点距离；

（4）脚步要平行移动，不得有交叉步；

（5）远离墙角等于远离危险；

（6）在切右拐角时应用强手持横枪，左眼观察和瞄准；

（7）发现嫌疑人时及时通报队友或采取相应措施；

（8）注意身后的光源，避免将身影投向危险区域。

2. 快速窥探

快速窥探是在侦察活动中，侦察员隐蔽于隐蔽物后，利用隐蔽物两侧对隐蔽物后的危险区域进行快速观察的动作（见图 6-48）。该动作多用于危险点离自己较远、观察场所较宽广时。

其动作要领为：在队友的掩护下，轻轻移至隐蔽物边缘，双手上弯举紧贴隐蔽物表面以稳定身体，腰部用力将头迅速伸出隐蔽物外观察，而后迅速缩回到隐蔽物后方。

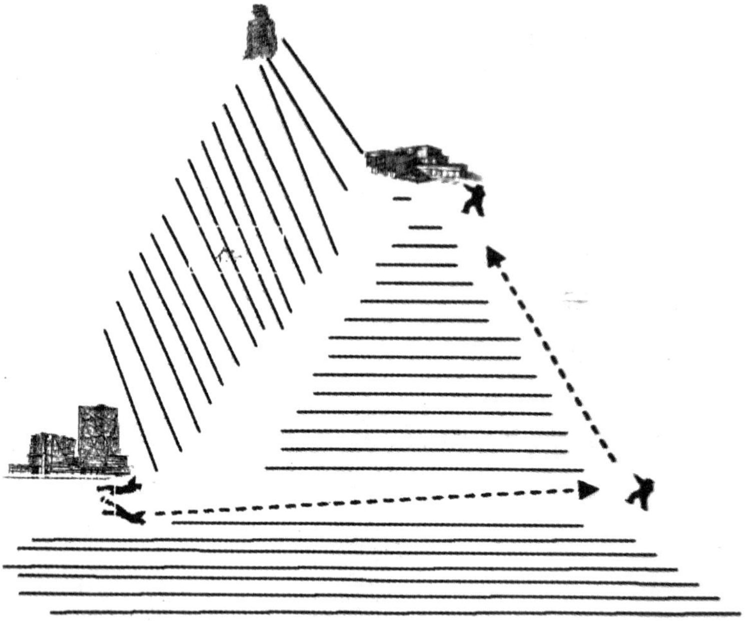

图 6-48 快速窥探法

快速窥探中应注意的几个问题：

(1) 快速窥探时不要将脚伸出隐蔽物外或抓住隐蔽物边缘；

(2) 窥探时可采用立或蹲两种姿势；

(3) 窥探时的动作要快，以能看清嫌疑人的手上动作为准；

(4) 发现嫌疑人时及时通报队友或采取相应措施；

(5) 注意光源的方向，避免将身影投向危险区域；

(6) 注意随身装备与身体、墙体摩擦发出的声响。

3. 反光观察

反光观察是搜索队员在通过建筑物拐角门、窗时，利用反光物体对隐藏在危险区域的犯罪嫌疑人进行观察的一种战术技巧。

其动作要领为：搜索队员接近拐角、门、窗时，将身体紧贴墙面慢慢蹲下，利用随身携带的反光物体（镜子、警棍、宾馆钥匙插片等），或利用建筑内的镜子、不锈钢制品（垃圾桶、墙柱、扶手等）、墙体光滑的表面，对危险区域进行细致的观察。

反光观察时应注意的几个问题：

(1) 镜子的反射光不能投向危险区域；

(2) 反光观察最好在夜间进行，这样自己的身影不易投向危险区域；

(3) 手中武器时刻进入战斗状态，警惕来自拐角处的危险；

(4) 注意随身装备与身体、墙体摩擦发出的声响；

(5) 发现嫌疑人时及时通报队友或采取相应措施。

4. 电筒的战术使用

电筒是夜间战术行动中用于观察和射击的有效工具。

电筒的使用方法如下。

1）双人配合法

队员 A 隐蔽于隐蔽物后，用电筒高位或低位向危险区域照明，队员 B 躲避于光线外持枪进行观察

2）单人持握法

（1）反手持握：以右手持枪、左手反手方式握电筒，将右手架于左手上，两手手背相抵，电筒的光束接近瞄准线，便于观察与射击。

（2）托握法：右手持枪，以左手拇指和食指握电筒，大拇指控制开关，其余三指由下而上托住右手。

（3）并握法：右手持枪，左手握住电筒，左手大拇指控制开关，双臂在胸前伸直，类似于三角形据枪。

（4）单手持握法：用强手持枪，弱手握电筒，高举或远离身体进行照明。

（四）转换掩体

1. 转换掩体的原则

转换掩体是为了进攻和避免被动挨打。危险区域转移原则：第一，移动前应选择好将要到达的位置；第二，保持在掩体后移动；第三，在开阔地进行不规则移动。

2. 转换掩体的方法

移动前选择好将要到达的位置。转移是为了选择更好的掩体，以利于更好进攻。故而，移动前首先要选择好将要到达的位置和路线，选择好下一个要占领的位置。

在实际工作中，不同单位的小组由于任务性质不同，人数不等，受训程度不一致，装备上存在差异等原因，所应采取的战术性推进与移动不可千篇一律，应该根据实际情况采取不同的做法，但总的原则是不变的。

二、小组行动

（一）小组推进与撤退的原则

1. 掩护原则

掩护原则，是指小组成员在推进与撤退时一定要有掩护。

2. 火网原则

火网原则，是指推进时千万不可进入自己同伴的火力覆盖范围。

3. 职责原则

职责原则，是指在小组推进与撤退的过程中，每个小组成员均应各司其职，不要越俎代庖。

4. 火力优势原则

火力优势原则，是指在小组推进与撤退时，应该发挥每个人的作用，形成火力优势。

5. 安全推进原则

安全推进原则，是指当危险点没有排除时，不要轻易推进，只有在确定安全的情况下才能推进。

6. 相互警告原则

相互警告原则，是指如果遇到危险的突发情况，在时间来得及的情况下应该先大声警告自己的同伴，而不可以只顾自己处置而忽略了与同伴的沟通，否则一旦危险情况超过自己的处置能力时，其他同伴可能由于不了解情况而提供不了任何帮助。

（二）小组推进方法

小组推进时采用的方法也要灵活机动，不要一成不变，只有根据现场情况采取最适宜的推进方法才能安全地达到战术目的（见图 6-49、图 6-50、图 6-51）。

1. 远离危险区域时的推进（略）

2. 接近危险区域时的推进

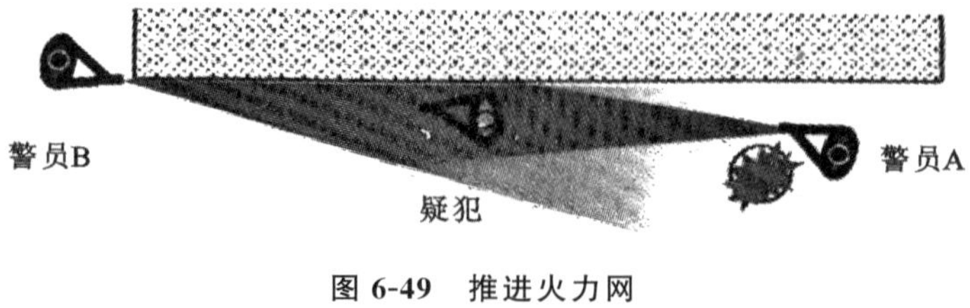

图 6-49　推进火力网

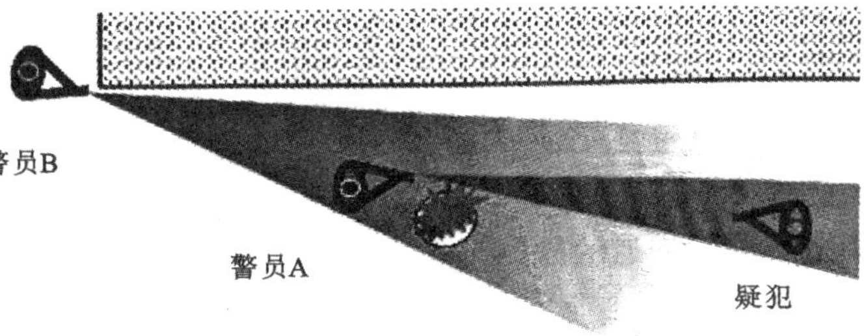

图 6-50　掩护、提醒离开火力网

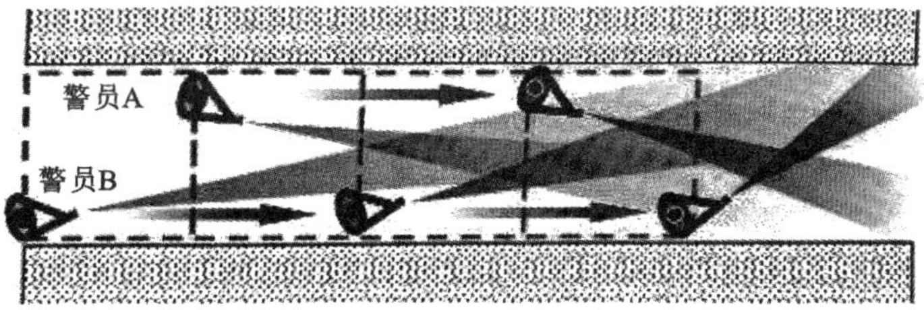

图 6-51　楼道推进

(1) 蛙跳式推进（见图 6-52），是指两个或几个队员之间形成有一定正面宽度的推进队形，从而有默契地相互掩护相互推进的一种方法。这个方法的安全之处在于每一个队员在进行推进的时候都有一个或几个同伴为自己做掩护，而且一旦有危险情况发生需要开枪还击的话，队员可以发挥最大的火力，而不至于由于前方有自己人而受到影响。这种推进方法的要点在于每个队员对自己推进距离的把握和相互之间的默契配合。

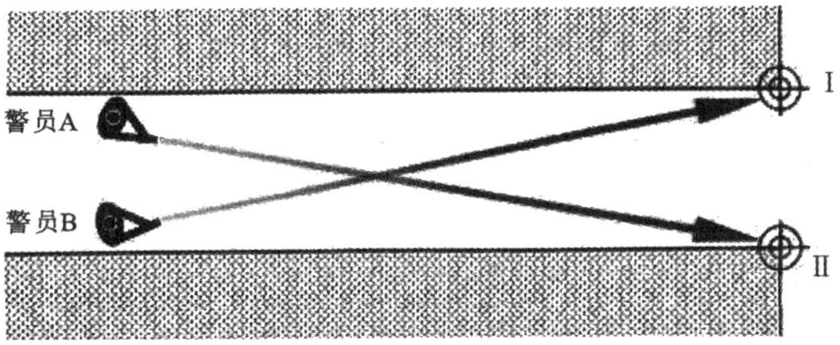

图 6-52　蛙跳式推进

(2) 引导式推进，是多人警组常采用的一种推进方法，通常是在警组推进队形成一路纵队时采用。这种推进方法的好处在于通常危险比较大的只有第一名前锋队员，而后续队员由于主要是为第一名队员提供掩护，推进时基本按前方队员的推进路线前进，因此安全系数会相对高一些。缺点在于如果后续队员和前锋队员与危险点成一直线时，后续队员无法为前锋队员提供掩护。

所有队员都应根据指挥员的指示进一步行动。当指挥员下达推进的指令后，担任前锋的人员应该在后方队员的掩护下逐步向前推进。

（三）警组战术撤退

当人员撤退时，一定要有其他人提供掩护；而当前面的人员撤离到相对掩护人员而言更为安全的掩护物后时，必须立即为刚才提供掩护的人员提供掩护，并用大声喊叫（或使用对讲机等工具）通知其撤退。

每一个队员撤退时都应尽量避开同伴的火力范围，并尽可能地利用掩护物进行撤退，或者在撤退时采取较低的身体姿势（如屈身前进）。

第十二节 建筑物内搜索战术

所谓搜索，是指人民警察在犯罪分子或犯罪嫌疑人隐藏的地点依法进行搜索、寻找，以发现犯罪分子或犯罪嫌疑人并进行缉捕的执法活动。在建筑物内的搜索无论采取什么方法，一定要把握两个原则：一是在搜索过程中对所有危险点都有所警戒；二是只有排除了危险点后才能继续推进。

一、搜索战术的特点

搜索战术的特点主要是通过搜索、寻找和抓捕来体现的，共有三个方面的特点：

（1）具有警察在搜索中占据主动的特点；

（2）具有后发制人的特点；

（3）具有攻防结合的特点。

二、制定搜索战术方案的基本要素

制定搜索战术方案应具备以下基本要素。

（1）查明案情，尽可能了解和掌握更多的情况，收集、分析信息，做到知己知彼和因地制宜。

（2）封锁、控制搜索地点。一是为了切断搜索对象的逃跑路线；二是为了及时疏散现场群众，保证群众安全；三是为了控制无关人员的活动，以免干扰搜索行动。

（3）统一现场指挥，协调各警种配合作战，共同完成搜索任务。

（4）组织优势警力担任搜索任务。包括搜索战斗人员的组织结构、职责分工、武器弹药、通信联络等设备以及破门工具等。

(5) 根据环境条件决定搜索形式。搜索形式包括分割式搜索、推进式搜索、多点多线式搜索、织网式搜索等。在实践中，可视地形和环境条件，相应选择，灵活运用。

(6) 攻防结合，相机制敌。利用搜索现场条件，有效地隐蔽和掩护自己，灵活采取搜索方法，做到先期估计，对重点、危险地方要重点搜索。一旦发现搜索对象，要善于把握时机，果断采取行动。

三、对建筑物内搜索的战术行动（情景模式）

在建筑物内搜索时，战术小组应按前后左右四个方向划分搜查警戒区，随时防备来自各个方向的袭击。移动时，要以交叉掩护的形式前进。在危险地段，要采取小组各警察单个跃进的方法掩护前进。此时，任何一名警察在没有他人掩护的情况下，都不应随意移动位置。

通道搜索移动时，应贴靠墙面进行，搜索小组应成两路纵队运动，利用通道中的堆积物和凹陷处隐藏身体，相互掩护前进。

遇有掩角处，应先观察后通过。具体方法是：靠近拐角的警察先观察，以蹲的低姿或侧扑瞄准控制拐角，另一名警察屈身前进，低姿通过通道，后面警察依次通过，占据各自位置。

在楼道推进中，要注意推进时不要靠墙太近，因为：第一，如果贴墙太近，身上所携带的装备有可能被墙上的突起物勾挂；第二，容易造成不必要的声响，可能会暴露目标；第三，被击中的机会大大增加。此外，在楼道和房间搜索中一定要留意灯光或阳光造成的投影，有时这些投影可以帮助自己确定犯罪嫌疑人的位置，有时也有可能会暴露自己的位置。因此一定要留心避免自己的影子投向危险区域。

四、对楼道搜索的战术行动（走廊推进）

楼房一般由走廊、楼梯（或电梯）、房间等组成，楼房中的各个单元，各个房间都是由走廊、楼梯来连接的，而警组推进的路线往往只能沿着走廊和楼梯推进，在一般楼房的结构中，走廊有很多类型，但一般来说可以分为“L”形走廊、“T”形走廊、“十”形走廊等。

（一）“L”形走廊的推进

“L”形走廊中，如果不考虑走廊中可能存在的房门，危险点一般只有一个，就是“L”形走廊的拐角后方。因此在推进中，无论采取什么方法，始终要有人对这个危险点进行警戒，而且只有确定拐角后方无任何危险了才能继续推进（见图 6-53）。

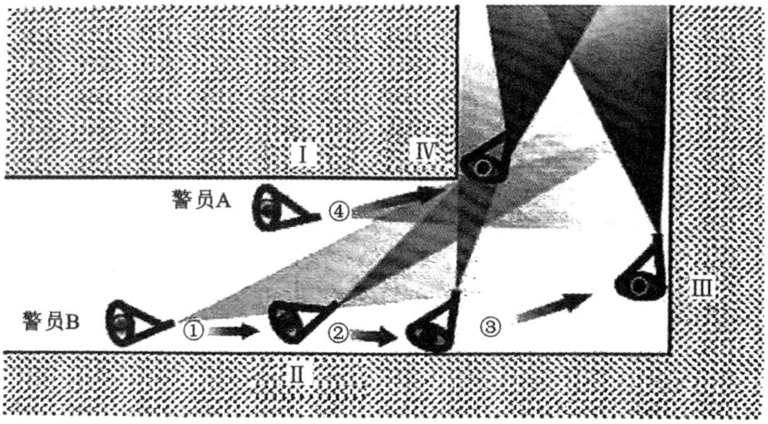

图 6-53　“L”形走廊的推进

（二）“T”形走廊的推进

在“T”形走廊的推进中，危险点比“L”形走廊多了一个危险点，即在直行通道的尽头两侧都有可能存在危险，因此对于两人警组来说，危险点的控制就要进行分工。按照观察角度最大化的原则来说，应该是两个警员分别控制另外一侧的危险点（墙角后）（见图 6-54）。

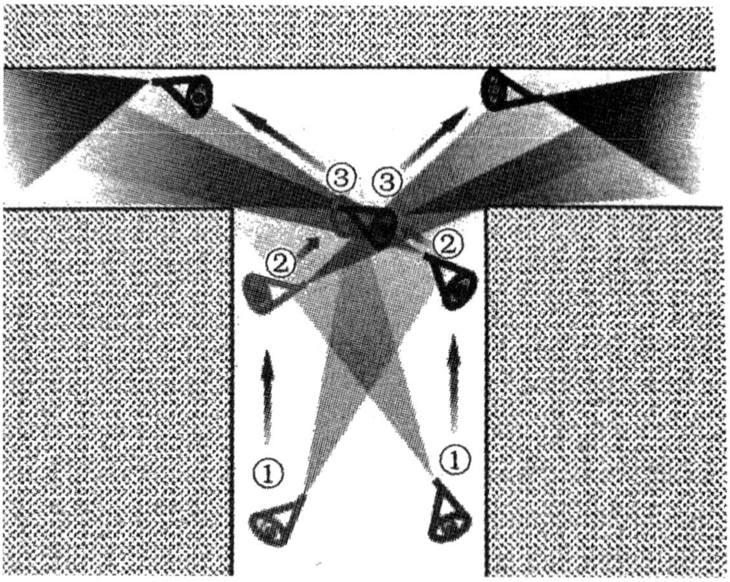

图 6-54　“T”形走廊的推进

（三）“十”形走廊的推进

“十”形走廊由于危险点比较多，不考虑房间因素的话，至少有三个，即正前方、左侧和右侧通道。由于这三个危险点完全不在同一方向，要想安全地对其进行控制，至少每个危险点应该有一名警员对其进行警戒。同样的道理，如果要想安全地通过“十”形通道，至少要有三名警员相互配合（见图 6-55）。

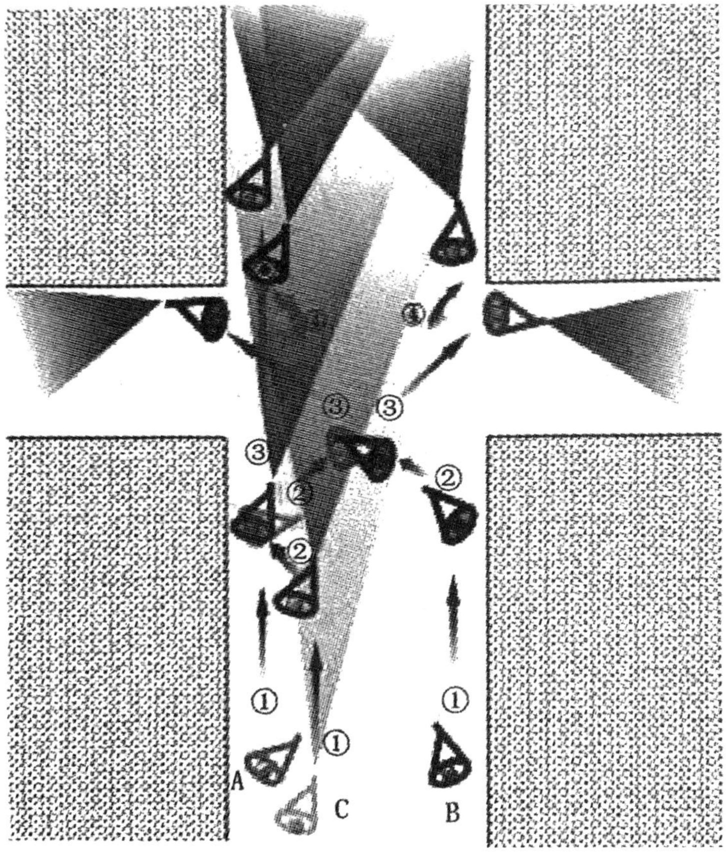

图 6-55 “十”形走廊的推进

五、对楼梯搜索的战术行动

对于有拐角的楼梯，战术小组应成一路纵队移动，要先占据控制位置，再依次逐个交替掩护前进。上楼时，要贴墙移动，始终将枪口对准逐渐扩大的控制区内或楼梯上方目标可能出现的位置，后面的警察超越时，应从掩护的警察后面通过或低姿经过，以免挡住视线和枪口。

两人互相掩护上楼时，一名警察倒退上楼或背靠楼梯向上缓慢移动，枪口应始终瞄准上方，另 名警察在其身后跟进，用枪控制前面队员的前上方，掩护其移动并缓慢跟进。

上楼时，遇有木质楼梯，应踩在楼梯的两侧，尽量不要踩中间，以免楼梯发出响声。

楼梯上方是房间时，应选择门把手一侧靠墙前进。

下楼时，警察应贴墙移动，将枪口始终指向楼梯下方搜索对方可能出现的位置，同时，采取交替掩护前进的方式，逐个移动。

六、对房间搜索的战术行动

要根据门合页插销的位置判断门的开向，如门向里开、向外开、中间向里或向外开，或左右拉开、卷帘门向上开等，然后，根据门把手的位置，采取贴靠门侧的动作。

（一）门是向里开的

门把手一侧的警察用不持枪的手反手拧动门把手。如果门未上锁，则拧动打开后，立刻用力猛推，使门碰撞门后墙壁，然后，两侧警察分别用不同角度的快速窥探法进行观察，或扔物佯攻，了解里面动静。如果拧动门把手后察觉门已上锁，则常用的方法是踹门。踹门的要领是踹门的把手插销处，最好是由把手一侧的警察踹门，力量的发力方向要稍斜向把手一侧，踹门后立即闪身在门的一侧。踹门主要有单人踹门和协助踹门两种。

如果门很牢固，则必须借助专门工具，如攻门锤、撬门工具、炸药等。

（二）门是向外开的

把手一侧的警察反手拧动门把手。如果门未锁，则拉开后将门推给对面警察，对面警察用手扶住固定，然后同样用快速窥探法进行观察。门锁住时，则应使用撬门工具撬开或合力拉开。

（三）门是中间开的

门向里开时，可用棍棒之类捅开或左右两侧警察分别用手反手推开；门向外开时，两名警察应站在门的两侧，分别用手将门把手拉开，然后观察。

（四）进入房间

打开房门后，要先观察，然后进入。在突入房间后，必须瞬间控制房间的每个方向和角落，切忌挤在门口（见图 6-56）。下面介绍几种进入房间后的站位控制方法。

1. 门是在房间的中间

常采用以下几种方法。

(1) 交叉进入站位控制：两名警察从门侧斜方向突入房间，立即控制前方（见图 6-57）。

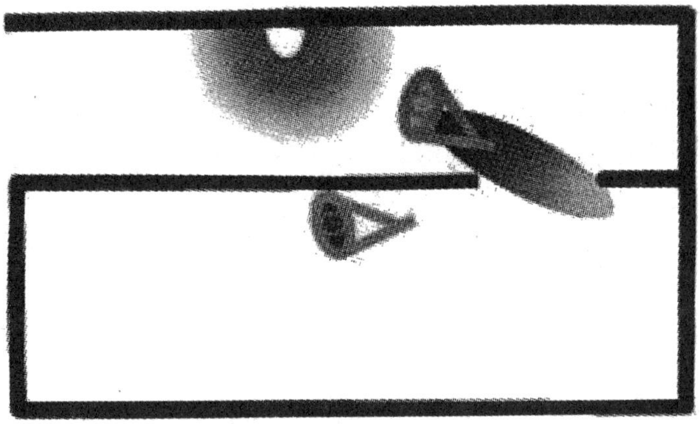

图 6-56 避免影子投射区域

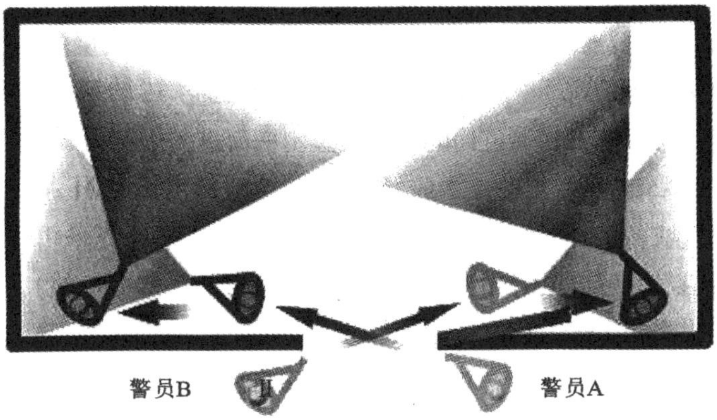

图 6-57 交叉进入站位控制

（2）绕进站位控制：警察分别从门侧绕过门柱突入房间，控制各自的方向（见图 6-58）。

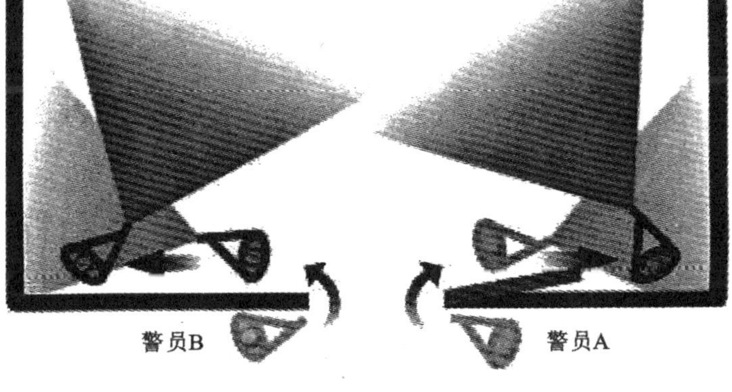

图 6-58 绕进站位控制

（3）前三角站位控制：突入房间后，警察成三角形站位，控制各自的方向。

（4）四点站位控制：突入房间后，警察成四边形站位，分别控制四个方向（见图 6-59）。

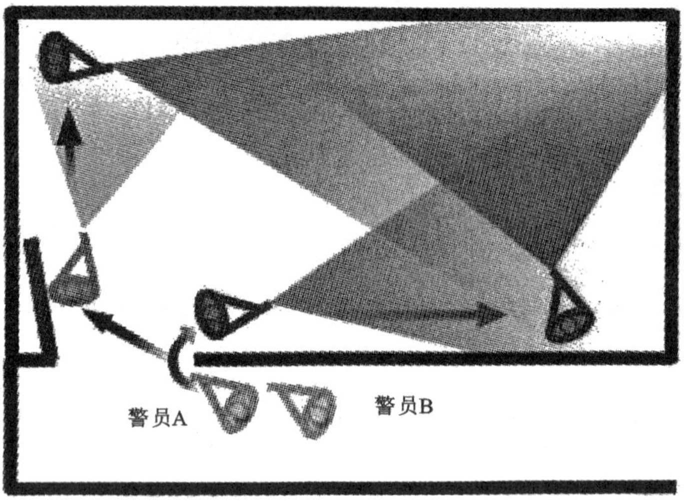

图 6-59 四点站位控制

2. 门是在房间的一侧

常采用一线站位控制，即突入房间后，警察背靠一侧墙面，控制整个房间，突入应发挥语言命令的作用，大声发出口令。

进入房间后，如果未明确谁是搜索对象，则必须对付房间所有人，而且，对每一个人都必须采取相同程度的控制办法，不能让对方有拿东西或有掏取物品的行为。如果只有搜索对象，就应立刻扑过去控制其双手，同时，将其拉离原来的位置，实施缉捕。

进入房门后，要利用墙壁拐角和室内设施、家具，先隐蔽身体，进行观察，然后再搜索。搜索时，警察始终要注意互相掩护，同时行动。搜索时应手持武器，在准备用手打开柜门时，要贴身持枪，收回伸直的手臂，以防武器被抢夺。

七、野外搜索的战术行动

当罪犯潜入高苗地、丛林地时，应立即组织警力控制外围、制高点和对方可能逃跑的方向，然后采取定向拉网式等方法，实施搜索。区域较大时，也可采取分片搜索的方法。

搜索前，应先判明边缘情况，选好方位物和接近路线，然后，搜索人员隐蔽接近其边缘，观察、潜听，伺机进入搜索。

对高苗地、丛林地进行搜索时，应利用间隙，屈身前进，因观察受限，要利用听觉判明情况，并注意对高苗地、丛林地结合部的监视。

搜索和观察的重点通常是垄沟、草丛、树洞、枝叶繁茂的树冠等。应由近至远，细致严密，不放过一草一木。如发现枝叶、草苗有异常响动、林鸟惊飞、足迹及踩倒的草丛等可疑现象，应特别提高警惕。

第十三节　盘查嫌疑人战术

盘查是指人民警察通过盘问和检查的方式，识别、判断违法犯罪嫌疑人员的身份，发现其犯罪事实和证据，并采取相应处置措施的一种常规执法手段。实践证明，在侦查、清查、巡逻和设卡拦堵等许多执法活动中，恰当地运用盘查技战术，能够及时、有效地发现犯罪分子及犯罪嫌疑人，果断采取行动，相机予以制服和缉拿。

盘查分为盘问和检查。盘问，主要针对人，是通过语言的问答形式来达到识别、判断、发现对方犯罪事实的目的。检查，主要针对物，是通过对盘查对象所携带之物的检查，以达到发现其犯罪证据，清除潜在危险品的目的。特别在对暴力犯罪嫌疑人的检查中，必须以首先清除凶器、武器等作为检查的中心环节和行动目的。

对盘查，不要仅局限于盘问和检查上，应将盘查内容扩展开，把它当作一个由许多不同的行动组合而成的整体来认识和对待。盘查执法实践表明，盘查的内容应包括盘查前的观察，盘查时机的把握和位置的选择，盘查对象身体姿势的限制，盘问的语言、语气、技巧，以及实施检查的方法等。

一、盘查战术的基本原则

（一）最低警力原则

执行盘查任务时，必须按照足以完成任务和保证警察人身安全的最低警力标准进行编组，通常情况下，应保证两人以上警力。

（二）最低装备原则

执行盘查任务时，必须配备足以保证完成任务和确保警察人身安全的武器装备。有条件的部门应对执行盘查任务的警察配备手枪、警笛、警棍、对讲机、手铐、公文夹等装备。

（三）协调配合原则

执行盘查任务的警察应注意互相间的协调配合。在明确各自职责的同时，明确相互支援、相互协助的措施，确保在发现盘查对象的异常举动后，能迅速协调使用优势警力。

（四）设置警戒原则

执行盘查任务时，在战术部署上应安排一定警力担负警戒任务，选择有利位置，密切注视盘查对象的行为及其周围的可疑动向。发现可疑，应立即示警，并迅速采取果断措施予以处置。

（五）人物分离原则

执行盘查任务时，对携带可疑物品的人员，必须实行人、物分离，将其物品放置在安全位置后，再分别进行检查。发现有毒、放射、爆炸等危险物品，应立即疏散群众，封锁现场，并迅速对可疑人员实施控制；同时，对危险物品采取安全措施，通知专业人员排除危险。

二、盘查的一般要点

一般来说，在盘查中要注意以下几个要点。

（一）严密观察，发现可疑

观察中，应格外注意下列可疑者。

（1）体貌可疑者。体貌是否与被通缉的犯罪分子或犯罪嫌疑人相似，对方有无恐慌、心虚、凶狠、仇视等表情或面带疲倦、困倦之意，有无血迹、伤口、疤痕等疑点。

（2）着装可疑者。服装有无破损，衣帽裤鞋是否一致，着装是否合身以及是否与季节、时间相符等。

（3）携物可疑者。比如，物品似作案工具，所携之物与时间不符，所携之物与身份不符，携带包裹遮遮掩掩、怕动、怕碰等。

（4）行为可疑者。有异常表情或举止且在人群中窜来窜去的人，在一些重要场所，如居民区、商场、银行或犯罪现场附近窥视、坐立不安的人等。

（5）身份可疑者。身份与其语言、行为举止、穿着气质、携带物品有矛盾，如持几个身份证或身份证与本人不相符等。

（6）同行者之间年龄差异较大、语言举止矛盾、行为异常等。

（二）盘查措施

1. 站位合理，分工明确

确定盘查对象以后，警察应做好心理和物资两个方面的准备，并着手制订盘查行动计划，把握盘查的时机和地点，选择受敌面小、控制面大的位置站立。

面对盘查对象，与之保持的距离应在 1.5 米左右，至少由两名警察进行盘查。一人正面负责盘问，一人于侧面或后面负责监控，时刻防止盘查对象可能的反抗行为，或防止第三者的袭击。

2. 查明身份，检查物品

首先向盘查对象出示证件或口头表明身份，根据实际情况及对象疑点大小，决定盘问的方式。一旦确定检查，应将盘查对象和其携带之物分离。疑点较大时，必须人、包分离，在安全地点进行检查。

3. 采取应变措施应行动迅速

在实施盘查中，盘查对象的身份不确定，也就是说，盘查对象具有较大的隐蔽性。

4. 盘查与缉捕相结合

盘查是手段，不是目的。因此，制定盘查方案，不能只考虑站位、盘问、检查等行为，要将缉捕作为盘查的最后阶段去运作。这样，整个盘查战术方案才更完善、更有效，一旦盘查转变为缉捕，不至于措手不及。

三、盘查战术的特点

实践表明，盘查活动实际上是一种防御性的战术行动，是以防为主，围绕防来设计和布置战术行动方案的。从实施盘查行动的目的来看，对犯罪分子和犯罪嫌疑人的盘查，在临战中有较突出的特点，主要集中在以下三个方面。

（1）盘查战术具有较强针对性和目的性的特点。在临战状态下的盘查活动，其目的性是十分明确的，针对性很强，有别于其他一般性执法活动，如治安巡逻等的盘查，其行动有特定的对象。

（2）盘查战术具有对象不确定、对象身份不明确的特点。

（3）盘查对象反抗行为具有突然性和不定性的特点。突然性是指盘查对象处于暗处，其采取反抗行动的时间、空间等条件几乎完全由其掌握着，其行动突然，不易事先发现。因此，了解和掌握盘查对象反抗行为具有突然性和不定性的特点，要求警察应该具有应对各种反抗行为的能力和处置经验，要根据盘查对象的反抗行为来采取相应的措施。

四、盘查战术的基本方法

（一）对拒绝接受盘查的处置方法

对拒绝接受盘查的，应告知盘查是法律赋予人民警察的权力，每个公民都应予以配合。同时，还应告知拒绝和阻碍人民警察依法执行职务应承担的法律责任。如被盘查人仍拒绝接受盘查，可对其采取适当约束措施，将其带到适当的地点或就地在见证人的证明下实施检查。

（二）对逃跑的处置方法

对在盘查中逃跑的，应立即进行追击，同时报告上级，请求支援。将其控制后，依法强行进行检查和询问，并制作现场笔录，记录检查过程及结果，并将笔录交单位存档备查。

（三）盘查三人以上的处置方法

盘查三人以上可疑人时，不要让被盘查人同时接近警察，保持一定距离，并命令所有被盘查人面朝墙或警车，加强控制，注意观察，未查的集中看守，已查的另外安置，防止转移凶器和物证。有条件的情况下，要分别单个进行盘问。

（四）对疑点不能排除的处置方法

经盘查后，疑点不能排除但证据又不充分的，可将其控制到有关部门，按照法律程序进一步审查。

（五）对重大犯罪嫌疑人的处置方法

经盘查，能确认是逃犯、通缉犯等重大犯罪嫌疑人时，盘查人员应按照分工，立即控制检查对象，令其背对警察举起双手成45°角扶墙或立于机动车一侧，或双手十指交叉反扣在头上，双腿叉开，脚跟抬高。负责检查的警察从侧后接近检查对象，在距其1米左右处停顿一下，观其反应，以防其反抗。检查时，将一腿靠于检查对象一腿前，随时准备发力将其绊倒，沿其身体一侧，经腋下至腰间进行检查，查完上身再查下肢。必要时，也可采用跪地或卧地的方式进行，或依照法律法规的规定，上铐后再行检查。

对重大犯罪嫌疑人实行检查时，必须有警力专门担负警戒和观察任务，严防其反抗或同伙从侧后突然袭击。

（六）对现行犯罪人员的处置方法

对现行犯罪或持有凶器、武器、危险物品人员的检查，警察应持枪在手，立即寻找有利地形，命令其趴在地上，脸朝下，双手分开，伸出胳膊，手掌向上。然后，在同伴的掩护下迅速接近，收缴其枪支、凶器等，并立即采取约束措施后再进行搜身。对不听从命令，并有突然举动的，警察可根据《人民警察使用警械和武器条例》的规定使用武器。

（七）对人身和物品检查的注意事项

（1）检查人身时，必须保持高度警惕，应在检查对象已被完全控制的情况下进行，防止其反抗。人身检查要按照从上至下的顺序进行，重点是上肢、前胸、腋下、腰部、腿部、头部、脖子和脚下等部位。

（2）检查物品时，要加强警戒，预做准备，保持随时能够先发制敌态势；要令物品携带者离开箱包一定距离，必要时，令其转过身去，背对检查物品，一警察控制检查对象，另一警察进行检查。

（3）查验物品要按一看、二听、三闻、四摸、五拆的步骤进行。看，即先从外观查看箱包的形状、结构、质地；听，即听箱包内是否有异常声音；闻，即闻箱包内是否有异常味道；摸，即用手试探一下箱包内物品的质地，并掂一下分量；拆，即完成上述步骤未发现异常后，再拆开箱包仔细检查。

（4）开启箱包前，要仔细观察，注意拉链、纽扣是否另有机关，轻开、慢拉，谨慎开启，防止内有爆炸物。

（5）检查时，对物品要轻拿轻放，防止损坏，按从上往下顺序进行。不能掏底取物，更不能反复翻动。对赃物、凶器，不要大把抓，应用干净布或戴手套拿取，防止破坏痕迹。

（6）严禁采取有辱人格的方式。

（7）对女性检查，除非有危及检查人员人身安全或直接危害公共安全的可能，一般应由女警察进行。

（8）在对人身、物品检查的过程中，特别是在夜间，警察要时刻注意警戒和观察周围，防止遭到其他犯罪分子的突然袭击。

五、盘查战术行动

（一）盘查站立姿势

站立姿势是警察盘查技战术的基础动作。其要领是：警察两脚前后开立稍比肩宽，侧身站立，重心在两脚之间，眼睛注视对方上部身体，特别是双手、肩部和眼。

盘查时，最好用一只手去取拿或检查，另一只手应注意防守，特别是注意拔取武器。这样，有利于躲避对方的攻击，迅速拔枪控制对方的攻击。需用双手时，如检查证件，可向后退一步，适当拉开距离，特别是在夜间或能见度不好的时候。

（二）站位盘查的形式

站位盘查的形式是指警察实施盘查时，与对方所处的位置关系。主要有以下几种。

1. 侧面站位盘查

负责盘问的警察正对盘查对象站立，负责监控的警察位于盘查对象的左侧或右侧。以一般人多用右手掏拿习惯来看，站在对方右侧能及时控制其右手。

2. 前后站位盘查

负责盘问的警察面对盘查对象站立，负责监控的警察站于盘查对象身后。盘问中，要制止对方回头观望的举动。

3. 三角站位盘查

当三名警察实施盘查时，负责盘问的警察面对盘查对象站立，负责监控的两名警察分别站在对方左右侧后方，三名警察成等边三角形站位，将对方围在中间。

4. 左右侧面站位盘查

将盘查对象带至背靠墙面等障碍物前盘查时，负责盘问的警察面对盘查对象，另两名警察分别站在其左右两侧负责监控。

5. 半弧形站位盘查

盘查对象背靠墙面等障碍物，三名警察面朝盘查对象以半圆形站开，成弧形站位对对方实施盘查。

六、处置盘查对象反抗的战术方法

盘查是一种紧张的战斗，各个环节、各个方面都要考虑周全，才能保证盘查的顺利进行。盘查中，面对对方的异常举动，警察要胆大心细、灵活机智、勇敢果断，视对方异常行为的程度，采取轻、重、缓、急的处置措施，时刻控制对方，确保自身的安全。

盘查时，遇有盘查对象不断趋步逼近等异常举动时，警察应视情况做出相应反应。

（1）调整站立姿势，严正指令其不许靠近。

（2）对方不听劝告时，应立即向后退步，同时伸出左手进行指令或推挡，右手则放在枪上，做好掏枪准备。

（3）语言警告无效时，应立即掏出手枪对准对方，严密控制，并进一步命令其保持被限制的身体姿势，以便警察接近搜身，采取进一步措施。如命令对方转身，分开两腿，双手抱头站立，警察从其背后接近，对其搜身，然后上好手铐。

盘查时，发现对方有掏摸、拿取等较危险的举动时，警察应首先选择使用武器控制，如果条件不允许或不便掏枪，警察应快速扑上，控制对方的手臂，限制其掏取动作。主要方法如下。

（1）搂臂别摔搬肘控制：单人盘查时，可从正面、对方右侧采用这种方法，两人盘查时，可同时上前，针对对方左右手臂采用这种方法。

（2）别肘压臂控制：单人盘查时，可从正面、对方右侧采用这种方法；两人盘查时，可从正面、对方两侧同时上前，针对对方左右手臂采用这种方法。

（3）挑肘别臂控制：单人盘查时，可从正面、对方右侧上前采用这种方法；两人时，可从正面、对方两侧同时上前，针对对方两手臂采用这种方法。

（4）背后挑臂控制：两人盘查时，由站在对方背后的警察采用这种方法。

（5）拦腰横抱控制：这种方法适用于多人盘查时。

盘查时，遭遇对方袭击时的处置要领如下。

（1）盘查对象用拳脚反抗时，应采取擒拿、格斗等技能制服对方，必要时，尽可能依法使用警械和武器。

（2）盘查对象持握匕首等凶器行凶时，处置要领同上。

（3）盘查对象抢夺武器时，处置要领同上。

（4）盘查对象逃跑，警察追上抓获时，处置要领同上。

七、特殊环境下的盘查战术

（一）在相对密闭空间中的盘查

相对密闭空间，是指汽车、火车、轮船等交通工具上。

在相对密闭的空间盘查嫌疑人，具有空间小、不易有效使用警力、人员密集、易产生误伤等特点，因此，盘查中应把握以下几点。

（1）警力配备以 2～3 人为一组，明确职责和分工，确定由一人负责盘问，另两人负责监控和检查，防止对方行凶、逃跑和伤害群众。

（2）警戒具配备完整，宜以手铐、防暴警棍为主，处置时，尽量避免使用枪支，以免误伤群众。

(3) 确定盘查对象后，宜以查验车船票证等理由，慢慢接近目标，以免过早惊动对方而增加盘查的难度和危险。

(4) 接近盘查对象后，应立即站好位置，围住对方并保持适当距离。负责盘问的警察进行盘问，负责监控的两名警察则位于对方的侧面或后面，注视对方的一举一动及四周的动静，一旦盘查对象有反抗意图，应首先控制其双手，使用警棍和手铐予以制服。

（二）在高密度人群中的盘查

在人群中盘查嫌疑人，如果战术运用不当，嫌疑人极易利用人群的掩护，制造混乱而逃离警方控制，或挟持人质与警方抗衡。一般来说，在确定盘查对象后，要注意以下几点。

(1) 应将对方带离人群到安全地点进行盘查。

(2) 特殊情况下，不得不就地盘查时，可采用前后站位式、左右侧面站位式、三角站位式，将对方紧紧围住，使其与四周群众相对隔开。盘问的警察站在正面进行语言对话，其他警察应与盘查对象保持 1 米左右或更近的距离，做好随时控制对方的准备。一旦对方有反抗意图，负责监控的警察要一起扑上，按倒对方后迅速上铐制服。此时，警察还要注视周围的动静，防止其同伙行凶或逃跑。

第十四节　缉捕战术

缉捕战术，是指人民警察在执法过程中依法安全缉拿捕获各种违法犯罪分子或犯罪嫌疑人的行动方法。我们可从以下几个方面理解。

第一，缉捕是一种执法活动，是在相关法律规定的范围内进行的执法活动。

第二，缉捕必须在安全的前提下进行。这里讲的安全不仅包含警察的安全、群众的安全和国家财产的安全，还包括缉捕对象的安全。

第三，缉捕是一种深思熟虑的行动。缉捕并不是简单的对抗搏斗，它需要相应的战术理念支撑。在缉捕行动中必须体现控制为先的理念，而要实现控制为先就必须规范设计方案，要有规范设计方案就必须有充分的情报信息并加以正确的评估判断。同时在缉捕行动中还必须注意弹性处置。

第四，缉捕是一种谋略行为。它不仅是对一个或几个违法犯罪分子或犯罪嫌疑人的缉拿捕获行动，更要考虑到整个案件处置的“后效应”问题，即一个案件所涉及的违法犯罪分子或犯罪嫌疑人的一网打尽问题。

第五，缉捕的对象是违法犯罪分子或犯罪嫌疑人。正确掌握缉捕战术的概念，充分理解其含义，对缉捕战术的实战应用具有重要的现实作用。

一、缉捕战术的类型与程序

（一）缉捕战术的类型

在现实社会中，尽管违法犯罪嫌疑人分布较广，且居无定所，从而使得缉捕行动千变万化，但只要认真分析研究，仍能发现其规律。如根据时间不同来分类可分为：白天缉捕和晚间缉捕，其中白天缉捕又可分为早晨缉捕、上午缉捕、中午缉捕、下午缉捕；晚上缉捕又可分为傍晚缉捕、午夜缉捕、子夜缉捕等。根据地点不同，缉捕可分为室内缉捕、室外缉捕，室内缉捕又可以分为宾馆酒店缉捕、出租屋住宅缉捕、办公场所缉捕等；室外缉捕又可以分为闹市区缉捕、郊外缉捕、高苗地缉捕、山林地缉捕等。根据违法犯罪嫌疑人所乘载体不同，缉捕行动可分为公共汽车上缉捕、火车上缉捕、飞机上缉捕、船上缉捕等。不同时间、地点的缉捕又可以采取不同的缉捕形式，如诱捕、追捕、搜捕、围捕、伏击、袭击、强攻等。

（二）缉捕战术的程序

人民警察进行缉捕行动必须遵循法律规定的程序。这既是有关法律对警察进行缉捕行动和权利的规定，也是缉捕行动成功和失败的经验教训的总结，是警察进行缉捕行动的特点与规律的集中体现。人民警察进行缉捕行动的实践证明，只有遵循法律规定的程序，才能发挥战术应有的效能，才能安全有效地完成缉捕任务。对违法犯罪嫌疑人的缉捕，有以下几个程序。

1. 情报信息收集、分析、判断、评估

人民警察进行缉捕行动前的准备，主要是情报信息收集与分析判断评估。情报信息收集的途径通常来自对报案人、受害人、目击者及一般知情人的了解；通过对犯罪嫌疑人的同伙及狱友进行了解；通过刑事特情；借助技术侦查部门及刑事犯罪情报信息库；通过对情报与提供者之间的关系、情报的来源渠道是否正常、情报内容的真实性及各环节是否直接可靠等方面的分析，做出正确评估。

2. 制定行动战术方案

缉捕人员在对情报信息分析判断评估的基础上规范设计出缉捕行动方案，且应具有科学、合理、实用的特点。根据行动的层级、规模、时间等的要求，制定书面的或口头的方案。缉捕行动战术方案的主要内容包括：缉捕行动的形式，如诱捕（直接诱捕、间接诱捕）、突袭（定点突袭、跟踪突袭、设伏突袭）、围捕、追捕及搜捕等；警力部署，通常按照 3：1 的比例布置，根据案件性质和缉捕对象的数量、实施缉捕行动的地点多少，进行警力布控；分工合作；战术协同；技术手段；行动路

线；行动时机；突发意外的应急处置等。虽然缉捕行动的不确定因素很多，但还是有规律可循。在设计缉捕行动战术方案时应考虑以下问题：量敌用兵之适度的警力优势对比；把握行动的重心和关节点；注意考虑行动的“后效应”；多谋善变者胜。

3. 组织行动保障

组织行动保障，是指指挥员根据缉捕行动的需要和实际情况，对缉捕行动过程所需的各种保障而进行的组织、落实工作。通常保障的内容有情报信息、武器装备、交通运输、通信联络、抢险救护以及生活供给等。缉捕行动中既有分工，又有合作，因为警察执法是讲团队精神的，靠单打独斗是非常危险的。根据缉捕行动的需要，将警力进行分组，各组明确任务、职责、地点或区域、识别标记和需要达到的行动目的；明确指挥员的指挥位置和指挥方式，明确各组之间的协同时机、协同方式、联系方法，以及出现意外情况时的任务转换、相互支援、交替掩护等。一般情况下行动分为三个组：缉捕组、控制组、接应组。每个组根据具体情况又可以分为许多小组，在情况发生变化时各组的角色可以互换，也可根据需要进行增减。

4. 缉捕行动的实施

1）到达预定位置

针对有准备的缉捕行动，应先派少量缉捕人员先期到达现场监控（侦察）。这是为了在缉捕行动开始之前，进一步掌握情报信息而进行的实地侦察。一般派 2 名民警，其主要任务是：隐蔽到达现场，确认犯罪嫌疑人后，对其进行严密监控或者跟踪，对缉捕现场的环境、建筑物结构与特点、社情等情况进行进一步确认，及时将现场情报信息、动态报给指挥员。

2）接敌

“接敌是危险的开始”，到了这个环节，缉捕人员应该有高度的警惕性才行。接敌，一是民警由集结地点向缉捕现场预定位置的运动、接近；二是当行动开始时实施缉捕的民警由预定位置向犯罪嫌疑人所处的位置运动与接近。接敌的方式应因案、因情、因地、因人、因时而定。常用的接敌方式有以下几种。

（1）伪装接敌，即缉捕人员便衣伪装，秘密接近缉捕目标的方法。

（2）借口接敌，即缉捕人员以伪装的身份，以给缉捕目标提供某种需求为借口，接近目标的方法。

（3）隐蔽接敌，即缉捕人员利用各种地形作掩护，从目标观察、射击的死角隐蔽接近目标的方法。通常是在缉捕行动未暴露的情况下使用。

（4）迂回接敌，即缉捕人员迂回到缉捕目标观察、射击的两侧或侧后接近目标的方法。必要时可采用正面牵制吸引对方的注意力、火力，同时采取两侧或侧后迂回接近的方法接敌。

（5）搜索接敌，即在缉捕目标的具体位置不明确区域内，边搜寻边接近的方法。搜索接近的特点是“敌暗我明”，缉捕人员容易遭受袭击，所以接近时应时刻保持高度警惕，随时做好快速反击的准备。

3）控制

控制包括以下几个方面：对缉捕对象所处场所的控制；对缉捕对象所处现场的周边环境的控制；对缉捕对象的控制；对现场的相关人员的控制；对现场的无关人员的控制；对可能出现的意外情况的控制。

4）搜身

在控制缉捕对象后，应立即对缉捕对象实施抓捕。在缉捕对象听从命令的情况下进行必要彻底的搜身，目的是搜缴其凶器、武器等危险物品，查获各种犯罪证据。搜身的方法可根据现场的情况灵活运用，搜身过程中应对周围环境进行严密警戒，防止出现意外情况。

5）押解

押解是指将犯罪嫌疑人从缉捕现场押解至羁押处所的过程。押解时，应采取安全、牢靠的约束措施，也可用专用工具或者其衣物将其头面部进行遮掩，保持高度警惕，随时应对突发情况，严防缉捕对象反抗或自残、自伤、自杀现象的发生，确保将其顺利押解至目的地。必要时，可对犯罪嫌疑人进行现场突审后再行押解。

5. 缉捕行动结束后的工作

（1）及时通知外围各行动组，按计划向中心现场靠拢。

（2）将缉捕行动任务完成的情况及时向上级报告，听取上级的指示。

（3）现场救护，如果出现伤亡情况，应立即采取救治措施或送医院抢救。

（4）就地突审，如案情需要可就地突审，为下一步行动创造条件。

（5）对现场及现场遗留物品进行搜寻、检查、清点、甄别、取证和保护。重点是搜查、清理与犯罪嫌疑人有关的作案工具、赃物、赃款等犯罪证据。

（6）组织撤离。上述工作结束后，指挥员应及时通知有关人员清点人员、武器、装备等，组织有序地撤离现场。

成功堵截后，应根据阻停嫌疑车辆的具体情况，采取合理的战术，接近嫌疑车辆和制服嫌疑人，不能贸然采取行动，以免遭受犯罪嫌疑人的袭击。

由于设卡堵截嫌疑车辆和缉捕嫌疑人的战斗具有战斗发生突然、战斗距离近（双方命中率高）、战斗形式转换快和单警独立作战突出等特点，要求警察在每次成功堵截后，都应提高警惕，严格遵循合理的战斗步骤，实施对嫌疑人的缉捕。

二、缉捕战术要求

（一）加强自我防护意识

自我防护意识的核心是指警察临战时的心理准备。警察提高自我防护意识的关键就在于临战时的心理准备是否充分。特别是在设卡堵截涉枪等严重暴力犯罪嫌疑人时，警察具有对付这类案件的强烈意识和良好的心理准备，是制服、缉捕犯罪嫌疑人的重要前提。

（二）发扬机智灵活的战斗作风

设卡堵截的缉捕战斗，遭遇突然，战斗距离近，嫌疑人或抵抗或逃跑，或劫持人质，现场情况变化快，这就要求警察要机智勇敢、动作敏捷，灵活运用不同的战术方法，做到敌变我变、以我为主、以变制敌，相机缉捕犯罪嫌疑人。

（三）增强临战控制手段

驾车、劫车逃跑的犯罪嫌疑人为了逃避法律的制裁，往往会铤而走险，因此，警察要有预案、有对策，要讲究处置的策略，要采取一系列手段、方法，掌握和支配犯罪嫌疑人，使其不能任意活动，在严密控制的基础上，实施最后的接近和缉捕。通常，在接近嫌疑车辆和嫌疑目标之前，一般使用语言命令和火力优势来强迫嫌疑目标按照警察的意图行事，尽量降低双方交火的可能性，以免造成更大的损失。如果嫌疑目标开枪行凶拒捕，警察要果断采取行动，必要时，可使用杀伤性武器就地将其歼灭或制服。只有在严密控制嫌疑目标的基础上，才能移动接敌，以合理的实战姿势，选择安全的移动接敌路线，快速移动并施以擒拿、上铐搜身等技术动作，充分发挥动作控制的作用，使整个缉捕任务顺利完成。

三、缉捕被控制疑犯的战术行动

（一）限制缉捕目标的行动

在武力控制下，使用命令性语言指挥对方，让其明白自身所处的状态，造成其心理压力，使其不敢轻举妄动。在此基础上，命令对方将双手抱在头后，坐在车内，不许乱动。

（二）缉捕驾车嫌疑目标

使用语言命令驾驶员将车熄火，用左手拔出车钥匙后伸出窗外，然后松手将车钥匙扔掉，并用左手从外打开车门，先将双手伸出后，再将双脚移出车门外，慢慢下车，并用脚把车门关上。然后，继续命令驾驶员高举双手缓慢转圈，再远距离观察其腰间是否别有武器，接着，令其双手抱头后退移步，慢慢向我方靠近。待其完全进入警察控制范围，而且对方同伙不能攻击时，命令驾驶员跪地，然后由一名警察上前将其背铐，将其搜身后押回警车内。

（三）缉捕车内其他嫌疑人员

缉捕驾驶员后，再缉捕前排上的嫌疑人员，先命令其移动到驾驶员的座位上，然后再开门下车，对其缉捕的方法同缉捕驾驶员的一样。对后排座的嫌疑人员，同样命令其从驾驶员一侧的车门下车，采取上述方法进行缉捕。

（四）查嫌疑车辆

为防止意外事故的发生，对罪犯驾驶的车辆进行检查，应从车尾进行，首先查看车的后备厢是否锁上，再逐一从后排座向前查看，确认没有危险后，再打开后备厢和所有车门，仔细检查。

（五）突袭缉捕嫌犯的战术行动

（1）持枪瞄准，以武器抢先控制目标。经盘查，确认对方是严重犯罪嫌疑人时，应立即持枪瞄准嫌疑目标，同时大声命令对方“不许动”，限制其双手的一切动作。

（2）快速移动，寻找最佳控制位置，避免形成同伴间的火力交叉。

（3）缉捕车内的犯罪嫌疑人。在警力严密控制的前提下，迅速将车内犯罪嫌疑人拽出汽车，就势将其按倒在地，先将其双手背拷，然后仔细搜身。

（4）监视外围，清查嫌疑车辆。擒获犯罪嫌疑人后，要布置警力担任外围警戒，其主要任务是设置警戒线，监视外围可疑情况。同时，对犯罪嫌疑人驾驶的车辆进行检查。

参考文献

[1] 司法部监狱管理局．入监教育［M］．武汉：湖北科学技术出版社，2011.

[2] 高开慧．边防警务实战战术［M］．北京：法律出版社，2017.

[3] 孙朝勇．警务战术教程［M］．北京：中国人民公安大学出版社，2014.

[4] 杨林．警戒具与武器使用［M］．北京：中国政法大学出版社，2011.

[5] 谢林．查缉技能与战术训练教程［M］．北京：中国人民公安大学出版社，2002.

[6] 刘建武．警务技能基础训练教程［M］．厦门：厦门大学出版社，2015.

[7] 杨明，宁大庆，等．警务技能及战术训练教程［M］．北京：清华大学出版社，2011.

后　记

司法警察类院校，要求学生必须学会警务技战术，而且要掌握本校普及的特色专业技能，所以警务技战术占有重要地位，课时量占比较大，贯穿于教学之中。

在本教材编写过程中，得到了武汉警官职业学院科研处、教务处的大力支持和帮助，也感谢武汉警官职业学院参与教材相关视频和照片拍摄的教师和学生，同时参阅借鉴了相关文献资料，在此一并表示最诚挚的谢意！

由于编写水平有限，书中难免有疏漏和不足之处，恳请读者指正。对本书中因篇幅所限未能注明所引文献出处的相关作者，我们深表歉意，敬请谅解。

作　者

2023 年 6 月

JINGWU JIZHANSHU JIAOXUE YU XUNLIAN

警务技战术教学与训练

◎ 策划编辑：张馨芳

◎ 责任编辑：苏克超

◎ 封面设计：孙雅丽

華中科技大學出版社 人文社科分社

教 材 书 目

综合数字资源

华中出版

ISBN 978-7-5680-9661-4

9 787568 096614 >

定价：78.00元